杭州市妇联史话

杭州市妇女联合会　编

周东华　主编

杭州出版社

目　录

序

近代浙江开风气之先。清末民初时，杭州妇女运动渐次萌芽，在杭外侨创办了弘道女中、冯氏女学等女子学堂，发起了戒缠足会，启迪了杭城妇女的觉醒。惠兴女士以一己之力，促使清政府和地方士绅兴办女学，极大地促进了近代中国女子教育的发展。历经新文化运动和五四运动洗礼的杭州妇女日益觉醒，积极投身中国共产党领导下的妇女运动，杭州成为20世纪20年代前期浙江妇女运动的中心地。

大革命失败后，杭州妇女运动在曲折中发展。以杨之华、茅丽瑛、楼曼文、孙晓梅等为代表的杭州女性，在党的领导下，走出杭州，走向全国，成为我国妇女运动的杰出代表。抗日战争时期，中国共产党的妇女解放思想有了巨大发展，毛泽东提出"男女并驾，如日方东""全国妇女起来之日，就是中国革命胜利之时"等重要论断，成为中国共产党关于中国妇女"半边天"思想的最早来源。在党的领导下，杭州妇女坚持抗战，投身解放事业，迎来了新中国的成立。

1949年5月3日，杭州解放。在党的领导下，杭州妇女运动和妇女发展迎来新纪元。9月，贺子珍受时任浙江省委书记、杭州市委书记谭震林委托，筹建杭州市民主妇女联合会，并当选为筹委会主任。1954年6月，毛泽东在杭州主持起草新中国第一部宪法，明确规定："中华人民共和国妇女在政治的、经济的、文化的、社会的和家庭的生活各方面享有同男子平等的权利。"这是新中国成立初期中国共产党关于中国妇女"半边天"思想在国家根本法层面的发展。

1955年，毛泽东将建德县千鹤自然村妇女在农业合作化运动中，打破传统旧俗，走出家庭、走上田间地头的千鹤经验，进一步提炼为"中国的妇女是一种伟大的人力资源""必须实行男女同工同酬"等内涵。这是妇女"半边天"思想在实践领域的再次发展，杭州也因此成为中国共产党关于中国妇女"半边天"思想的重要萌发地和实践地。1949—1977年间，在中国共产党的领导下，杭州市妇联组织引导广大妇女在社会主义建设的各条战线上实践妇女"半边天"思想。

1978年，党的十一届三中全会召开，中国进入改革开放新时期。1982年9月，党的十二大指出："妇联应该成为代表妇女利益，保护和教育妇女，保护和教育儿童的有权威的群众团体。"1983年召开的中国妇女第五次全国代表大会通过了修改后的《中华全国妇女联合会章程》，将"坚决维护妇女儿童的合法权益，抚育、培养、教育儿童少年健康成长，充分发挥妇女在建设社会主义物质文明和精神文明中的重大作用"确定为改革开放后妇女工作的方针。1995年9月4日，时任中共中央总书记江泽民在联合国第四次世界妇女大会开幕式上正式提出"把男女平等作为促进我国社会发展的一项基本国策""切实维护和保障妇女在国家政治、经济和社会生活中的平等地位和各项权益"思想，这是新中国妇女"半边天"思想上升为基本国策的再一次发展。

杭州市妇联在中共杭州市委的领导下，守初心、担使命，推动妇联组织转型发展，带领杭州妇女建功立业。"双学双比""巾帼建功"有序开展，女杭商一枝独秀；"五好家庭"建设不断推进；统战联谊持续深化，喜迎香港、澳门回归，推进中外妇女友好交流合作。妇女事业发展的每一步都推动了人类文明进步。杭州成为妇女"半边天"思想的重要实践地。

2003年7月，时任浙江省委书记习近平提出"八八战略"，使得浙江成为习近平新时代中国特色社会主义思想的重要萌发地。2004年3月，习近平提出"坚决贯彻男女平等基本国策""更加注重妇女人力资源开发""不断推进男女平等和妇女的进步与发展，更好地发挥妇女'半边天'的作用"思想。2015年7月，在中央党的群团工作会议上，习近平提出："加强和改进党的群团工作，把……妇女'半边天'作用和人才第一资源作用充分发挥出来。"[1]同年9月，习近平指出："在中国人民追求美好生活的过程中，每一位妇女都有人生出彩和梦想成真的机会。中国将更加积极贯彻男女平等基本国策，发挥妇女'半边天'作用，支持妇女建功立业、实现人生理想和梦想。"[2]习近平有关中国特色社会主义妇女发展的论述进一步完善和丰富了中国共产党的妇女"半边天"思想。

1　习近平：《论坚持人民当家作主》，北京：中央文献出版社，2021年，第139页。
2　习近平：《促进妇女全面发展 共享共建美好世界——在全球妇女峰会上的讲话》，新华社，2015年9月27日。

杭州市妇联在中共杭州市委领导下，深入推进群团改革，开展"党建引领工程、组织提升工程、巾帼建功工程和家庭幸福工程"，成为妇女"半边天"思想的重要创新地。

第一章 溯源：新民主主义革命时期的杭州妇女运动
（1919—1949）

　　中国几千年的封建社会和百余年的半殖民地半封建社会让广大中国妇女饱受压迫、屈辱和摧残。在传统的文化意识里，妇女理所当然地被剥夺了各种应有的权利。除了魏晋南北朝和唐朝，对妇女的束缚有所松懈外，其他时期无不残酷地摧残着妇女。春秋战国时期，孔子提出"唯女子与小人为难养也"的观点；秦汉时期，"夫为妻纲"；宋代，理学兴起，认为妇女"饿死事极小，失节事极大"；明清时期，"女子无才便是德"。妇女在为家族生育后代的同时，还要处处被侮辱、被玩弄、被买卖和被蔑视。她们经济上依附男人，社会上地位低下，婚姻上不能自主……而在日常生活中，男尊女卑的偏见更是无处不在，妇女受尽各种歧视。绝大部分妇女没有机会获得与男性同等的发展权力。总体上，这个群体在有意识或无意识地接受着其在政治、经济、文化等各领域遭受的不平等待遇。直到20世纪上半叶，在中国共产党的领导下，妇女们才真正开始了不屈不挠的解放斗争。

～ 第一节　清末民初杭州妇女觉醒的萌芽 ～

一、杭州妇女觉醒思想教育

英国人为了打开中国市场，借鸦片贸易引发了中英战争，此后，中国的大门被打开。洋人的到来与国内的天灾人祸使得人民处于饥饿、死亡的困境。西方势力打破了纲常伦理维系的中国社会，近代工业文明酝酿出的各种新思想，例如男女平等，在进入中国后，逐渐受到认可。在国内社会变革中，妇女的身影明显增多。

1840年后，各地农民起义频繁，其中太平天国运动规模最大，也最为影响深远。长久处于被压迫、被奴役的中国妇女在这场声势浩大的运动中被给予了新的地位，其中极为显著的一个特点便是她们的"天足"。1845—1853年间，加入拜上帝会的"天足"妇女们，入会之初就参与拆庙、毁贞节牌坊等革命活动。比起缠足的妇女们，太平天国的"天足"妇女则更自然，也具有男子一般的力量。洪秀全发动金田起义时，妇女军成为起义军重要的组成部分，人数达10万之巨。

1853年3月20日，太平天国定都南京，颁布的《天朝田亩制度》规定"凡分田照人口，不论男妇"。[1]虽然最终未能兑现，但明确提出了给妇女分配土地的主张，这不失为一种进步。另外，该制度还提倡妇女和男子一样接受教育，在宗教礼拜中也享有适当的位置。[2]太平天国还有许多类似的妇女政策，虽未实现真正的妇女解放，但客观上推动了妇女解放运动的发展。英国人吟唎则认为："太平天国革除了两千年来妇女所受到的被愚昧和被玩弄的待遇，充分地证明了他们的道德品质的进步性。"[3]

中日甲午之战，清廷惨败，资本主义列强加紧瓜分中国。以康有为、梁启超等为代表的维新派登上历史舞台，提出男女平等的主张。康、梁认为女子被奴役

1　《天朝田亩制度》，转引自吕美颐、郑永福：《中国妇女运动（1840—1921）》，郑州：河南人民出版社，1990年，第26页。

2　[英]吟唎：《太平天国革命亲历记》上册，王维周译，北京：中华书局，1961年，第233页。

3　[英]吟唎：《太平天国革命亲历记》上册，王维周译，北京：中华书局，1961年，第231页。

是因为"其不能自养，而待养于他人也"，[1] "欧美之人，体直气壮"则是由于"其母不裹足"。中国妇女裹足，导致身体虚弱，所以生下的孩子也体弱。[2]为了能够保种救国，他们从解放妇女的双脚和兴办女学开始了妇女解放的实践。上海不缠足会的设立与经正女学的创办，引起了各地的响应。虽然戊戌变法最终失败了，不缠足会也被查封，女学也被迫停办，但却启蒙了中国妇女运动。为了唤醒更多妇女，时人作《女国民歌》如下：

昨夕何夕今？夕阳西沉。今日何日今？旭日东升。光华旦复旦照我新乾坤。新乾坤须整顿好，男儿睡未醒，女国民要自警。物竞之道，优者胜。同心勠力且拼命，万鬼却步，百魔摈。勿谓人难企，野蛮进文明；勿谓时难为，人治胜天行。女国民汝不知，我曹二十万里四百兆人，何令欧戈美马争相陵。屈指同胞半女子，患难相同荣辱均。女国民，汝不闻马尼他只手立功业，汝不闻玛丽侬热血拯溺焚。颅趾同形脑同质，不过东西异地种异群。女国民，汝何长他人之志气，减自己之才能？亡羊补牢尚未晚。今不努力痛陆沉与亡，岂独匹夫责。自由权利贵自争，焚香万炷祝万遍，愿卿扫除亚东大陆风云剧，还我光华璀璨之乾坤。[3]

歌曲旨在说明，中国妇女不比西洋女子差。如果马尼他和玛丽侬能建功立业，那么中国妇女自然也行。所以中国妇女不必妄自菲薄，长他人志气。并且指出天下兴亡之事不仅仅是匹夫之责，妇女们同样有责任，必须站起来为己为国奋力抗争。

在妇女解放思潮的感召下，越来越多的女性投入到妇女解放运动的大潮中。浙江绍兴秋瑾（1879—1907），便是积极为妇女运动奔走的女性群体代表之一。她能文能武，性格豪爽。因对婚姻不满，1904年前往日本求学。她创办《中国女报》宣传妇女解放思想，并发表亲自作词谱曲的《勉女权歌》。"这对发动广大妇女走出家门，奔向社会，积极投身革命洪流起到了很大的鼓动作用。秋瑾认为当时没有一个女子为拯救祖国而献身是女界的耻辱。"[4]除了《中国女报》，该群体创办的《女学报》《女子世界》等为妇女发声的报刊，进一步刺激了中国妇女的

1　梁启超：《论女学》，《饮冰室合集》，北京：中华书局，1989年，第38页。
2　康有为：《请禁妇女缠足折》，张玉法、李又宁：《近代中国女权运动史料（1842—1911）》，台北：龙文出版社股份有限公司，1995年，第509页。
3　汪毓真：《女国民歌》，《女子世界》（杭州）1900年第10期，第57—58页。
4　贺艳秋：《浙江妇女发展史》，杭州：杭州出版社，2013年，第228页。

觉醒。浙江妇女社会习俗也在发生变化，人们的服饰更加多样化、自由化、时尚化以及个性化。新娱乐方式的兴起和休闲质量的提高，给了妇女更多的活动空间。妇女不仅开始不缠足，更是走进电影院、赛马场等新式文化娱乐场所。[1]而在杭州，许某和林某还准备开办女浴池，但由于官方对杭州创办女浴池之事不予通过，所以女浴池迟迟没有开办成功。发起人许某、林某斥巨资发起运动，最后择定江干龙升浴池旧址改办，命名为湖山沧浪女浴池。[2]

女侠秋瑾之墓（在杭州西泠桥旁）

演说也不再只是男人们的专利。英国医生梅藤更、绅士刘铭之一同发起修建第一座专供演说的礼堂。越来越多的妇女走上讲台宣传妇女解放思想和振兴女学之事。女学的创办是杭州妇女觉醒的另一个重要标志，女子有机会进入学校进行系统的学习。她们是年轻的一代，更容易接受解放妇女的新思想。像《杭州女学校歌》唱出了女学生们的真实想法："杭州女学进西湖，堂堂文明母。脂香粉腻尽消除，昂昂匹丈夫。文章不让古班姑，精神又尚武。寄语那姊妹莫揶揄，今吾非故吾。"[3]女学生的思想中，女子不再是以前依附于男人的女子了，而是"不爱红装爱武装"的新女性。

1　贺艳秋：《浙江妇女发展史》，杭州：杭州出版社，2013年，第213—214页。
2　警世人：《杭州创办女浴池》，《时报》1919年6月29日，第11版。
3　《歌谣：杭州女学校校歌》，《杭州白话报》1903年第3卷第16期，第2页。

1904 年 2 月，杭州公立女学校准备在积善坊巷内开办。从开办简章中可知，学校有校长、监督、内庶务、外庶务各 1 人，教员 4 名。[1] 开学时，到学堂读书的女士很多。（但奇怪的是，没有湖州来的女士。时人发现，和杭州的女子不同，湖州的女士们只知道缠足打耳洞，却不知道利用学堂来读书。究其原因，是男女平等的观念还没有普及到该地。）[2] 1905 年 3 月 17 日，杭州女学堂举办了一周年纪念会，大会邀请了官员士绅的家属参加，与会 70 余人，参观了学生的手工织品。然后由校长钟太夫人致开幕词，之后学生唱了纪念歌和爱国歌曲等。[3] 女学进一步推进了女性的觉醒。人们不再片面地认为"女子无才便是德"，而是应该和男性一样识字读书。鉴于杭州已开办的 46 所简易识字学校都是男校，没有专门为女子服务的识字学校，所以杭州准备开设 1 所官立简易识字女学，聘请毕业女学生为管理教员。学校开办，当时到课人数就达 30 余人。[4] 不可否认，女子需要享受与男子同等的受教育的权利，女子教育在女性觉醒中起到了至关重要的作用。

二、杭州近代女子教育的创办

封建社会强调"女子无才便是德"，女子不能像男子一样接受系统的文化教育。西方传教士到了中国后，不但带来男女平等的观念，还开始了兴办女学的实践。1844 年，玛丽·爱尔德赛（Mary Ann Aldersey）女士在浙江宁波创办女塾，开启了办女学的先河。此后，杭州也出现了教会女学。

1867 年，在杭州，美国基督教南长老会创办贞才女学（位于天水桥）；1899 年，美国北长老会创办育才女学（位于大塔儿巷）；1902 年，美国北浸礼会创办蕙兰女学（位于珍珠巷）。1912 年 3 所学校完成合并，取《论语》中"人能弘道"的"弘道"二字，定名为弘道女学。3 所学校的校舍仍在原处，中学部设在珍珠巷，高小部设在大塔儿巷，初小部设于皮市巷。校长由贞才女学校长李

---

1 《杂纪：杭州女学》，《安福汇报》1904 年第 3 期，第 71 页。

2 《纪事·本国纪事：杭州女学堂已开》，《湖州白话报》1904 年第 1 期，第 2 页。

3 《各省新闻：纪杭州女学纪念会》，《北洋官报》1905 第 640 期，第 8 页。

4 《学界新闻：杭州开办简易识字女学》，《大同报》（上海）1910 年第 13 卷第 16 期，第 36 页。

维义（J. V. Lee）女士担任。[1]弘道女校的创建，在中国女子教育史上有着重要的地位，使长期受封建思想束缚的中国女子开始有机会接触到一些西方资产阶级文化。

惠兴（1870—1905），女，满族，杭州惠兴中学的创始人

除了教会兴办的女子学校，杭州也有中国人自己创办的女学——惠兴女学。该校创始人惠兴女士是吉林白山人，瓜尔佳氏，父亲曾任协领，随先辈进驻杭州。惠兴19岁的时候，她的丈夫就死了。惠兴女士知书达理，留心时事。她认为女子欲摆脱受压迫之痛苦，非提高知识求得谋生之道不可。据褚寿康女士《惠兴女中》一文中所记："1903年，杭州一帮维新人士如汪叔明、汪曼峰、高子白、锺寅冰、孙藕耕、魏仲吾、郑岱生、褚辅成等加入孙中山的同盟会，或为同盟会之赞助人"，他们同样认为女子应提高知识接受教育。当时慈禧太后有地方准办女校之诏命，所以惠兴女士准备办一所女校。

1904年6月26日，惠兴女学邀请了杭州有名望的人商量开办女学堂的事。等大家到齐了，惠兴突然用刀割了手上的一块肉，对大家说道："今日为杭州旗城女学校成立之日，我以此血为记念。如此校关闭，我必以身殉之。"[2]惠兴女士斥资自办的这所女学，名为贞文小学。考虑到学校没有固定校舍很难持久，所以她向旗营要得3亩多空地，开始兴建校舍。对于兴建校舍的资金问题，惠兴女士则是向旗营富有的女眷募款。大家答应在学校校舍落成的时候将认捐金额给她。可是等到校舍落成，她去向各家取款时，不但遭到了拒绝，还被斥责其醉心新潮流。工匠们则日夜催款。与此同时，因为没有固定经费长期支持的缘故，学堂办到当年秋天仍没有什么起色。惠兴女士自觉智穷力竭，想要用死谏唤起国人妇女的自救。于是草拟了两封绝命书，一封上奏将军，一封给学生。1905年11月25

1　《本校史略》，杭州市私立弘道女子中学编：《弘道二十周年纪念刊》，杭州：杭州市私立弘道女子中学，1932年，第101—102页。

2　《杭州惠兴女士为女学牺牲记》，《申报》1905年12月30日。

日清晨，惠兴女士服了大量鸦片后，乘轿子到将军处面交遗书。当时她的脸色已经改变，在急救无效后，被送回了铁线巷临时校舍，当日午后去世。惠兴女士的死引起了杭州各界的震动，大家认为如果不是具有大知识、大勇气，决不能为本族为人民有此壮烈之牺牲。更何况她只是一个妇女，所以认识她的与不认识她的人都感叹佩服。[1]她死后留给学生们的绝命白话信写道：

众学生鉴：愚为首创之人，并非容易。自知力弱无能，初意在鼓动能事之人，如三太太、凤老太太、柏哲二位少奶奶。以热心创此义务，谁知这几位都厌我好事。唉！我并非好事，实因现在的时事，正是变法改良的时候。你们看汉人创兴学务，再过几年，就于此时不同了。你们不相信，自己想想，五六年前是怎样，这两年是怎样啊？我今已死，替你们求点长年经费，是你们常常在一处上学，但愿你们都依着忠孝节义四字行事，方于世界有益。我今虽然捐生，这不叫短见，这是古时定下来的规矩，名叫牺牲，是为所兴的事求其成功，譬如为病求神保佑，病好之后必买香烛还愿。如今学堂成了，就如同病好了，这个愿一定要还的。女学堂如病人求长年经费的禀，如病历呈准了禀，如同病好了。我八月间就要死的，因为经费没定准，没钱请先生，只得暂且支吾，我有些过失，几乎把你们都得罪了，望你们可怜我些，不记恨我，则我虽死如生矣。你们不必哭我，只要听我一言，以后好好侍奉先生，听先生教训，总有益于身的。与外人争气，不要与同部人争意气，被外人笑话。话长心苦不尽所言。[2]

杭州将军瑞兴上奏了驻防旗妇惠兴女士捐躯殉学之事，[3]并奉旨将女士遗骸安葬于孤山放鹤亭后。除此之外，惠兴殉学义演募款2000余元，连同拨发的专款一起用做惠兴女学的办学经费。黄中权被指派为校长，学校易名惠兴小学。3年后开办师范，于朝北余地增建二层楼洋房1座，另拨浣纱路空地5亩余，以期扩充。惠兴女士殉学之后，媒体也广泛报道，民间还组织了追悼纪念活动。《北京女报》主编张筠芗在陶然亭为之开追悼会，出席追悼会的均为"北京女界最有

1　褚寿康：《惠兴女中》，政协杭州市委员会文史资料研究委员会编：《杭州文史资料》第六辑，内部资料，1985年，第54—55页；《杭州惠兴女士为女学牺牲记》，《申报》1905年12月30日。

2　《杭州惠兴女士为女学牺牲记》，《申报》1905年12月30日。

3　《杭州将军瑞兴奏驻防旗妇瓜尔佳氏捐躯殉学请旌奉旨交部议奏》，《时报》1906年7月10日，第3版。

声望之人"。[1] 惠兴女学自 1906 年至 1910 年间的毕业生，经提学使派员考察合格者达 26 人。美术手工女红织品非常出色，在去南阳开办的劝业会中很多织品获得金牌。[2]

除了新式女子文化教育外，为适应地方事业需要，杭州还积极设立职业女校。例如，浙江省立女子蚕业讲习所在杭垣东横河桥堍成立，所长是吴家瑛。该讲习所有学生 100 名，学习 2 年即可毕业。教学设施有教室 2 间，桑田 40 亩。全面教学时长 42 周，分为饲育春夏蚕 9 周，蚕体解剖、沐洗蚕种、整理蚕具、杀蛹、干茧、制丝、考种、制种、使用显微镜等实习共 3 周，还有学理学习 30 周。常年费 10800 元。成绩室陈列丝茧，颇觉光净坚实。[3] 前宁海县训导楼绅文镳等联名向上请求，在杭州白马庙巷内创建蚕桑女校，占地 10 余亩，得到了藩学两司批准。[4] 杭州蚕桑女学堂成立后，注重栽桑、养蚕、制种、缫丝等专业课程的传授，辅之以国文、数学、物理等基础课程，对外招收 15—35 岁的健康女子入学学习。1905 年设立的杭州女工传习所和杭州工艺女学堂则主要教授养蚕、手工编织、缝纫、刺绣等。1906 年创办的杭州产科女学堂专重女科，招收年龄在 14—23 岁的健康女学生。而保姆讲习所[5]则是清末民初培养幼儿教育师资的机构。"民国前出现的这几类女子职业教育学校在民国后大都得到保留并有所发展。女子手工传习所被女子职业学校和职业补习学校取代。民国后规模较大、较有影响的职业学校有浙江私立甲种女子职业学校。保姆讲习所渐渐演变为幼稚师范科（院、校），并在全省推广普及开来，幼稚教育和幼稚师范教育发展迅速。"[6]

杭州奎垣巷原来是盐务机关公地，后来成了浙江私立甲种女子职业学校所在地。该校是提倡女子职业教育最早的女校之一，创办人谢雪女士任校长，赵欲仁担任主任。学校常年费用 6000 元，省款补助 4000 元。学校有内机织科 1 个教室，刺绣科、缝纫科合并 1 个教室，还有缝纫工场、刺绣工场、染色工场及附设之振

1　《北京女报馆来函第二》，《惠兴女学报》1908 年第 6 期，第 10 页。

2　《章奏：杭州将军等奏惠兴女学办有成效请赏区额折》，《浙江教育官报》1911 年，第 66 期。

3　章伯寅：《调查浙江省职业与教育报告书》，朱有瓛：《中国近代学制史料》第 3 辑下册，上海：华东师范大学出版社，1992 年，第 407 页。

4　《时闻：杭州拟办蚕桑女学校》，《直隶教育杂志》1907 年第 2 期，第 100 页。

5　也称为保姆传习所、保姆养成所。

6　贺艳秋：《浙江妇女发展史》，杭州：杭州出版社，2013 年，第 224—225 页。

铎棉织厂，产品精美适用。学校在校生共有200人，中学部3年可以毕业。[1]但因学生毕业没有出路，毕业后仍旧坐守家庭，所以成绩不及女子蚕桑学校。另外，产科医士沈奎在开元路自设产科医院。因需要助产士，就自行办起产科学校，学生毕业之后，在杭州开业接产的不乏其人。1929年前后，杭州卫生局亦办了一所助产学校，师资与设备都比私立的要好，于是产科医生就日渐增多。但是在抗战前夕，除小学校已有女教师，女子在机关担任职员的，都属事务员之类，高级职工如女校长或女公务员，并不多见。[2]

杭州城区外，也有自己的女校，如临安县立女学校。虽然办校之初经费困难，诸事从简。但随着学生增多，校务增加，学校决定聘杭州徐亚兰女士为校长。徐女士到任以来，扩充学校规模，制定管理规则，鼓励女子自立等，[3]临安县立女校的发展步入正轨。在寿昌，俞知事提倡各区域添设小学后，又委任教育科长蒋宗干在城内筹办一所女校，并聘请杭州工艺女学校毕业生张志成女士等为教员，寿昌女学从此萌芽。[4]

杭州蚕桑女学堂全体摄影

1　章伯寅：《调查浙江省职业与教育报告书》，朱有瓛：《中国近代学制史料》第3辑下册，上海：华东师范大学出版社，1992年，第407页。

2　政协杭州市委员会文史委编：《杭垣旧事》，2001年，浙江省农科院科技印刷厂印刷，第190页。

3　《临安女学之希望》，《教育周报》（杭州）1913年第11期，第28页。

4　《寿昌女学萌芽》，《教育周报》（杭州）1913年第3期，第20页。

三、杭州的不缠足会

男尊女卑观念在中国传统文化中习以为常，顺从并依附男人是封建时期妇女的必备"德行"，缠足便是基于这样的一种生态而产生的。就缠足的起源，学术界还没有一个确切的考证，一般认为始于南唐后主李煜时期。李后主爱妃窅娘能歌善舞，"后主乃作金莲花，命窅娘以白绵缠足作新月状，歌舞其上……"[1]统治者的此种行为被民间效仿后，蔚然成风。不可否认，男性对"小脚"的奇葩审美，是造成"裹小脚"流行的重要原因。中国妇女缠足之事，也并非所有人都习以为常，宋代车若水认为缠足不仅让妇女受苦，也没有什么用处。[2]然而诸如此类的质疑并没有对妇女双脚的解放带来任何帮助。

当历史的车轮驶到了近代，清王朝以外的世界早已翻天覆地。鸦片战争后，越来越多的西方传教士来到中国，他们注意到了中国妇女的小脚，并指出这是对女子人身的迫害。传教士带来的不缠足思想，逐渐被中国人接受。走出国门的中国人在感受到天足之美后，对缠足风俗自然也更加深恶痛绝。像郑观应这样的有识之士就在文章中抨击缠足之流弊。此后，洪秀全领导的太平天国更是下令"妇女不准缠足，违者斩首"。英国人呤唎认为太平天国妇女非常美丽，"和清妇女适成鲜明的对照，这大概由于太平天国妇女是天足的缘故。中国妇女的天足十分好看自然，从而步态也极为优美"。[3]太平天国运动没有真正地解放妇女，却一定程度上带动了不缠足的风潮。

中日甲午战争之后，妇女缠足问题得到了广泛的关注，并逐渐形成着一场不缠足运动。1897年，梁启超、谭嗣同等在上海设立不缠足总会，"使会中同志，可以互通婚姻，无所顾忌"，要求"凡入会人所生子女不得缠足""凡入会男子不得娶缠足之女"等。[4]全国各地纷纷响应，设立分会，不缠足运动初具规模。然而随着戊戌变法的失败，不缠足运动被迫中断。《辛丑条约》签订后，清政府决定实行新政，为腐朽的政权做最后的挣扎。这一历史时期，废除缠足成为由官

1　抱拙子：《劝戒缠足》，《万国公报》1893年第50期，第20—21页。
2　车若水：《脚气集》，转引自高洪兴：《缠足史》，上海：上海文艺出版社，2007年，第211页。
3　[英] 呤唎：《太平天国革命亲历记》上册，王维周译，北京：中华书局，1961年，第233页。
4　梁启超：《试办不缠足会简明章程》，《时务报》（上海）1897年第25期，第2页。

到民全面展开的实践。浙江等地顺应潮流，成立"不缠足会"，深受缠足之苦的杭州妇女们，很快加入到这股浪潮之中。

杭州的女子，在四五岁的时候，她们的母亲便会费尽心思让自己的女儿裹脚，时不时地给女儿灌输"脚小齐整，脚大难看"的观念。等日子到了，又会准备"花鞋一双、剪刀一把、板子一块"，连骗带打把孩子的脚给裹起来。痉挛骨折的脚脓血淋漓，臭秽难闻。"眼泪一缸"的遭罪换来的是当娘的认为可以好看一世的"小脚一双"。之所以如此执着于这"三寸金莲"，是因为没有"好看"的小脚，便没有男人要的奇葩现象在杭州尤其常见。1902年，双陈巷高绅士家的夫人首先解放了自己的双脚，随后，家族的女人们都慢慢地效仿。下一步，她们打算拟定章程提倡天足。准备在章程拟定后，在西湖摆酒席请绅士家里小姐和少奶奶们来商议废缠足的事情。[1] 高夫人娘家为杭州金氏，自幼识字尤其喜欢看史书，对于中国历史上政权兴亡都有所了解，因此对国家内忧外患的处境忧心忡忡。1903年2月，杭州士绅高白淑夫人与同城孙淑仪、顾啸梅和胡畹畦组织成立放足会。她们先在报纸上刊登通知，告知居民钱塘门外张勤果祠有放足大会。杭州士绅眷属与会者80余人。[2] 下面是大会上，高夫人的演讲稿主要内容：

今日是我们商议戒缠足的日子。承诸位光顾，感激得很。我们中国的女子，受那缠足的苦楚，已经九百余年了。可怜这许多女子，四五岁的时候，做娘的便要把她缠起足来。那疼痛难熬、啼啼哭哭的情状，请问诸位不是都是过来人吗？讲到那做娘的意思却也没有什么道理，不过习俗已久，眼见得缠足的多，不缠足的少，做娘的总要望女儿们体面，够得上人人道句好，个个说声俏，所以到那时候便不知不觉的下出这番毒手来了。这且莫讲它，我先把缠足的来历讲与诸位听听。我想中国女子必定要缠足的缘故，不过道一双小脚，装束得端正，便算定一个美女咳，哪晓得这就错了。我想古时的美女不知多少，从没有讲过缠足这一件事。莫说别的，就是春秋时候，卫庄公所娶的庄姜，他们国里的人做了一首硕人诗，称赞她的相貌，极讲她生成的美丽，何尝讲起她缠足的事。这首诗在《诗经》里的，念书人都知道，不是我造出来的。直到了南唐李后主，他有一个妃子，叫

1　《论杭州将兴放足会事》，《杭州白话报》1902年第2卷第5期，第1—2页。

2　江东：《记杭州放足会》，《浙江潮》（东京）1903年第2期，第173页。

什么宵娘，这宵娘的相貌便同现在的妓女一般，也会唱，也会舞。那昏天黑地的李后主，便叫用帛缠起足来，什么金莲贴地，说得来好看无比。这个事情，在那个时候，不过是昏君偶然取乐，并不叫人看样。哪晓得宫里一通行，百姓便看榜样了。还有几层的意思，我要对诸位讲讲。我们常常想，天生人有男有女，那相对的情形，自然不分厚薄。莫说别的，就是现在文明各国，哪一国不是男女平等，哪一国的女子没有责任？只有我们中国人，说什么"男女相去五百级"，说什么"女子无才便是德"种种的议论，把个女子说得来一钱不值。这些事情都缘那些男子们，看得自己太贵重，恐怕女子侵犯他们，所以讲出这两句不通道理的话来，便把女子一笔勾销。诸位试想想，我们做女子的，羞也不羞？若是我们做女子的，因这两句话便情愿无才、情愿相去五百级，这便是我们女子不想自立的凭据，还有什么话讲，有什么法子想。若说是不情愿的，我还有一席话要与诸位讲讲。现在日本国有一位女教习，双姓下田，名叫歌子。大家都讲她是女教育家，她尝对我们中国人说，从前日本初讲维新的时候，女学还不讲究，后来她在国里极力提倡。二十年来，不但这些女子人人都会看报，人人都能写信，并且文绣、雕刻、美术、工艺没有一样不晓，没有一样不精，几乎同男子一样，不像我们中国的女子有奄奄一息的样子。下田歌子又说道，不论世界上哪一国，国里的女子便是国里的百姓。国家是什么东西，国家是甚样讲，既是国里的百姓，岂有不爱国家的道理？倘是做女子的都不知道，那男子便算都是爱国的人。一个国里爱国的也不过一半，拿这个国度来比人身，可不是半身不能运动么？哪里有半身不能运动的，还可算一个人吗？可晓得做百姓的道理，原是不分男女，我国的权利，不论哪一国人来动我一分，碍我一毫，国家受辱便与身子受辱一样。知道辱身辱国的道理，有的代父从军，有的替夫报仇，有的为国出力。一国的女子都是这样热心，男子也是这样热心，那时要想国家不兴旺，恐怕也不能够，还怕什么欺侮呢？听了下田歌子这一番说话，可见我辈女子的责任并不在男子之下。今天放足的事，不过是小小的一点儿起根，将来还有别事，要与诸位商量。今日先把两件紧要的告诉诸君。能一放足的事，不过是养身体、强种族的一端，并非不缠足便能强国。若说不缠足便能强国，那江北地方和各省的乡村妇女，大脚的不知几多，为什么也和我们一样受外人欺侮？这可不是没有学问的缘故么？那虽如此，那大足的妇女，比那缠足的身体到底强些，举动到底便些，同是中国的妇女，比起来便两样，不过是她们没有学问，所以仍旧同我们一样的受辱。若说有人教育她，岂不是更强呢？这些看来，振兴女学的事情，是万不能再缓了。……[1]

高夫人指出缠足不过是昏君偶然取乐却被世人效仿的产物，妇女在国难当头之际，扮演着十分重要的角色。最后，她还一针见血地指出废缠足与兴女学之间的递进关系，强调光解放双脚是不行的，还要让女子接受教育，只有接受教育，有学问了，才能让妇女变得强大，才能不再受欺凌。到会的人听完演讲都十分赞同，也十分佩服。[2]大会规定：一、会员有劝四五岁的幼女戒除缠足的义务；二、对于已经缠足的，会员应当劝令其放足；三、探寻放足免除疼痛的方法；四、协商放足后鞋子的样式。[3]会后，杭州放足会拍摄了集体照，这一历史时刻被定格在了一张黑白照片中。

杭州放足会

1　记杭州放足会》，《浙江潮》（东京）1903 年第 2 期，第 176—178 页。根据现在语言习惯，修改了"狠（很）""他（她）""他（它）""那（哪）""勾消（勾销）"等字。

2　《中外新闻：放足会第一次聚会》，《杭州白话报》1903 年第 2 卷第 9 期，第 2 页。

3　《杭州放足会第二次调查信》，《浙江潮》（东京）1903 年第 3 期，第 199—200 页。

天足运动在高夫人等觉醒女性的带动下迈向了一个新的阶段，在杭州各界人士的响应下，反缠足运动蓬勃发展。当时的中华大地上大大小小的反对缠足的组织如雨后春笋般涌现，就连被腐朽的清政府被迫割让给日本的台湾，也开始了如火如荼的天足运动。例如黄玉阶倡导组织的"台北天然足会"，"其后，岛内各地有识之士纷纷成立'解缠会'等组织。清末天足运动取得了很大的成绩，妇女缠足陋习的正式废除就是从这时开始的。'最是两般堪恨事，文人八股女双翘'，天足运动使得社会上对于三寸金莲的态度为之大变"。[1]

不久后，腐朽的清王朝在辛亥革命中走向了终结，放足与禁缠成了新政府的重要工作之一。辛亥革命成功后的第九天，湖北军政府内务部颁布告示："照得缠足恶习，有碍女界卫生。躯体受损尤大，关系种族匪轻。现值民国成立……特此示令放足，其各毋违凛遵。"1912年3月13日，临时大总统孙中山就下令内务部通饬各省劝禁缠足，全文如下：

缠足之俗，由来殆不可考。起于一二好尚之偏，终致滔滔莫易之烈，恶习流传，历千百岁，害家凶国，莫此为甚。夫将欲图国力之坚强，必先图国民体力之发达。至缠足一事，残毁肢体，阻阏血脉，害虽加于一人，病实施于子姓，生理所证，岂得云诬？至因缠足之故，动作竭蹶，深居简出，教育莫施，世事罔问，遑能独立谋生，共服事务？以上二者，特其大端，若他弊害，更仆难数。曩者仁人志士，尝有天足会之设，开通者已见解除，固陋者犹执成见。当此除旧布新之际，此等恶俗，尤宜先事革除，以培国本。为此令仰该部速行通饬各省一体劝禁。其有故违禁令者，予其家属以相当之罚。切切。此令。[2]

在国民政府的进一步推动下，反对缠足成了天下大势所趋，天足的观念随着民主共和观念一同深入人心。

1　高洪兴：《缠足史》，上海：上海文艺出版社，2007年，第231页。
2　《孙中山全集》第二卷，北京：中华书局，1981年，第232—233页。

第二节　五四运动前后的杭州妇女运动

一、五四时期杭州妇女解放思想

1915 年，陈独秀在上海创办了《青年杂志》，揭开了新文化运动的序幕。他发文宣传欧洲杰出女青年在人类社会中的作用，力图唤起中国人关注妇女解放问题，并指出巾帼不让须眉，世俗却污蔑"女子智能之薄弱"。[1]陈独秀将中西方女性进行比较，发现中国妇女过着被人豢养和不自由的生活，精神和肢体都受到严重的摧残。他认为："如果希望朝着更高的文明阶段发展的话，孔子之道下中国女性的生活状态必须改变，只有这样才会有一个现代文明的社会。"[2]陈独秀把女性问题与社会、政治问题相提并论，是迫切需要解决的重大问题之一。

1919 年，五四运动期间，女学生与男同学一样崭露头角，让人们开始逐渐注意到了妇女的力量。与妇女相关的话题也开始频繁地出现在文学上。[3]此时，中国妇女顺应世界妇女运动潮流，再一次提出参政诉求，开展妇女参政运动，加快了妇女争取民主自由权利的步伐。她们想要通过获得与男子同等的参与国家政治的国民权利，来更好地实现妇女群体的价值。妇女参与政治，既是与生俱来的人权，也是每个国民对国家应尽之义务。中国共产党的早期领导人陈独秀觉得中国妇女没有在社会上"做出什么可观的事"，是因为政府不给妇女们事情做。虽然民国已经成立 8 年，但没能"用选举权来直接表明本人的意思"。所以，他希望和中国"女同胞同心合意一齐起来废去这不平等的制度"，最后得到妇女们"希望的选举权"。[4]妇女解放与参与政治联系到了一起，1922 年，北京女子参政协进会成立。[5]同年，北京女子高等师范的学生们发起成立女权运动同盟会。[6]像

1　陈独秀：《欧洲七女杰》，《青年杂志》1915 年第 1 卷第 3 期，第 1 页。

2　张素玲：《革命与限制——中国共产党早期妇女领袖（1921—1927）》，郑州：河南大学出版社，2011 年，第 48 页。

3　杨之华：《妇女运动概论》，上海：亚东图书馆，1927 年，第 64 页。

4　独秀：《妇女选举权》，《新青年》1920 年第 7 卷第 3 期，第 147—148 页。

5　《北京女子参政协进会成立大会中外人士出席演说》，《南侨月报》1922 年第 2 期，第 57 页。

6　《女权同盟会》，《星期》（上海）1922 年第 24 期，第 8 页。

这样的女子参政组织推动了妇女参政运动在中国的进一步发展。她们要求"一、全国教育机构一概为女子开放；二、采用无限制的普通选举，女子与男子平等的享有宪法上人民应享的权利；三、司法上的夫妻关系、亲子关系乃至财产承继权行为等应依男女平等的原则加以修正；四、制定男女平等的婚姻法；五、刑法上加入同意年龄及纳妾者以重婚罪论的规定；六、禁止公娼、禁止买卖婢妇、禁止妇女缠足；七、依同工同酬及保护母育的原则制定保护女工法"。[1]虽然最终她们的诉求没有达到预期，但她们在五四运动时期为妇女解放而做出的抗争有着重要的意义。

从戊戌变法到辛亥革命再到五四运动，妇女解放运动高潮一波接着一波。妇女除了渴望参政平等外，结婚自由、教育平等的思想在五四运动时期亦猛烈地在全国范围传播，先进的知识分子和女青年们正为实现这些而拼搏。

在婚姻自由方面，毛泽东于该时期的经历颇能说明问题。此时已经成长为新文化革命斗士的毛泽东亲眼目睹了中国妇女的苦难，他十分清楚中国革命少不了妇女群体的参与，而中国妇女的解放必须发动妇女群众奋起斗争才能实现。1919年11月14日，长沙橘子园赵五贞女士，为反抗封建婚姻制度，在花轿中自杀身亡。她的死使社会舆论一片哗然。毛泽东围绕赵女士之死，12天内写了9篇文章发表在长沙《大公报》，猛烈抨击吃人的封建礼教。[2]其中《对于赵五贞自杀的批评》一文中反思"这件事的背后，是婚姻制度的腐败；社会制度的黑暗；意志的不能独立；恋爱的不能自由"。

在受教育方面，女性尤其是平民阶层的女性迫切地希望能有同等的机会接触到新知识和新思想。"五四"的风暴在教育界掀起了平民教育的潮流，平民阶层出身的女性有了更多的受教育和学习生产技能的机会。经过"五四"新思潮的洗礼，男生女生同校学习开始变成现实。胡适也认为学校当开放女禁，普及女子国民教育，并且第一步就是要聘请有学问的女教授。然后再允许收适当数量的女生在学校旁听。最后就是研究女学制，将课程大加改革，使得女子中学的课程与大

1　《女权同盟会》，《星期》（上海）1922年第24期，第8页。

2　湖南省妇女联合会、湖南省妇女学研究会主编：《毛泽东与中国妇女解放》，长沙：湖南教育出版社，1994年，第189页。

学预科的相互衔接。[1]1920 年的新学期，北京大学迎来了邓春兰、程勤若等 9 名女旁听生，她们成为第一批女大学生。

杭州妇女虽然也在接受这些新思想的洗礼，但杭州的妇女运动此时没有一个真正的领导，也没有统一的组织。在浙江，也很少能看到一个全省性的妇女运动，妇女运动带有较大的自发性，所以杭州的妇女运动与省内其他地方的运动不容易取得一致的配合。

二、杭州妇女参与社会变革

五四运动爆发 2 日后，爱国运动的消息就传到了浙江，杭州、宁波、温州以及其他地区的许多女校学生受到鼓舞，勇敢地投入了这场运动。1919 年 5 月 6 日当晚，杭州之江大学学生在召开的大会上，报告了北京学运情况。"一师"、"一中"、"女师"、甲种工业学校和政法学校等中等以上的学校相约采取一致行动。同月 12 日，杭州 14 所大中学校 300 多名学生在湖滨公园集会，宣布"杭州学生联合救国会"正式成立。22 日，北京学联代表、浙江金华人方豪，来杭州报告了军阀政府镇压学生爱国运动的详细情况，进一步激起了浙江男女学生的反帝爱国浪潮。杭州学生联合会于 29 日和 30 日 2 次发表罢课宣言，并于 29 日起实行学生总罢课。与此同时，他们组织的男女学生宣传队走上街头进行爱国宣传。当天，省立女子师范、省立女子蚕桑讲习所以及私立女子职业学校等校的学生也加入了罢课运动，并分头到西大街、清河坊、城站、拱宸桥等地进行爱国讲演；有的女生还深入民众家庭，宣传反对日本帝国主义的侵略行为，动员民众起来共同反对日本侵略。[2]女学生在五四时期展现出极大的爱国热情，她们对社会变革的参与极大地推动了历史的发展。这股浪潮在女校间蔓延开来……

6 月 29 日，省立女子师范、省立女子桑蚕讲习所、私立女子职业学校、弘道女子中学等学校再度进行罢课并成立学生会。女学生利用自身优势，继续深入家庭进行爱国宣传。还有学生向商店店员哭诉请求他们罢市。武林绸厂和机纺工

1　胡适：《大学开女禁的问题》，《少年中国》1919 年第 1 卷第 4 期，第 1—3 页。

2　浙江省妇女联合会编：《浙江省妇女运动史（资料）一》，内部资料，第 33—34 页。

人受到学生演讲感染即行罢工。[1]弘道女中的学生们写好了标语准备进行反对不平等条约以及要求抵制日货的大游行。美国代理校长罗懿锁上校门阻止学生的爱国行动，并对要冲出去的学生戴德香拳脚相加，遭到学生的一致反抗。[2]杭州浙江大学多名女学生联络杭州市妇女界爱国分子，积极筹备妇女救国会，并努力与上海妇女救国会取得联系。[3]

杭州女同胞不但参与各种爱国运动、口头宣传，而且在1920年2月，杭州进步女青年创办小型报刊《进修团团刊》来扩大女性群体在时代潮流中的影响力。该报内容偏重妇女解放问题，如通过发表《我之社交公开观》《为什么女子解放要从男子解放做起》等文章来激发更多妇女觉醒。4月，鉴于家庭宣传效果良好，杭州女学生便再次针对家庭进行爱国宣传，陈述外交危机，通过影响家中的女主人间接影响整个家庭，取得了很大的成效。

1921年5月，杭州各布厂女工2000余人，因米价上涨，要求工资用大洋结算被拒，第二天由厂里工会决议停工等待解决问题。[4]1924年间，萧山衙前成立妇女协会，会长为沈定一夫人王华芬。百余妇女参加了成立大会。妇女协会宣传妇女解放，号召妇女团结起来，解放双脚，打倒军阀和土豪劣绅。妇女协会还办起了托儿所，有30多人来寄托，免费伙食。保育员每月可以领到来自于庙产、没收财产中的5元经费。该协会还组织妇女参加养蚕。[5]

1925年6月，杭州女界国民会议促成会通电国外同胞，坚持一致对外。6月3日，杭州女中、女职、女体等参加了省教育会在公共运动场召开的3万人以上援沪案大会。1926年间，为反对剥削，增加工资，杭州虎林丝绸厂缫丝女工沈凤珠等6个人发起罢工，共有6个工厂的女工参与罢工，但个别女工思想不坚定，导致罢工在第3天失败。[6]

杭州妇女在五四运动前后参与社会变革的积极性和主动性都比以往高出很多，切实地促进了社会进步，彰显了妇女的作用。但距离有规模、有组织、有计

1　浙江省妇女联合会：《浙江省妇女运动大事记1919—1927》，内部资料，第1页。
2　浙江省妇女联合会：《浙江省妇女运动大事记1919—1927》，第3页。
3　周天度、孙彩霞编：《救国会史料集》，北京：中央编译出版社，2006年，第217页。
4　浙江省妇女联合会：《浙江省妇女运动大事记1919—1927》，第3页。
5　浙江省妇女联合会：《浙江省妇女运动大事记1919—1927》，第10页。
6　浙江省妇女联合会：《浙江省妇女运动大事记1919—1927》，第13—14、17页。

划地采取行动，真正成为社会变革中举足轻重的一个群体，还需要一个能真正救中国的主义，一个能带领中国真正走向繁荣的政党。

三、杭州妇女的早期党团活动

中国共产党的诞生，既给中国革命带来了希望，又让中国妇女运动进入了一个崭新的时期。中国共产党人积极争取妇女解放，开展女工运动，并且加强妇女解放思想的舆论宣传，努力吸收优秀女性成为党内妇女干部。中共一大后，中国共产党领导各地工人运动的机关——劳动组合书记部成立，《劳动周刊》是其所属的公开出版物。此后，在共产党制定的多项决议中，女工都被视为开展妇女运动的群众基础和主要力量。早期组织的女工运动中，中国共产党人发现一个十分显著的问题，像纱厂、烟厂的女工不但知识水平有限，而且被其他势力操控，共产党员想要在厂里发展党员非常艰难。虽然，早期的党团活动开展起来困难重重，但中国共产党人迎难而上，采用办识字班、妇女俱乐部等形式组织发动女工。灵活多样的接触方式拉近了女工与党的距离，使愈来愈多的女工意识到，要想真正获得解放就必须跟着党走。党组织还通过办《妇女声》等刊物声援女工做斗争。1922 年，全国一些主要城市近 3 万名女工举行罢工。向警予分析，由于近代工业化使得纱厂、丝厂、烟厂等成了妇女群体的聚集地，而资本家不留情面的压榨，使该群体罢工反抗，这将是中国劳动妇女运动的开端。[1]

为推动妇女运动，中国共产党人的另一项重要举措便是创办平民女校以及其他的培训学校。1922 年 10 月，中国共产党中央局直接创办和领导了第一所新型的妇女学校——上海平民女校，由李达担任校长。学校既负责培养妇女运动骨干，也负责中共中央的秘密联络工作。上海平民女校设初等、高等 2 个班和 1 个工作部。教师多为共产党员，义务授课。学生中既有逃婚者，也有党员和革命者的家属。初等班的学生基本处于文盲、半文盲状态，少数人具有初小或高小水平。高等班招收具有初中以上文化程度的学生，力求用较短的时间，使学生达到进入高等学府继续深造的水平。工作部教授缝纫、织袜、编织等做工本领，学生半天做

1　向警予：《选录：中国最近妇女运动》，《民国日报妇女评论》1923 年第 101 期，第 2 页。

工，半天学习，既能挣钱补贴生活又能读书学习。在这里，每周还会专门讲解马克思列宁主义、时事政治和妇女切身问题等。在如此的学习、生活以及具体的实践中，像王剑虹等一批妇女运动骨干逐渐成长起来。但是，女校在开办不到一年后，就因经费困难而被迫停办。[1]

而浙江的早期妇女运动深受王璧华的女权运动观影响。杭州人王璧华是省商品陈列馆馆长阮性宜之妻，也是 20 世纪 20 年代初浙江省妇女运动的代表人物。1920 年，为了实现"省自治"，浙江各界若干头面人物发起组织了"省宪期成会"。1921 年 8 月，浙江一批热心参政的妇女发起组织了"全浙女界联合会"，推王璧华发表了对浙江省宪的意见。1921 年 9 月 9 日公布的《浙江省宪法》采纳了她们的部分意见。

1923 年 7 月，王璧华发表了《全浙女界团体代表联合会宣言》，展示了她的女权运动观："女权运动，就是人权平分的运动。"所谓"人权平分"，就是"家庭里、社会上，政治方面、经济方面，女子和男子，须得站在同水平线上"，并要求"法律的准要和保障"。实现男女人权平分的途径是"唤醒大多数不了解女子究竟应该处于什么地位的姊妹们，力争女权"。表现出妇女的责任心、行动抗争能力，并集中分散力量，然后才能"筑起女权的基础而促进人权平分（的）实际成功"。王璧华的女权运动观及其女权运动从导向上说并不可取。因为在当时，妇女要"平分人权"，根本办不到，"况且以西方的人权思想指导中国的妇女运动，可说是脉理不明，药不对症。特别是眼巴巴地盯着统治阶级的国会和为军阀统治服务的法律，丢掉了广大的劳动妇女这个基石，其失败是必然的"。[2]

杭州早期妇女运动的起步，与以向警予为部长的党中央妇女部门指导是分不开的，也与五四运动前后杭州妇女觉醒息息相关。

1　顾秀莲主编：《20世纪中国妇女运动史》上卷，北京：中国妇女出版社，2008年，第198—200页。
2　浙江省妇女联合会编：《浙江省妇女运动史（资料）一》，内部资料，第109页。

第三节　革命年代的杭州妇女运动

一、中共的妇女解放思想概述

中国几千年封建制度对妇女的肉体压迫以及精神奴役，使得她们受着政权、神权、族权、夫权四条绳索的捆绑，"在家从父，出嫁从夫，夫死从子"成了不可变更的信条。妇女在面对强迫、包办、买卖的婚姻时，只能选择默默忍受。婚后的妇女一生都在相夫教子，根本没有社会、政治、经济和文化上的地位。新文化运动时期，国内知识分子受西方个人主义思潮影响，广泛、热切地关注了妇女问题。中国共产党的创建者们深受影响，并成为中国妇女解放运动的积极倡导者和实践者。

五四运动以后，马克思主义得以在华广泛传播。新的社会制度激起了先进知识分子的转向，结成马克思主义研究团体。北京和上海成了宣传马克思主义的主阵地。马克思主义者在介绍和传播马克思主义的同时，还十分注重马克思主义妇女观的宣传，翻译了不少相关著作。李汉俊转译了德国伯伯尔（培培尔）的《社会主义社会与妇女》中的第三篇《Woman is the Future》，该文中指出："将来社会的女子，在社会上，在经济上，都是独立的。"[1]《列宁的妇女解放论》《家庭、私有制和国家的起源》的第二章等也被翻译过来，中国人开始通过译著领会马克思主义妇女观的核心。人们逐渐意识到社会主义道路将是解决妇女问题的唯一方案。

1921 年 7 月，中国共产党正式成立。这是一个追求人人平等、为老百姓说话的党。共产党人认为私有制造成了妇女地位的低下，必须废除这个制度才能真正解放妇女。中国共产党在第一次代表大会上，便把建立妇女部、发动女工运动提上议程。此时，中国共产党人以马克思主义为指导思想，初步将妇女解放问题与反帝反封建、争取民主的历史任务联系起来，并主张将妇女解放与社会革命相

1　李汉俊：《女子将来的地位》，《新青年》1920 年第 8 卷第 1 期，第 79 页。

结合。1922 年 7 月 16 日，中国共产党第二次全国代表大会在上海顺利召开。大会通过了《关于妇女运动的决议》，表明了中国共产党解决妇女问题的基本立场，这是中共历史上第一个关于妇女运动的决议和纲领性文件。决议认为，妇女解放是要伴着劳动解放进行的，只有无产阶级获得了政权，妇女们才能得到真正的解放。中国共产党当前为妇女奋斗的内容是：第一、帮助妇女们获得普遍选举权及一切政治上的权利和自由；第二、保护女工及童工的利益；第三、打破旧社会一切礼教习俗的束缚。[1]

会后，党中央成立了妇女部，由向警予担任第一任妇女部长。在党的第三次全国代表大会上，她明确提出了在妇女运动中建立统一战线的思想。会议确定设立妇女运动委员会，并创办一种出版物。第四次全国代表大会之后，她被增补为中央委员，并担任中央妇女运动委员会书记，主编《妇女周报》。1924 年 1 月，国民党召开第一次全国代表大会，实现了国共合作。会后，向警予以上海执行部工作人员的身份，负责与上海各区妇女代表洽谈，筹备组建妇女运动委员会，妇女运动中的统一战线工作得到了加强。[2]

1925 年 1 月，在中国共产党第四次全国代表大会上，通过了《对于妇女运动之决议案》。决议案强调，中国共产党的妇女运动应以工农妇女为骨干，在妇运中切实代表工农妇女的利益，并在宣传上抬高其地位，使其成为妇女运动中的主要力量。原则上要向一般妇女说明妇女解放与劳动解放的关系。虽然中国妇女运动还极其幼稚，但近三四年的女工风潮展示了她们的决心和力量。中国共产党希望能对这种运动进行有系统有组织地指导，并且认为发展中国共产党妇女运动应该从以下三方面入手：

1. 各地党部应注意介绍女党员，因为在宗法社会关系未曾打破的中国，女党员组织妇女运动确有许多便利。经验上说，没有女共产党员的地方，妇女运动常常无从着手。

2. 各地党支部亟应设立妇女部，其无女党员的地方亦应组织妇女部，党的妇

---

1 中央档案馆编：《中共中央文件选集》第一册（一九二一——一九二五），北京：中共中央党校出版社，1989 年，第 88 页。
2 中国中共党史人物研究会编：《中共党史人物传·第 6 卷》，北京：中国人民大学出版社，2017 年，第 63 页。

女运动才有专门负责的机关，才能日复一日地力图发展。

3. 各地党部应特别注意妇女党员关于妇女运动之理论方面的指导和训练。[1]

1927年，国民党反动派叛变革命，导致国民革命惨遭失败。中国妇女解放运动刚有起色就转入低潮。中国共产党的工作重心被迫转向农村。而在广袤的农村，妇女人数占中国妇女人数的80%，这是党下一步要积极关注的一股力量。1928年7月10日，中国共产党第六次全国代表大会《妇女运动决议》声明"只有社会主义的胜利能彻底解放妇女"。中国革命阶级的分裂也引发了妇女运动的分裂，对于"女权主义的妇女运动""基督教的妇女运动"以及"改良主义的妇女运动"要坚决反对。应当在农民组织中做有系统的妇女工作，明确党在农村中的任务是吸收劳动妇女到革命方面来。农民协会中要组织妇女委员会，吸收一般农村妇女参加农民协会，并将最有觉悟的妇女同志吸收到共产党的队伍里。[2]

这一时期，中国共产党人在马克思主义经济学理论的指导下，倡导"土地革命"，受到压迫的农民对此表现出极大的热忱。处于剥削阶级的地主等的土地被没收，无地的农民得到了自己的土地。而后，随着日本侵华的步伐加快，国共对立的局面才得以改观。"西安事变"后，国共两党迎来了二次合作。中国共产党在新的历史时期对妇女工作有了新的指示。

1939年2月20日，为了开展全国各地的妇女工作，中共中央决定："第一、用各种方法解释妇女大众在抗战建国及将来社会主义建设中的重要作用，坚决消灭党的一切组织与党员中对于妇女及妇女运动所存在的那种陈旧的、庸俗的及中世纪的态度的各种残余，纠正一切对于妇女工作的轻视、忽视与消极的态度。第二、立刻建立与健全各级党的委员会下的妇女部与妇女运动委员会，认真的经常检查与帮助其工作，使之成为各级党的委员会内最重要的工作部门之一。其中的工作人员，不应经常调动，以造成真正熟悉妇女运动的干部，使妇女运动的经验能够不断的积蓄起来。第三、动员全党女干部与女党员，起来担任妇女工作，鼓励她们，使她们对于妇女工作发生兴趣，相信妇女自己的力量，帮助她们切实解

1　中央档案馆编：《中共中央文件选集》第一册（一九二一—一九二五），北京：中共中央党校出版社，1989年，第371—372页。

2　中央档案馆编：《中共中央文件选集》第四册（一九二八），北京：中共中央党校出版社，1989年，第431—432、437—438页。

决工作中的困难，并用同志的态度耐心的纠正她们的弱点与可能发生的错误。第四、注意于女党员的吸收及女干部的培养。第五、很好的根据中央妇女运动委员会关于'三八妇女节'及一般妇女工作的指示，准备将要到来的'三八节'工作及切实开展一般的妇女工作。"[1]

同年3月3日，根据六中全会的决议以及党中央书记处的决定，中央妇委下发关于当前妇女运动的方针和任务的指示信，指出在坚持抗战，扩大与巩固抗日民族统一战线的总方针下，目前妇女运动的基本任务是："动员与组织更广大的妇女参加抗战建国各方面的工作，以便坚持抗战到底与争取最后胜利；为了克服困难，准备反攻，缩短到抗战胜利去的过程，抗战建国的大业，假使没有占人口半数的妇女积极参加，成功是不可能的。"[2]要求组织动员妇女参加抗战。但是，中国妇女参加抗战还面临一些困难和阻碍：第一，最大多数的妇女，在政治上、经济上、社会生活上处于非人的地位。第二，不仅在敌人占领区内，敌寇对中国同胞尤其是妇女的任何解放运动，加以最野蛮的摧残。同时，即在敌未占领区域的许多地方，还有不少顽固、落后、反动的力量，阻碍和反对妇女运动之开展。第三，宗法社会的传统和家庭困苦情形、烦琐事务的压迫，使妇女大众很少有参加社会生活和社会活动的可能。[3]

中国妇女要打碎这3条捆在自己身上的铁链，就要依靠党的领导。"许多地方的妇女运动，至今还未得着共产党的有力领导，这一方面是由于党的妇女干部异常缺少，同时也由全党对妇女工作注意得非常不够。这是党中央在其最近指示中已经指明了的。这些弱点和缺点能否克服和克服的程度，首先要看我们共产党——中国工人和劳动者的先锋队的各个党部和每个党员以及一切先进战士在妇运方面的努力如何而定。"[4]针对这种情况，中国共产党认为首先要建立广大妇女群众的抗战建国工作的统一战线问题——一切妇女工作的干部必须注意在抗战建国的

1　中央档案馆编：《中共中央文件选集》第十二册（一九三九—一九四〇），北京：中共中央党校出版社，1991年，第27—28页。
2　中央档案馆编：《中共中央文件选集》第十二册（一九三九—一九四〇），北京：中共中央党校出版社，1991年，第31—32页。
3　中央档案馆编：《中共中央文件选集》第十二册（一九三九—一九四〇），北京：中共中央党校出版社，1991年，第34页。
4　中央档案馆编：《中共中央文件选集》第十二册（一九三九—一九四〇），北京：中共中央党校出版社，1991年，第35页。

基本原则下，团结各党派、各阶级的妇女群众，同时，不仅要注意下层妇女思想上、组织上和实际工作上的统一战线的建立，还要注意上层妇女统一战线之建立和有系统地吸引上层妇女参加抗战及妇运的工作。其次，妇女大众的组织问题——虽因地域、习惯、客观可能和妇女主观接受程度各有不同而各异其趣，但原则上应向着达到使各地组织的群众性、统一性和民主性的目标前进。只有广大妇女加入到种种不同的组织和工作中去，才能把不同阶层、不同地域、不同能力和志趣的妇女组织起来。再次，妇女大众的教育。一方面要动员妇女抗战，另一方面必须提高她们的文化水平、政治觉悟，培养她们的工作能力，尽可能地设立识字班、夜校、小组、救亡室、话剧团等，以便经常进行广泛的识字启蒙运动，启发妇女的民族意识、民主思想和基本的政治觉悟；同时，设立各种训练班，在各种实际工作中培养与提拔妇女干部和领袖；利用一切机会灌输抗战常识、社会科学、防空防毒、医药卫生、救护保育等常识；尽可能地使妇女受职业教育，接受武装训练、学习射击等等。最后，改善妇女大众的生活。在消极方面是赈济、慰劳、募捐，向政府或地主资方要求减租减息、改良待遇及津贴抚恤，实行有钱出钱和合理负担的原则等，都依不同条件和可能程度而定；积极方面是动员妇女参加生产运动，如学习耕种、开办手工厂、参加合作社、互助社及设法办保育院等，解决一部分妇女的实际困难等事。[1]

在进行上述各项妇女工作中，中国共产党人注意到了知识界的妇女及女学生的重要性，要求组织要首先动员、组织、培养和训练她们，并帮助她们成为妇女运动的干部。"有计划地、大批地培养提拔和爱护党和非党的妇女干部，是解决一切困难的枢纽，除了党的训练班应尽量的吸收女党员外，应办专门的女干部训练班。"[2]

自1939年3月8日中央书记处关于开展全国妇女运动指示和中央妇委关于开展妇女工作给各级党委信发表后，中国共产党在妇女工作方面，确实有了相当大的转变，各级党委内成立妇委或妇女部、各级党委中负责同志担任妇女工作、

1　以上4段，参见中央档案馆编：《中共中央文件选集》第十二册（一九三九——一九四〇），北京：中共中央党校出版社，1991年，第37—39页。

2　中央档案馆编：《中共中央文件选集》第十二册（一九三九——一九四〇），北京：中共中央党校出版社，1991年，第39页。

出版《中国妇女》月刊、创办中国女子大学、妇女党员有相当的增加、各地妇女工作有相当开展，都是这一转变的主要表现。中共的妇女解放思想是与时俱进的，也是符合国情、易于实践的，而且在不断地调整中趋于成熟。越来越多的中国妇女加入了光荣伟大的党组织，团结起来反对一切形式的剥削与压迫。

二、中国共产党领导下的杭州妇女运动

中国共产党自诞生以后便注重妇女解放工作的开展。萧山妇女在党的指引下，开始把自身的命运和国家、民族的命运联系起来，在斗争中谋取妇女群体的解放。在萧山人沈定一、杨之华以及知识分子刘大白等人的积极努力下，衙前农村小学、衙前农民协会于 1921 年 9 月 26 日和 27 日分别成立。前者向学生和农民传播文化知识、革命道理，启发农民群众的觉悟。后者开展了以减租抗捐为中心的反封建斗争。1922 年，因反动当局的镇压，衙前农民运动转入低潮，但革命的火种已经种到广大农民以及妇女同志的心中。[1]

中共杭州地委紧跟党的步伐，同样认识到中国妇女经过几千年之压迫与束缚，丧失了自身独立自由的地位。但是随着新文化运动的兴起，自由平等的思潮风靡全国，青年女子渐渐有了实现自身解放的诉求。面对全国经济崩坏，帝国主义加紧侵略中国的艰难时局，以往的家庭制度已经很难维持，越来越多的家庭妇女走出家庭进入工厂，被迫接受近代工业剥削，并且完全变成了无产阶级，"此种无产阶级妇女之增加，实为中国妇女运动之开始。"[2] 从 1925 年"五卅"运动开始，杭州各地的劳动妇女积极参加民族解放运动，她们所展现出来的力量与男工一样。与此同时，女学生发起了援工运动，妇女团体也逐渐增加。妇女运动到了这个时期，已经随着民族运动而不断高涨，此种妇女革命运动之兴盛，实际上也是中国民族运动取得的新进展。

中共杭州地委档案显示：分布在杭州女子中学、女子桑蚕学校、产科学校、

1　杭州市萧山区妇女联合会编：《萧山妇女运动史（1921—2001）》，长春：北方妇女儿童出版社，2002 年，第 3 页。
2　《杭州地委妇女运动计划》，一九二六年五月，中央档案馆编：《上海革命历史文件汇集》（杭州、绍兴、嘉兴、温州地区，1925—1927 年），中央档案馆、上海市档案馆，1988 年，第 63 页。

行素女中、惠兴女中、弘道女中等学校的女学生和伟成丝厂、口华火柴厂、拱埠纱厂等工厂中的女工合计在 3000 人以上，此外，全城机织工 20000 人中一半为女性；在家庭方面，妇女也多数从事摇丝、锡箔等行业。换句话说，在杭州，除极少数贵族女子外，大多数都是女工。对于在杭州实行革命来说，她们是相当重要的一股力量。"五卅"运动时期，各女校女生大都参加群众运动，其中杭州女子中学等校的女生觉悟更高，行动更为坚决，也更同情革命行动。工厂女工和机织女工也都参加了大罢工，表现出一定的觉悟迹象。

在团体方面，1924 年，王璧华等主张参政运动，组织全浙女界联合会，但只是昙花一现，很快就偃旗息鼓。1925 年，杭州妇女组织了杭州妇女协会，有会员 10 余人，但也没能持久。诸如此类的杭州妇女运动难于持久的主要原因是"从事运动之妇女皆为资产阶级之妇女，根本无需于革命"。[1] 因此，杭州的中国共产党党组织认为，杭州的贵族妇女，都受到游乐的诱惑，贪图享乐，没有坚毅勇敢的品性，她们借妇女运动取乐的意图胜过于真正地实行革命，所以事情过后，就很难再继续下去。而身处下层的杭州妇女由于地位低下，没有染上这股不良习气。因此，杭州地方委员会应当关注下层女工群体，她们才是此后杭州妇女运动的主力。

杭州党团组织对于杭州妇女协会等群体的组织虽然总是失败，但为了团结革命妇女，必须想方设法进入这些团体，发展一部分肯做事情的妇女，然后通过妇女运动，吸收更多的妇女加入到中国共产党的队伍。应当注意的是，除参加革命运动外，党团组织应该加强对妇女问题本身的研究，切实解决并实际援助妇女的需求。例如，为提升杭州妇女对党团组织的兴趣，党组织经常举办演讲、茶话会等娱乐才艺活动。总而言之，"此种运动，宣传要公开，行动要通俗，这样才能达到成功领导杭州妇运的目的"。[2] 再如，对于工厂女工，应该与男工一样，建立工会组织，在条件成熟的女工中均应建立党支部。中共杭州地委决定，接下来设法召集民校女同志共同筹备杭州女界联合会，争取在 2 个月内正式成立。再如，

　　1　《杭州地委妇女运动计划》，一九二六年五月，中央档案馆编：《上海革命历史文件汇集》（杭州、绍兴、嘉兴、温州地区，1925—1927 年），中央档案馆、上海市档案馆，1988 年，第 64 页。
　　2　《杭州地委妇女运动计划》，一九二六年五月，中央档案馆编：《上海革命历史文件汇集》（杭州、绍兴、嘉兴、温州地区，1925—1927 年），中央档案馆、上海市档案馆，1988 年，第 65—66 页。

对于杭州各女校的学生，除了杭州女子中学有青年团外，其他女子学校尚未建立党团组织。杭州党组织决定，在接下来的工作中设法帮助其建立青年团组织，并努力让她们加入杭州学联会。为了更好地团结各女校学生，游艺会、运动会等也需要党组织派人参加。当时杭州妇女运动之口号为：

1. 男女工资平等；

2. 保护母性；

3. 打倒奴隶女性的礼教；

4. 离婚结婚绝对自由；

5. 女子应有财产权与承继权；

6. 妇女应即起参加国民革命。[1]

1927 年 2 月，杭州市总工会正式成立，石爱云当选为妇女部长。2 月 18 日，在党的领导下，杭州火柴厂成立了红色工会。经过与资本家的斗争，达成了如下要求：

1. 增加工人工资 5%—15%。

2. 每天工作八小时。

3. 星期天放假一天，工资照发。

4. 实行考勤奖。

5. 不得无故开除工人，雇佣、辞退工人要通过工会。

6. 女工给产假一个月，并发产费 7 元。工人生病十五天后有一角津贴，举办托儿所请医生两人。

7. 厂方每月津贴工会经费 100 元。[2]

北伐军进驻杭州后，萧山衙前掀起了波澜壮阔的农民运动，当地妇女群体也成立了自己的组织——衙前妇女协会，并且得到了中国共产党组织的领导和大力支持。妇女协会组织宣传队到集镇和农村宣传妇女解放、男女平等的道理，特别提出每个妇女都要加入农协组织的主张。还组织妇女开展破除迷信、反对旧礼教

1 《杭州地委妇女运动计划》，一九二六年五月，中央档案馆编：《上海革命历史文件汇集》（杭州、绍兴、嘉兴、温州地区，1925—1927 年），中央档案馆、上海市档案馆，1988 年，第 66 页。
2 浙江省妇女联合会：《浙江省妇女运动大事记 1919—1927》，第 24—26 页。

的革命活动,并与农协联合,敲掉东岳庙等多处庙宇内的菩萨,除掉节孝坊上的"饮旌节孝"匾额,写上"妇女解放万岁"6个大红字。选送妇女骨干进"农村小学"和"训练所"学习文化和劳动技术。另外,妇女协会提倡婚姻自主,简办婚事;帮助苦难深重的童养媳回家;调解婚姻家庭纠纷,为受虐待的妇女说话撑腰。衙前农协派往长巷当妇女协会会长的沈松春,自己就尝试了新式结婚,她不坐花轿,不发嫁妆,不用伴娘,结婚仪式在长巷农协会举行。

衙前一带的农村历来都养蚕,但本地蚕茧小、质量差。在农协的支持下,妇女协会积极改良蚕种,在坎山的周家祠堂办了蚕种场,请嵊县人来辅导,有50多名妇女参加学习。然后上门到养蚕户作指导,土蚕种以每张4角钱收回,改良蚕种则无偿发给农民(经费由农协负责)。长巷妇女协会办了包义合作社,把蒲包收集起来,统一运到绍兴等地出售,以方便农民,减少中间商盘剥。在衙前岳云庵里办起托儿所和幼儿园,入托孩子近20人,忙时多托,闲时少托,免费供应中饭,备有统一的围嘴、鸭蛋形小桌、小圆凳、小床,有5个管理员,每月发工资5元,经费从庙产和农协经费中开支,妇协委员经常去看望和帮助搞卫生等。[1]在富阳县,3月初,在中国共产党的帮助下,原国民党区分部扩建为国民党富阳县临时党部。共产党员朱鉴、沈炳权在县党部执委,他们利用合法身份,召集女党员周慧娟等成立了富阳县妇运史上第一个共产党领导的妇女革命组织——妇女会(筹),并确定周慧娟、金心华为妇女会主要负责人。

妇女会组织妇女参加张贴反帝标语、到职工夜校和职工子弟小学义务任教等社会活动。发动妇女参加"打倒土豪劣绅"等重大的政治斗争。1927年5月后,富阳县的共产党员遭到逮捕和通缉。富阳县妇女会被迫停止活动。[2]大革命失败后,党组织受到严重破坏,妇女协会也名存实亡。

受到政治的影响,反动派逮捕和通缉各工会、各农村的活动分子,消灭中心分子。严密搜查,迭次破获革命机关,逮捕革命同志,实行白色恐怖。反动派倒行逆施的行径,破坏了许多党的组织,限制了党的发展。在人数方面,浙江分杭

---

1   杭州市萧山区妇女联合会编:《萧山妇女运动史(1921—2001)》,长春:北方妇女儿童出版社,2002年,第4—6页。

2   富阳市妇联编:《富阳妇女运动史》,2000年,第34页。

州、宁波两大系统，杭州约 1200 人，宁波约 1200 人，共约 2400 人，其中能开会者约 600 人，全省几乎一半以上的系统遭到打击破坏。为应对时局变动，中国共产党成立了省委并变更组织，各县、市委先后成立者有 3 处，其他各县有党的组织者，本来有 32 县，现有 7 县同志被捕及逃亡，只剩 25 县。省委除了组织部及秘书处负责人已被捕外，本身尚属健全，还有宣传、农民、工人和妇女 4 个部门。各县、市委则因活动分子正在变更，情况也不是十分乐观。至于各县区委支部和上级机关的关系，则不甚密切。组织工作的困难问题，最主要的有：第一，农村中的支部很难整顿起来；第二，机关问题；第三，群众中新的领袖问题。[1]

中共浙江省委对于手工场或无产阶级女工运动，已有相当成绩，如杭州有组织者约 10000 人，宁波有组织者约 3000 人。此时处于秘密时期，浙江党组织计划竭力和女工等保持联系，找出她们中间的领袖人物，多作反蒋和反对压迫妇女的宣传。杭州的女学生及知识妇女，因受教会思想蒙蔽、反动教育的引诱以及家庭的压迫，大都态度消沉，缺乏革命的人生观。因此，省委计划以灰色方式，领导她们反对封建社会的束缚，并打入她们中去，点破她们被诱骗的工具，扩大非基运动及受教育权运动。对于一般的家庭妇女，省委计划多做改良运动，如放足、剪发、男女平等、读书、解放婢女童养媳等运动，让她们觉醒，并加入党组织。以往的农村妇女运动，成效不是很大，也是因为农村妇女受封建宗法思想影响太深，不易接受宣传，所以以后除了做种种改良运动外，还须接近她们，调查她们的生活状况，并向她们宣传反抗土豪劣绅运动。[2]

以往因碰上女学生放假、职工运动没有发展起来、浙江各县妇女部和党委妇女部没能建立起很好的关系等缘故，没有有效地让妇女运动发挥其应有的作用。[3]中共浙江省委注意到了这一点，并力图改正。但是，杭州市没有工农妇女运动，4 个女同志也是学生，都是外省人，所以，妇女运动实际是包括在学生运动之内的。学生共 8 个同志，都是医专的，其他浙江重要的学校如一中、浙大、警官学校、

1　浙江省档案馆编：《浙江革命历史档案选编：第一、二次国内革命战争时期》，杭州：浙江人民出版社，1989 年，第 161—162 页。

2　《中共浙江省委七月份报告书（一九二七年七月二十四日）》，浙江省档案馆编：《浙江革命历史档案选编：第一、二次国内革命战争时期》，杭州：浙江人民出版社，1989 年，第 178 页。

3　《亦政在省委改组会中的党务及工作报告（一九二七年九月二十七日）》，浙江省档案馆编：《浙江革命历史档案选编：第一、二次国内革命战争时期》，杭州：浙江人民出版社，1989 年，第 205—206 页。

自治专修学校都没有学生运动。此外，学生联合会包办在国民党手里，中国共产党同志在广大的学生群众中起不到应有作用。[1]

"八七"会议后，党的工作重心转向农村，一批优秀的妇女干部受各级党组织的指导已经深入农村，"作农民暴动的组织者"。中共浙江省委、省临时工委和皖浙赣省委根据党中央的决定精神，先后派遣大批党员深入到临安、於潜、昌化等县广大农村建立党的组织和各种群众团体组织。1928 年 10 月，浙江省派遣傅小和、傅祖尧、傅金林到於潜、分水、昌化等县农村发展党的组织。他们以组织"互济会""农民协会""妇女协会"的名义，宣传党的主张，培养青年骨干，建立游击武装组织、开展军事训练、准备待机"暴动"。游击武装人员深入到集镇和交通要道张贴革命标语，散发革命传单，切断电话线路，破坏敌人通讯联络，摧毁国民党地方政府。在农村，组织群众进行反对劣绅积谷外调，制止抬高米价出售，减轻租谷和各种捐税等各种形式的斗争，使广大农民得到了一定的实惠。[2]1930 年 4 月，中共中央巡视员卓兰芳来杭，建立了中共杭州市行动委员会，计划发动诸暨、富阳、萧山、杭县等 19 个县的农民"暴动"。根据部署，行动委员会书记郑撼山到富阳帮助中共富阳县委发动组织农民"暴动"。4 月 26 日，富阳县委举行了全县党的活动分子大会，郑撼山向 80 余名与会同志传达第七十号《中央通告》精神，并发放了《暴动问题》小册子，准备发动富阳农民"五一"暴动，在 4 月 30 日夜至 5 月 1 日晨进攻富阳城。在准备暴动的过程中，驯雉小学领导见孙晓梅有文化，有思想，办事干净利落，便安排陆承洪动员她积极参加暴动来推翻县政府。孙晓梅觉得这是个争取和男性一样投身大事业的机会，于是十分开心地参与其中，刻蜡纸、油印、装订、发放、跑腿等，她干得十分卖力。"五一"暴动最终因为保密工作没做好而以失败告终。5 月 2 日，29 岁的蔡九华被枪杀。10 月，中共富阳县委书记傅潮判因叛徒出卖被捕。孙晓梅虽然只参与了准备工作，但这为她今后在中国共产党领导下进行妇女运动打下了良好的基础。[3]

1　《中共浙江省委关于杭州工作的综合报告（一九二九年三月二十六日）》，浙江省档案馆编：《浙江革命历史档案选编：第一、二次国内革命战争时期》，杭州：浙江人民出版社，1989 年，第 532 页。

2　临安市妇联编：《临安妇女运动史》，2000 年，第 5—6 页。

3　鲍志华：《孙晓梅：大时代的女性》，北京：现代出版社，2014 年，第 13 页。

1931 年秋，为开辟浙皖边境的农村红色革命根据地，中共安徽省宣城特委派遣王滁凡、王道富、杨林芳等干部到达昌化县仙兰地区开展革命活动，扩大红色区域。他们以结交"家门会""互济会"为掩护，秘密发展地下党员，建立党组织。并以党员骨干为基础，组织以"工农会"为形式的地方游击武装。其中，该地区女青年参加工农会的有 10 余人。还有不少妇女支持丈夫、动员子女参加地方武装组织，自己承担全部体力劳动和家务事项。"工农会"在昌北地区开展了一系列活动和斗争，大大促进了广大群众的革命觉悟。[1] 同年 11 月，抗日民主运动又掀起新的浪潮。11 月 1 日，"杭州各校女生和各界妇女 5000 余人，在公众体育场举行抗日救国大会，大会通电呼吁全国'卧薪尝胆、誓雪不共戴天之仇，忘身爱国、同伸成仁取义之志'"。[2]

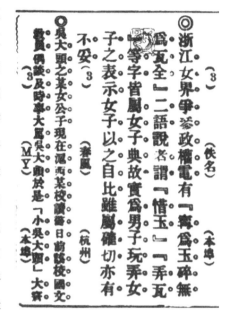

浙江女界争参政权电文

1934 年，第五次反"围剿"失败后，红军进行了战略转移，开始长征。同年 12 月，红军北上抗日先遣队第十九军和军团政治部 300 余人由分水县进入昌化县境内。昌化县广大妇女纷纷担水送菜、清理房屋、腾给红军宿营。[3]

全面抗日战争爆发后，国内各界妇女——中共党员、知识女性等都积极投入爱国救亡的抗日运动中来。浙江的妇女和其他地方的妇女一样，自发组建抗日武装。各界妇女除了参军参战外，还主动参与募捐活动来支援前线，不论是穷苦人家还是富家子弟都慷慨解囊帮助伤兵难民。杭州尼姑则主动请求当局组织她们参与救护，为国效劳，尼姑们还积极赶制棉衣，支援前方抗日将士。[4] 浙江在省妇

1　临安市妇联编：《临安妇女运动史》，2000 年，第 5—6 页。

2　余起声主编，浙江省教育志编纂委员会编：《浙江省教育志》，杭州：浙江大学出版社，2004 年，第 1102 页。

3　临安市妇联编：《临安妇女运动史》，2000 年，第 6 页。

4　《巾帼英雄：为国效劳（照片）》，《抗日画报》1937 年第 15 期，第 10 页。

女会的领导下，募捐棉衣款项达 10000 元以上。并且，除了游击区与少数县外，普遍动员了妇女同志，恰恰体现了征募工作的另一项重要意义。不少优秀的妇女干部配合省政工大队深入到敌人的后方，她们积极开展失地妇女对敌工作，还编写印刷了自己的刊物用于宣传。还成立了保育组织，帮助受难中的儿童，在组织的不断指导下抢救儿童的工作已经深入到敌后根据地。[1]

1938 年春开始，中共浙江省委、省临委先后派遣大批党员和妇女干部到达天目山地区，开展抗日救亡运动。1938 年 1 月，沈子球、徐洁身到达临安后，建立了"临余孝抗日游击队"，参加队员 200 余人，其中有张立丰、张立谦等女队员 4 人。同年，浙江省委和各级党组织又先后调任张志华为浙西特委妇女部长，许斐然为於潜中心县委妇女部长，贝纹、严月麀为於孝昌工委组织干事，张铿、陈曼华为省政工队一大队三中队支部委员，吴梅、查树棠、余阳为《民族日报》社特支，顾堤为浙西临时中学党支部书记等一批妇女干部。她们以省政工队员、报社编辑记者、文化馆员、剧团演员、教师等合法身份，通过各种合法渠道和社会关系，进入浙西行署所属的文化团体，在临安、於潜、昌化等县开展抗日救亡斗争。她们根据中共中央组织部 1938 年 9 月发布的《妇女工作大纲》的精神，提出妇女工作必须坚持抗日民族统一战线的方针和广泛动员妇女积极参战、争取抗日全胜的妇女工作基本任务，重视培养妇女干部，积极发展妇女党员，充分发动各阶层妇女投入抗日救亡运动。《民族日报》开辟副刊《女战士》，组织女青年编写各地妇女投入抗日救亡运动的英雄事迹和揭露反动派卖国投降的罪行文章，激发广大妇女的爱国热情。浙西民族文化馆、民族剧团、最前线剧团前哨剧团的女共产党员，充分利用文化阵地，在临安、於潜、昌化等地农村宣传抗日。少年妇女营在党的干部带领下，深入农村，散发革命传单、写文章、画漫画、教唱革命歌曲，坚定群众抗日斗志。《民族日报》社的女党员，利用记者采访的名义，深入浙西行署所属的专员、县长家里，做上层阶级的妇女工作，让她们出面组织"妇女联谊社"，开展抗日斗争活动。[2]

1　允斐：《两年来浙江妇运总检讨》，《浙江妇女》1939 年 7 月 15 日第 1 期，第 15 页。

2　临安市妇联编：《临安妇女运动史》，2000 年，第 7 页。

1938 年 10 月，因开展妇女工作需要，萧山县党部对县妇女会[1]加以整理。1939 年 9 月 1 日，召开妇女会成立大会，会员 35 人，实到 20 余人，选举产生理事 5 人，候补理事 3 人。1940 年 1 月，日寇侵入萧山，妇女会的工作受到影响，形势的恶化迫使中共萧山县工委撤销了县妇委。此时的萧山已经有一批青年女同志被安排在战时政治工作队。[2]杭州萧山妇女沈佩兰（1903—1954）便是其中突出的一位，在家被毁之后，携带 10 多个子女流浪到金华，后被浙江省儿童教养团邀请担任永康县芝英镇儿童教养团负责人，奔波于前线抢救难童，曾经在萧山救助难童 180 人，并安全地将他们送到后方教养。[3]浙江省主席夫人蔡凤珍领导开展了抢救儿童与保育儿童工作，保育院与儿童保育分会的设立，使得杭嘉湖一带流离失所的儿童得到收容救养，而且得到了新的教育和新的集体生活训练。

1945 年夏，新四军苏浙军区部分主力先后 2 次东渡富春江。中共金萧地委为迎接浙西新四军东渡和开辟路西地区（指浙赣铁路金萧段以西、富春江以东的诸暨、浦江、萧山、富阳和桐庐 5 县交界地区），组建了中共路西县委。在新四军两渡富春江与浙东纵队会师和开辟抗日民主革命根据地中，新四军、金萧支队浙东纵队，以及留在富阳县游击区的女干部、女战士奋战在第一线。她们有的搞民运，有的搞教育，有的救死扶伤，发挥了重要作用。[4]

总的来说，抗战爆发后，浙江妇女运动大致可以分为三个时期：第一，静止的时期；第二，发动的时期；第三，深入的时期。由于浙江各地妇女运动在客观条件上存在差异，浙江的妇女运动始终处于一个不平衡的发展阶段。另外，由于军事上的敌进我退和政治上的凌乱，浙江妇女运动始终很少表现出她们的力量，虽然我们也看到不少比较活跃的知识妇女去参加各式各样的救亡运动，但是多数的妇女则是开始她们的逃难生活，甚至是被践踏、奸杀，从这几个月里浙江妇女运动来看处于静止的低潮。其次，各县妇女运动的发动由于战时政治纲领的积极

1　1927 年，国民革命军底定浙江后，按指示自上而下组织妇女协会。省妇女协会派钱匡权至萧山办理登记及整理。1928 年 11 月 18 日，在江寺内办公处成立萧山县妇女协会，会员 45 人。1929 年秋，依法改选。1931 年夏，妇女协会改组为妇女会。详见杭州市萧山区妇女联合会编：《萧山妇女运动史（1921—2001）》，长春：北方妇女儿童出版社，2002 年，第 6 页。

2　杭州市萧山区妇女联合会编：《萧山妇女运动史（1921—2001）》，长春：北方妇女儿童出版社，2002 年，第 6—7、15 页。

3　贺艳秋：《浙江妇女发展史》，杭州：杭州出版社，2013 年，第 244 页。

4　富阳市妇联编：《富阳妇女运动史》，2000 年，第 39 页。

推动，由于行政机构的改革，许多妇女干部陆续被吸收到政治机构里，尤其是各县的政治工作队，妇女人数占半数，是推动各项妇女运动的重要力量。我们经常能听到诸如杭州某地妇女帮助活捉鬼子的事迹，但杭州妇女运动从全国的角度来看，还有非常大的提升空间。[1]

三、杭州女性解放事业的继续发展

1911 年，辛亥革命爆发，惠兴学校校长黄中权被枪毙，学校的校舍、空地以及万余元基金，全部被没收。1912 年，杭州、绍兴人士汤寿潜、蔡元培、蔡谷青、黄旸生、王竹斋等联合以"五族既告共和，对于具有可资标榜之女学不应歧视"为由，要求让女学复校，并请发还校舍基金等。申请得到批准后，校舍被发还。但因空地和基金已作他用，着由杭县年拨补助费 1000 元以作抵偿。由申请人指聘黄中权之女赵素英为校长，办一所国民女学，仍名惠兴。同时旗营开拓马路，即以该校所在地名为惠兴路，以资纪念。过了 3 年，开办高小，成为完全小学，加聘费隐女士为教务主任。她到任后，学校的经济、人事等一切校务都由她掌管。赵素英名义上是校长却没有实权，担任初小级任，费隐则为教务主任兼高小级任。从各方面的实力来看，费隐女士比赵素英女士强很多，所以费女士不甘心名义上屈居人下。1917 年，汤寿潜去世，而黄旸生正在病中，于是费隐煽动学生们起来反对赵素英。但因黄旸生和杭县不同意，被煽动起来的"驱赵拥费"风潮从 5 月持续到 9 月底，导致学校不能正常开学。面对这样的局面，蔡谷青、黄旸生、王竹斋、祝星五等商议，并得杭县同意后，邀请褚寿康出任校长。新校长到任后，将赵、费二氏均改为高小级任。然而费隐凭仗教育厅长是其翁的门生，联合军官黄某等在褚寿康到校的第三日，在东坡路的民屋里开办了一所完全小学，班级均齐，并且将惠兴已有的学生带去三分之二。惠兴女学认为杭州城里的女校太少，而且办学是社会事业，所以费隐虽然出发点不好，但客观上增加了女校的数量，是有利于女子求学的。最终，惠兴女学没有对费隐的所作所为提出抗议。

1920 年秋，惠兴试办旧制中学，更名为惠兴女子中学，1923 年上报省里，

1　允斐：《两年来浙江妇运总检讨》，《浙江妇女》1939 年 7 月 15 日第 1 期，第 13—15 页。

杭州惠兴女学合影

正式定名为惠兴女子初级中学，并附属完全小学。当时教育界有章程规定，私立中学必须组织校董会。因此，惠兴女子初级中学延请蔡元培、蔡谷青、阮性存、汤蛰存、王竹斋、祝星五等为校董。办学离不开经费，北伐后杭县千元补助已经停发。就学校款项不足的问题，因校董为后期延请，所以无筹款的责任。惠兴女学再次面临经费问题。[1]

教会女学方面，1913 年，弘道女学校刚合并的第二年，美国校长李维义关上大门不放假，要师生照常上课。该行为激起了爱国学生的义愤，学生们准备冲出去参加自己国家的节日活动。在遭校长手杖的驱赶以及牧师的监视下，同学们喊着"宁愿没书读，不做亡国奴"的口号的同时，进行静坐绝食罢课。李维义不久即被赶走。

1914 年，美籍惠而生（女）继任校长，鉴于校舍分散，且屋宇简陋，因而她商恳于原创办弘道女学校的 3 个宗教团体，要求拨款购地营造新校舍，这就是当时叫新市场，后来改称学士路的东首弘道女中和附属小学部、幼稚园校舍的起源。此后，随着学校范围的扩大、学生人数的增加，历届校长儿乎都有添筑，经费来源于原创办的 3 个宗教团体、地方官吏、学生家长及校友捐助。

1　褚寿康：《惠兴女中》，政协杭州市委员会文史资料研究委员会编：《杭州文史资料》第六辑，内部资料，1985 年，第 55 页。

1919 年，五四爱国运动的浪潮很快波及杭州，弘道女校的学生们响应强烈，写标语上街游行，要求废除不平等条约。校长裴德生因为休假回到了美国，美籍代校长来罗懿大骂学生，并关闭大门。高三学生戴德香毫无惧色，要走出校去。美籍牧师李合德竟对她又拖又踢，进行阻止。在场学生大哗，一致反对美国校长与牧师的野蛮行为。后来，学生听说校方要开除戴德香为首的 19 名学生时，学生们再次大怒，将铺盖行李全放在校门口，要校方下令将她们一律开除。学校当然不敢公开下此毒手，但第二学期就没有见到戴德香回到学校来上课。

弘道女学和其他教会学校一样，在创办早期都是由外国传教士实际控制的学校。从贞才、育才等 3 所学校正式合并到 1927 年秋的 15 年间，该校都是由美籍人士出任校长，持续了 5 任。其中裴德生校长在任 9 年，历时最长。在中国共产党成立后，国内反帝斗争形势日益高涨，教会学校因其涉外的办学背景遭到反对。中华基督教教育会为了缓和不利局面，只能同意各教会学校实行"新学制"，并且课程也做了相应的调整，宗教课相对减少。因此，原本教会学校自成独立的教育系统开始渐渐地纳入中国的教育系统。后来，中华基督教教育会又通过"将学校逐渐交还给中国人管理"的决定，弘道女学的校长改由中国人担任。首任中国人校长是倪雪梅（女），她是弘道女校第二届毕业生。在她任内，弘道女校由原创办的 3 个美国基督教团体将学校移交给中华基督教华东大会及沪浙浸礼议会 2 个中国基督教团体接管，并正式更名为"杭州市私立弘道女子中学"，小学部和幼稚园仍附属于中学部。[1]

女校的创办与发展，加速了女性自我意识的觉醒，很多觉悟高的女学生选择了跟着中国共产党从事妇女解放运动，为妇女解放事业的进步添砖加瓦。然而，第一次国共合作失败后，她们也受到了迫害。以杭州为例，1927 年 11 月 9 日，杭州市公安局长章烈奉省政府命令捉拿共产党人。侦探率领巡察兵在私立惠兴女子中学和弘道女子中学共捉拿了徐子成、张月娥等 5 名女生，等待特种刑事特别临时法庭的审讯。[2]弘道女中与惠兴女中 2 所杭州知名女校，在这样的历史背景

---

1 阮幼仙：《我所知道的私立弘道女中》，政协杭州市委员会文史资料研究委员会编：《杭州文史资料》第十辑，杭州：浙江人民出版社，1988 年，第 85—86、92—93 页。

2 《杭州逮捕五女生》，《时报》1927 年 11 月 11 日，第 2 版。

下继续办学，并有了新的发展。

1929 年秋季起，弘道女校第八届的毕业生周觉昧[1]任校长。周觉昧任校长以后，第一件大事是争取向国民党教育厅"立案"。原来，国民政府成立后，为了自身投靠帝国主义的需要，允许教会学校存在，为让它取得合法地位，要求教会学校创造"条件"，向所在地区的教育厅"立案"。弘道女中在周觉昧多方努力下，继续从社会各界募得经费扩充校舍及教学设施；足够的校舍使得中小学部分展开教学成为现实。与此同时，所得经费中留出大笔款项存校董会保管作为学校基金。如此一来，终于在 1929 年提请"立案"，2 年后顺利获得批准，弘道女中渐渐初露头角。

1937 年 7 月 7 日，卢沟桥事变爆发。为拯救民族危亡，中国人民开始了与日本的全面抗战。8 月至 12 月，日军侵入浙江，杭嘉湖一带沦为战区。浙江省政府被迫离开杭州迁往南方。地处杭州的各所学校也被迫内迁，杭州的学校数量骤减。受到战事影响，许多学校只能停办。是年底，全省中学数量减少至 48 所，为战前校数的 57.8%。"为适应战争形势，省教育厅颁布了《浙江省中等以上学校实施战时教育办法》，要求战时非战区的各中等以上学校应照常上课，可酌量缩减功课，进行战时特种训练。对于战区退出的失学学生，凭其相当的证件，应尽量收容，准予借读。"[2]而弘道女中先迁往建德，后又迁往上海，与华东区基督教 15 所学校合并为"华东联合中学"。不久，弘道女中借用绍兴教会学校越光中学的校舍，和嘉兴秀州中学、杭州蕙兰中学等校合办联合中学来解决浙江省失学青年的求学问题。1938 年，绍兴沦陷后，联合中学被迫停办，周觉昧也于此时赴美国学习，华东联中的一部分校务由黄亚秋负责代理。1941 年，日本偷袭珍珠港，美国参战，日美的对立导致在上海的华东联中也被迫停办内迁。弘道女中进入了有史以来最困难的时期。

---

1 周觉昧（1903—2005），女，祖籍浙江鄞县鄞塘乡周韩村（今属宁波市鄞州区姜山镇）。1903 年出生于宁波江桥一个传教士家庭。1921 年被报送到上海沪江大学教育学系。1929 年受邀任惠兴女中校长。1951 年退休。1952 年 8 月，奉杭州市教育局之命调到杭州市宗文中学任英文教师。一年后到上海香料厂工作，后定居苏州。2005 年 2 月 25 日在上海永福路寓所去世，享年 102 岁。详见章华明：《杭城师魂——百岁人瑞周觉昧》，《档案春秋》2009 年第 9 期，第 28 页；阮幼仙：《我所知道的私立弘道女中》，政协杭州市委员会文史资料研究委员会编：《杭州文史资料》第十辑，杭州：浙江人民出版社，1988 年，第 87 页。

2 《浙江省教育志》编纂委员会编：《浙江省教育志》，杭州：浙江大学出版社，2004 年，第 278 页。

1945 年 8 月，日本帝国主义战败，中国人民的艰苦抗战获得了最终的胜利，杭州回到人民的手中，内迁的各所学校先后返回杭州复校。弘道女中校董会也敦促周常眜返杭处理复校工作。虽然弘道女中的校舍依然存在，但学校在经历过日军残暴地践踏后，内部一切设施损失严重：图书仪器被洗劫一空；残破的桌椅也仅仅剩下 200 余件；战前学校有钢琴 30 余架，抗日战争结束时只剩下 7 架。幸运的是，弘道女中在抗战前已经有相当声誉，在财、政各界的校友颇多，而且校友们有一定的社会地位和经济实力。为了让母校重新辉煌起来，校友们都乐于出手相助。创校的 3 个基督教团体以及国民政府也责无旁贷地给予了一定的补助。弘道通过关系得到善后救济总署的多次"赠予"，其中有罐头食品、衣服毛线等等，学校很快恢复了原来的模样。1946 年秋季开学时，图书仪器也添置一新，勉强可以供给教学之用，钢琴也增加到了 17 架。全校有高中部和初中部两部，高中部有 3 个年级 3 个班，初中部除三年级外，一、二年级都设春秋班，初一秋季还有甲乙班，全校学生 300 多人，教师 30 人左右（包括外籍教师 5 人）。

1947 年 10 月，浙大进步学生于子三不幸被国民党特务残杀，消息传来，人人震惊。而学校当局在国民党政府的三令五申要求"切实严防"的代电、训令下，更加小心翼翼，要求师生不要被牵连进去。大约是 11 月 12 日，浙大为于子三烈士进行悼念晚会当天，虽然时间还只有晚上 6 时左右，师生还在校园里三三两两地散步，校长办公室却可能得到有关当局的通知，下令将大门落锁，全校不再供电。那天既无月亮也无灯烛，一片黑暗，但是很多同学还是冒着被处分、被开除，甚至有可能被逮捕的危险，参加了浙大学生哀悼于子三烈士的悼念会，声援学生运动。

随着形势进一步发展，有些进步书籍已经开始在师生中流传，有些组织如读书会、周末读书报告会，参加的人也渐渐增加，而且还通过"合法"组织"蕙（蕙兰）弘（弘道）基督教青年团契"，在操场一角的新教室里活动，广泛团结群众，参加学运。在中共地下党的领导下，团结师生组织"应变会"，弘道女中的师生紧跟时代步伐，迎接解放。弘道女中作为杭州有名的女子学校，中国共产党在着手进行全国解放的时候，一直没有忘记它。中共浙江省地下党委每逢三八妇女节、五一劳动节等节日，总要为弘道女中进步师生送来宣传品和进步刊物，启发引导她们。

杭州解放后，根据中央教育部精神，华东军委批准，地处杭州的各所中等学校进行调整。弘道女中奉命自 1949 年下半年起撤销，小学部仍保留，部分班级合并于省立杭州女中继续学习。[1]

革命年代的女学发展，除了教会学校弘道女中外，国人创办的惠兴女学也在继续向前发展。1928 年 3 月，杭州官巷口一家灯笼店突然失火，火势凶猛，烧至下午 3 点，惠兴女中不幸被波及，最后被烧得仅剩下 5 个木架。铁线巷小学部更加不幸，全部被毁。为了不影响教学，在 3 天内，借得法院街骑兵营的旧地，作为中学部。然后，又从火药局弄租得居民房充当小学校舍。短暂的停学之后，中、小学都重新开始恢复教学。火毁复校，政府仅拨千元补助。各私立中学都有常年补助费，但在那时要求补助，除向教育厅申请外，还需经省议会通过。向省议会及教育厅仰面乞怜，须有大的应酬，而惠兴认为办学是社会事业，政府应给与补助，决不愿下气求人。褚寿康在征得母亲和兄弟同意后，变卖了分得的全部遗产以及母亲给的所有首饰物品，所得款项全部用于复校及建造房屋。因为褚寿康母亲仅有的一所住处也被变卖，所以只能搬到学校里面居住。直至 1933 年，议会迫于社会公论的压力，总算通过了 2000 元之补助。惠兴女中购买建筑材料修缮 2 座楼屋，在后面 2 个操场开始建造 1 座七开间三层楼洋房来作中学校舍。并且开始开办春、秋季一、二、三年级各 1 班，与此同时，租得岳王路民地一方起建小学教室计平房 15 间，此处还建造了 1 个大操场。火灾带来的困难渡过后，1930 年秋，中、小两部仍然迁回惠兴路及岳王路。1934 年夏，惠兴路重行勘定，惠兴女校沿路原本属骑兵营的旧平房，于是也改建 1 座七开间三层洋房。1937 年，新屋建成不到一年，日本发动全面侵略战争，惠兴女中奉令撤退。遗憾的是，政府无分文补助。学生学费分期缴款，好多因汇兑不通，学生膳费无着落。褚寿康将老母珍爱之大珠一粒及金手镯两双押了 1500 元，始得率同应届毕业生、家属及路阻之住校生 70 余人，主科教师 5 人，撤往浦江尺寸桥上课。12 月杭城沦陷，桐庐告急，由 5 位教师分路将学生护送其戚族处，幸未遇日寇。惠中遂告中断。

1 阮幼仙：《我所知道的私立弘道女中》，政协杭州市委员会文史资料研究委员会编：《杭州文史资料》第十辑，杭州：浙江人民出版社，1988 年，第 88—94 页。

惠兴初中前后共毕业生 19 届，每届学生刚开始少后来增多，最少的时候有 20 余人，最多的时候有 40 余人。学生籍贯以杭、嘉、湖一带最多，其次是绍、温、台等地。江苏省籍贯的学生占 5%。惠兴以教育为职业科，经教官厅批准毕业生得充初小教师，学生毕业后大约 30% 在杭市及各县任教，50% 是升学，大学开始招收女生，惠兴学校旧制毕业者考入省立法政正科有 2 人，初中毕业考入法学速成科 20 余人，考入医大等其他学校约 10 余人，到西方留学者也有数人，但对社会并无特殊功绩。此为抗战以前惠兴学生方面之大概情况。在抗战期间，学生中有数人参加游击队。在 1938 年冬有一女生名翟辉，本市人，参加游击队为侦察员，在嘉兴凤起村落入敌手，因坚不招出游击队所在地在该村被敌人杀害。

1945 年冬，褚寿康由温州返回杭州，校舍虽存但皆为空屋，门窗亦不完整。1946 年 1 月复校，教育厅仅给 10 万元法币作为补助。曾开列损失清单，呈请教育厅向日寇要求赔偿，但分文未见。1947 年秋增办高中，校舍不敷，于 7 月 6 日买到贴邻胡姓地二亩一分，起建惠兴附小校舍，即今教仁街小学。1949 年 5 月，杭州解放，苦难之惠兴女中由政府接办，从此获得新生。[1]

以弘道、惠兴为代表的杭州女学的继续发展，为杭州培养了出一批批杰出的知识女性。她们不但自我意识强，而且积极参与时代的变革。当她们发现在杭州的洋人越来越多，杭州女青年会会长谢文秋、总干事陈咏馨等便发起组织国际运动班。[2] 鉴于世界每年在重大比赛之后都会选出杰出男女，杭州也效仿该做法，选出 1932 年杭州运动会十大女性。名单见下表：

姓名	性别	单位
朱嘉荪	女	高中
居斌	女	女中
励芳娥	女	杭师
郭斐霞	女	市中
周燮香	女	高中
黄亦新	女	高中

1　褚寿康：《惠兴女中》，政协杭州市委员会文史资料研究委员会编：《杭州文史资料》第六辑，内部资料，1985 年，第 56—57 页。

2　《杭州女界活跃》，《时报》1930 年 10 月 4 日，第 6 版。

<table>
杭州女界试乘飞机之第一人顾英女士下机留影　　　　杭州女新闻家吴欢女士
</table>

杭州女界试乘飞机之第一人顾英女士下机留影　　　杭州女新闻家吴欢女士

姓名	性别	单位
杨德和	女	女中
陈再春	女	市中
商淑贞	女	艺专
张朱华	女	女中

资料来源：程定远：《杭州十女杰》，《浙江体育半月刊》1933年第23—24期，第37页。

　　杭州女子教育的深入发展，使得新一代的杭州女性更加能接受新鲜事物。杭州女界出现了像顾英那样第一个尝试乘坐飞机的勇敢女性，也出现了像吴欢那样的女新闻家。杭州妇女在婚姻方面也获得了进一步解放，杭州救济院济良所的9名妇女和其配偶在杭州大光明戏院举行集体婚礼，前往观看婚礼的人达3000余人，座无虚席。婚礼由112岁的回教老人李芳孝及救济院长沈尔乔证婚，女方由济良所主任吴女士主婚。来宾多有精彩演讲，赢得掌声不断。[1]

1　《杭济良所九女新婚百十二岁回教老人证婚》，《人道月刊》1935年第1卷第11—12期，第32页。

～ 第四节　从杭州走出的中国妇女运动代表 ～

一、杨之华[1]

中国妇女运动的先驱杨之华，1900年生于萧山一户书香门第，小名小华、杏花，别名文君、文尹、杜宁。她的爷爷经营米业赚了钱，置办了不少田产，在地方颇有威望。其父从事丝茧生意，因遭战乱、水灾等，导致家境衰落。杨之华就是生长在这样的家庭中。少年时期同哥哥一道在家塾读书，由于聪明好学，家里便让她进了杭州女子职业学校。毕业后，她考入杭州女子师范学校。不久，她因参加了浙江五四运动游行以及与男子师范的学生联合开展学生运动，被学校开除。回家后，受过五四运动浪潮洗礼的她，剪去长发，下河游泳，上街骑车，成了与封建礼教格格不入的萧山奇女子。[2]1920年，杨之华与萧山大地主沈玄庐之子沈剑龙结婚。由于她与沈剑龙缺乏共同的思想基础，婚后，两人之间产生分歧。这时，杨之华得知上海《星期评论》杂志要组织一批青年去苏俄学习的消息后，前往上海准备去苏俄学习。虽然最后没能如愿赴苏，但她却留在了星期评论社工作。星期评论社被封后，杨之华回到家乡萧山参与沈定一、宣中华等人创办的农村学校，讲解"工人运动""农民运动""减租减息"等课程。1923年夏，她考进了国共两党联合创办的新型文科大学——上海大学的社会学系。该系学生人数占了全校学生的一半，而且大部分家境贫寒，政治上倾向革命。当时，于右任是上海大学校长，邓中夏是校务长，瞿秋白是教务长兼社会学系主任。这些良师益友使杨之华受益很多，其中，瞿秋白对她影响最大。

1924年1月，杨之华和瞿秋白初次相见。那一学期，她听了瞿秋白讲的"社会科学概论"和"社会哲学"2门课。课堂上，瞿秋白引经据典，分析问题透彻，并且能把马克思主义的理论和当时的革命斗争结合起来讲课，十分受学生欢迎。

1　详见中国中共党史人物研究会编：《中共党史人物传》第47卷，北京：中国人民大学出版社，2017年，第292页。

2　冒炘：《瞿秋白 杨之华》，北京：中国青年出版社，1994年，第1—3页。

杨之华与瞿秋白 1917 年武昌合影纪念

课余时间，杨之华还为中国国民党中央上海妇女部工作，经常和向警予在一起。有一次，向警予不在上海，杨之华便负责向苏联顾问鲍罗廷夫妇介绍一些上海妇女运动的情况。按照约定的日子，杨之华来到鲍罗廷的住所，发现瞿秋白被请来为她做翻译。在瞿秋白的协助下，她完成任务的同时，还了解了苏联妇女的生活状况。此后，无论学习上还是政治上，瞿秋白都给了杨之华很大的帮助。在一段时间的学习和锻炼后，杨之华向上海大学中共党支部递交了入党申请书。经向警予介绍，中共上海大学支部大会通过了接收杨之华入党的决定。

　　同年 6 月和 9 月，为反抗资本家的剥削和压迫，杨之华和同学一起，先后发动了纱厂和卷烟厂的女工进行罢工斗争。11 月，杨之华和沈剑龙离婚，与瞿秋白结成了伴侣。同月，上海女界国民会议促成会在向警予和杨之华等的努力下成立。1925 年，日本人枪杀了纱厂工人顾正红后，杨之华发动上海大学和上海美专、务本女中、坤范女中、敬业中学等校同学上街募捐，抚恤顾正红烈士的家属，援助生活困难的罢工工人。

　　1927 年 4 月 12 日，蒋介石发动了反革命政变。当晚，中共中央来电要杨之华去武汉。13 日，杨之华在参加了上午举行的上海工人群众反击蒋介石叛变的抗议示威大会和游行后，乘江轮离开上海去武汉。4 月 27 日，杨之华参加了在武汉召开的中共第五次全国代表大会，并被选为中央委员。会后，她留在武汉参加中共中央妇委的工作。1928 年 6 月，杨之华出席了中共在莫斯科召开的六大。

之后，她又和瞿秋白一起出席了共产国际第六次代表大会。杨之华还参加了莫斯科中山大学举办的特别班。

当时"中大"内部斗争激烈。以王明为首的28人支部局派控制了党支部局。他们想夺取中国共产党的领导权，对中共代表团采取对立态度。他们污蔑瞿秋白是"右倾机会主义分子"，还在墙报上把瞿秋白画成一只猴子。杨之华同样被他们污蔑诽谤，难以安心学习。[1]

1929年8月，杨之华出席了太平洋职工大会，并在会上做了题为《太平洋劳动妇女运动和反帝国主义的斗争》的报告。她在报告中讲了太平洋劳动妇女在经济斗争和反帝国主义斗争中的作用及赤色工会今后对于太平洋劳动妇女的任务等问题，受到与会者的重视。1930年秋，杨之华随瞿秋白离开苏联回到上海，担任中共中央妇委负责人，并参加中华全国总工会女工部的工作。

1931年1月，中共六届四中全会在上海召开。在共产国际代表米夫的支持下，王明等人实际上掌握了中共中央的领导权，瞿秋白的中央政治局委员被撤销，同时撤销了杨之华的中央妇委负责人的职务。杨之华为此感到愤慨。瞿秋白耐心地劝说她，鼓励她在受到挫折的时候要经得住考验。于是，杨之华随瞿秋白开始了新的战斗生活——从事左翼文化工作。开始，她感到不习惯，后来在瞿秋白的指导下，慢慢地稳定了情绪，读书、写作、学习俄文、翻译苏联文学作品。

1932年，瞿秋白结识鲁迅，两人一见如故。此后，两家的友谊日益深厚。鲁迅评阅了杨之华的习作小说《豆腐阿姐》，并认真加以修改，使杨之华深受教益。杨之华译出的苏联文艺作品——绥拉菲摩维支的《一天的工作》和《岔道夫》寄给鲁迅后，鲁迅很快便把它们收进苏联短篇小说集《一天的工作》中，由良友公司出版。鉴于杨之华当时生活颇为窘迫，鲁迅从自己刚收到的版税中抽出60元钱给杨之华，以补贴她一家的生活。这种无微不至的关怀，不啻雪中送炭，杨之华十分感激。11月下旬，杨之华被叛徒盯上，为安全起见，她和瞿秋白转移到了鲁迅家。一直住到12月23日深夜，才由陈云把他们接回紫霞路。不久，又因为收到"国民党特务要破坏中共在紫霞路的机关"的情报，两人再次到鲁迅家避难。

1　陈修良：《怀念杨之华同志》，姜沛南、沙尚之编：《陈修良文集》，上海：上海社会科学出版社，1999年，第372页。

1933 年底，中共临时中央来电要瞿秋白去中央苏区。此时的瞿秋白重病在身，杨之华想要一同前往照顾他。但由于杨之华在上海的工作无人接替，而不得不打消这个想法。1934 年 1 月 11 日，瞿秋白踏上前往苏区的旅途。1935 年 2 月，出于工作和生活的需要，杨之华考入英商班达蛋厂做工。同年 6 月，瞿秋白被害。杨之华强忍着心中的悲痛，继续瞿秋白未竟的事业。7 月，党组织委派杨之华去苏联参加共产国际第七次代表大会。会后，杨之华留在莫斯科，担任了国际红色救济会的中国代表。

1941 年，因苏德战争爆发，共产国际通知杨之华母女回国。杨之华准备回国参加抗日战争。杨之华和女儿因去延安的交通断绝，到了迪化后，只得暂住八路军驻新疆办事处招待所。当时，新疆军阀盛世才破坏统战协议，在 1942 年 9 月将在新疆帮助工作的八路军、中共方面的人员、住招待所的休养员、过路的革命同志及家属、孩子等 150 余人全部拘禁起来。在监狱中她继续斗争。

1945 年，国共两党签订《双十协定》，在周恩来的努力下，新疆监狱里的全体同志于 1946 年获得自由，安全地回到中共中央所在地延安。毛泽东、朱德、林伯渠等都来探望他们。1948 年秋，杨之华的肺病复发，带病工作至冬天，才住进了医院。1949 年 1 月，北平和平解放不久，杨之华迁入北平。3 月，杨之华参加了在北平召开的全国妇女代表大会。9 月，她又出席了中国人民政治协商会议第一届全体会议。新中国成立后，杨之华历任全国妇联中共党组成员、国际部部长、副主席，中华全国总工会中共党组成员、女工部部长等职。1949 年 5 月 27 日，上海解放。6—7 月，杨之华带领工作组到上海国棉十七厂蹲点，做了许多耐心细致的工作，顺利地整顿了该厂的中共地下党组织。

1954 年 9 月，杨之华出席了第一届全国人民代表大会。1956 年的"三八"妇女节，杨之华作为中国妇女界的领导人，发表了《不能忘记的日子》一文，向全国妇女介绍了国际无产阶级革命运动的女领袖、三八国际妇女节的发起人蔡特金，介绍了五四运动以后蓬勃开展起来的、与中国无产阶级革命运动紧紧联系起来的中国妇女运动的情况。1956 年 6 月，杨之华率领中国女工代表团出席了在匈牙利布达佩斯举行的第一次世界女工大会，并代表中国的女工在会上做了热情洋溢的发言。1962 年，在中共八届十中全会上，杨之华当选为中共中央监察委员会委员、候补常务委员。1965 年，她亲自率领工作队到杭州华丰造纸厂蹲点，深入车间，参加工人的座谈会，倾听群众的意见和要求。该厂有几名干部被划为"右派"分子，找杨之华申诉，杨之华认真听取了他们的诉说，还找他们个别谈话。经过仔细调查，杨之华认为这是错案。

1966 年 5 月，"文化大革命"开始了，杨之华在杭州华丰造纸厂的工作尚未结束，就奉命回到北京。因知道康生底细而遭其迫害。康生指使北京政法学院的青年学生召开"声讨"瞿秋白的大会，在会上给杨之华加上许多莫须有的罪名，并让她无休止地写"检查"。1973 年 1 月，杨之华的外甥女吴幼英和外孙女李晓云向周恩来写信，获准去监狱探望。这时，杨之华已患骨癌被转到北京郊区的一所医院。但由于得不到应有的治疗，病情日趋恶化。1973 年 10 月 20 日凌晨 3 时，杨之华含冤去世，终年 73 岁。[1] 1988 年，同样为党和人民作出巨大贡献的杰出女性陈修良在其回忆录里这样评价杨之华："她的一生是光荣的，她是我们党内少见的女模范党员，她一生致力于妇女运动，她忠于人民忠于党的行动，永远是我们的好榜样。"[2]

二、楼曼文[3]

1908 年，楼曼文出生于萧山楼塔镇徐家店村，小名梅园，又名方娘，曾化名崔少文。她的父亲楼卓夫做过清末知县，思想封建，十分讨厌女孩。楼曼文 14 岁时，便被父亲许配给同村一户张姓人家。因对父亲的做法非常不满，她自己找到张家解除婚约。1924 年，她随家迁居杭州，就读于杭州女子中学。到杭州的第二年，上海发生了"五卅"惨案。楼曼文参加杭州学生联合会，并被推选为中学生女代表，上街游行示威，高喊"打倒日本帝国主义"等口号。1926 年，她加入中国共产主义青年团。1927 年秋，考入浙江工业学校。"四·一二"反革命政变后被迫辍学，避居乡间。

1　中国中共党史人物研究会编：《中共党史人物传》第 47 卷，北京：中国人民大学出版社，2017 年，第 301—307 页。
2　陈修良：《怀念杨之华同志》，姜沛南、沙尚之编：《陈修良文集》，上海：上海社会科学出版社，1999 年，第 368 页。
3　详见杭州市革命烈士纪念馆楼曼文烈士简历。

楼曼文给三姐的信

20世纪20年代楼曼文赴日前写给三姐爱图的信（手稿节选）

信件内容：

姊！我回家后父亲（有名无实的一个）还向别人宣布我有两大罪状：一违反父母的婚姻；二是社会的叛逆。哈！他的话太不过自己的面子。为什么我的恋爱是他来参加呢？因为恋爱是什么社会及世界都是我们两个人的事，他那有这种资格来管呢？我是社会的叛逆，他是社会中的什么？可说是遗害生虫的工具，把家里的几个个养事处优，不知对社会有点什么贡献？哼！他自己不知道自己是社会中的罪人就罢了，还有这资格来说我吗？！笑话！笑话！

信件内容：

姊，什么家庭！简直是楚城，所以，我奋斗，直到新社会出现不止。姊！合（为）社会我宁可孤独一切。因为我们亲爱的无产者的兄弟姐妹们苦巴巴等够了。姊！你却是被压迫的一个，姊呵！世界上不久有千万成群的热血飞腾的青年奋起来解决暗黑残酷的社会，那时我们一定很快乐的携着手向乐园中游泳了。姊呵！你切莫悲伤！耐心等五六年的将来吧！

楼曼文给三姐的信

楼曼文

1928 年夏天，楼曼文只身前往上海，并结识了党的地下工作者蔡叔厚。在蔡叔厚的培养帮助下，这一年楼曼文加入中国共产党。此时的中国革命正处于低迷时期，她仍毫不犹豫地投身到艰苦的地下工作中去。与蔡叔厚并肩战斗，最终两人喜结连理。蔡叔厚以企业家的身份立足上海，遵照党中央的指示，在自己开设的绍敦电器公司掩护以及妻子的协助下，成功制造出了第一批无线电台，与党组织建立了联系。在沪期间，楼曼文接到去工厂当女工的任务，还担任过中共上海闸北区委的女工部部长。因工作出色，后被调到中共中央特科的情报组工作。

1930 年至 1932 年间，上海党组织遭受严重破坏，组织派遣她到日本共产国际远东情报站工作，接着又被派去莫斯科列宁学院接受培训。受上海中央局叛徒顾顺章影响和共产国际王明的迫害，楼曼文不得不忍痛与蔡叔厚解除了夫妻关系。并因为所谓的"政治问题"被迫离开学院，去郊外当了 6 年侨工。1938 年，任弼时出任中共中央驻共产国际代表团团长后，将她接回莫斯科。次年，楼曼文和蔡畅同去东方大学学习。1941 年初，楼曼文回国，按党组织指示，化名"崔少文"，在迪化（今乌鲁木齐）中学任俄文教员，并开展革命工作。1942 年 9 月被捕，她和狱中其他同志一起与敌人进行坚决斗争。

1946 年 6 月，经党组织营救出狱，楼曼文 7 月 9 日抵延安，受到毛泽东主席的接见。后被安排在中共中央社会部政策研究室任研究员。1947 年，国民党胡宗南部进攻延安，楼曼文随中央机关转移至晋西北，并带病到晋西北一带参加土地改革工作。1949 年 2 月 17 日，病逝于河北省平山县西柏坡的东黄泥村。在追悼会上，党组织鉴于其对党的忠诚和贡献，追认她为革命烈士，安葬于东黄泥村。[1]

1　朱淼水：《萧山历史名人》，杭州：杭州出版社，2011 年，第 206—209 页。

三、茅丽瑛[1]

茅丽瑛的父亲茅仲复嗜吸大烟，在外债台高筑。母亲朱氏则朴实善良，还是个虔诚的基督教徒。茅丽瑛5岁那年的隆冬，债主连连临门逼债。除夕夜晚，父亲投西湖自尽。父亲死后，其母离开杭州投奔上海亲戚陈招悦。陈招悦在上海启秀女校担任教务主任，安置朱氏于校内教工宿舍，并让朱氏当校工。1918年，8岁的茅丽瑛在陈招悦的应允下，进入启秀女校读书。丽瑛聪明好学，各科成绩优异，英语更是出类拔萃，能与英语教师对答如流。为解决以后升学的经费问题，她主动向陈招悦自荐去幼稚园当音乐老师。因此，她即是学生又是幼稚园的"教师"。

1925年5月爆发了震惊中外的"五卅"惨案。虽然启秀女校校长徐婉珊没有让学生上街游行，但运动影响了茅丽瑛、蒋学杰等女学生。此后，她们经常借阅《学生杂志》《妇女周报》等刊物，开始接触新思想和关注社会。

1927年3月21日，中国共产党领导上海工人，进行了第三次武装起义，并取得了决定性的胜利。茅丽瑛、蒋学杰等几个女同学跑上街头，去探询暴动的始末。

对于这样的革命场面，茅丽瑛倡议把实况记录下来，印成传单，在校内散发。该倡议得到了女同学们的支持。第二天，这份传单在全校传

茅丽瑛

开了。师生们争相阅读，而校方当局却十分恼火。陈招悦听说后，也十分生气，并立即训诫了茅丽瑛。1930年夏，茅丽瑛考取了苏州东吴大学法律系，但因学费昂贵，一学期后，她就辍学了。

1931年3月，茅丽瑛以优异的成绩被上海江海关录取，母亲为此很高兴。坐落在外滩的江海关，是帝国主义统治中国的最大的海关。海关的要职全部由英

1　详见中国中共党史人物研究会编：《中共党史人物传》第13卷，北京：中国人民大学出版社，2017年，第174页。

乐文社

国人担任，他们还规定华籍职员不准参加政治运动、不准女职员结婚等。茅丽瑛感到自己的民族自尊心受到侮辱，但又欲言而不能。该时期恰逢日本侵略中国，日本人在黄浦江上公然走私，屡次侮辱海关缉私人员。对此，茅丽瑛忧心如焚。1935年，她参加了各界职业妇女自发组织的上海中国职业妇女会，常与新结识的郑玉颜、董琼南等有志青年一起谈论时政。

1936年11月2日，共产党员胡实声、冯华全、彭瑞复等组织成立乐文社，《宣言》号召"合群"。[1]该社还通过开展各种文化、娱乐和社会活动，激发海关职工的抗日情绪。茅丽瑛是最早参加乐文社的成员之一，并成为时事讨论组、一般问题研究组和歌咏团的积极分子。

1937年8月13日，日军进攻上海。海关地下党支部也立即领导职工投入抗日救亡运动。8月16日中午，乐文社召开紧急会议，决定成立海关华员战时服务团，茅丽瑛被推为慰劳组负责人之一。战时服务团成立后，茅丽瑛为募捐、宣传、救济难民、慰劳前方将士和伤员，不知疲倦地终日奔走。11月9日，蒋介石下令全军撤退，上海除市区租界均沦落敌手。11月23日，茅丽瑛出席了欢送海关抗日救亡长征团的茶话会，又一次受到激励。她说服了母亲，连夜整理好行装，第二天赶到码头，要随长征团一起出发。

长征团到达粤海关后，为动员抗日，团员们积极揭露日寇侵华暴行，演唱抗

1　《江海关乐文社成立宣言》，《关声》1936年第5卷第5期，第365页。

日歌曲，表演《放下你的鞭子》《塞上风云》等话剧。在这些活动中，茅丽瑛积极参加，整天忙个不停。一个多月后，在活动经费所剩无几的情况下，一部分人打算到延安去。还没等茅丽瑛前往这个心中向往已久的地方，就收到启秀女中发来的急电，告诉她，她的母亲病重，要她赶紧回上海。但现实生活经历让茅丽瑛领悟到，只有共产党才能救中国，才能真正领导人民取得抗战的最后胜利。所以第二天，当她从长征团负责人殷之钺那里得知八路军驻广州办事处同意他们去延安的消息，她不想放弃去革命圣地延安的机会。十分想去延安的茅丽瑛陷入了两难境地，一边是延安，一边是病重的老母亲。最后，她告诉了殷之钺她的难处。殷之钺鼓励她，沦陷区的工作也很重要，在上海仍然可以想办法找到共产党。1938 年初春，茅丽瑛回到了上海。

茅丽瑛回来后，很多原海关的同事和校友都热心地为她寻找职业。她拒绝了待遇优厚的诱惑，毅然决然地选择了在启秀女中当一名英语教师，即便拿着少得可怜的工资，也抽出时间从事社会活动。她还和郑玉颜、董琼南、蒋学杰一起，共同担负起筹建"职业妇女俱乐部"的工作。没有经费来源，茅丽瑛就带头捐出平时省吃俭用的积蓄，作为筹建经费。经过一段时间的艰苦努力，"职妇"于 1938 年 5 月 5 日在南京路 120 号福利公司三楼正式诞生。茅丽瑛以新的身份展开了职业妇女俱乐部的工作，先后成立了如唱歌、话剧、评剧、英语、漫画、速记、时事座谈等 10 多个活动部门。丰富的活动极具吸引力，在不到一年的时间里，"职妇"发展到了 400 名会员。这个数量远远超过了租界当局规定的 60 多人的数值。[1]中共"职协"党组织鉴于茅丽瑛的表现已经基本上具备了一个共产党员的条件，决定由胡实声负责做发展茅丽瑛入党的工作。5 月中旬的一个夜晚，胡实声来到启秀女中，茅丽瑛郑重地提出要求加入中国共产党。党很快批准了茅丽瑛的申请。在鲜红的党旗面前，她庄严地宣誓并成为一名光荣的中国共产党员。

不久，经上级党组织批准，"职妇"党支部成立了，董琼南任书记，茅丽瑛、郑玉颜等任委员，茅丽瑛负责党团工作。在党的正确领导下，"职妇"各项工作

1　林珊：《茅丽瑛女士与中国职业妇女俱乐部》，《妇女生活》1940 年第 8 卷第 8 期，第 12 页。

更加有条不紊地开展起来。7月3日晚，天降大雨，会员们却依旧如期参加"职妇"在假逸园（现文化广场）餐厅召开的选举大会，一共到了100余人。会上，茅丽瑛作了"职妇"成立2个月来的工作总结和下一步活动计划的报告之后，被推选为"职妇"主席。[1]

随着"职妇"在社会上的影响日益扩大，失学、失业妇女和家庭妇女也纷纷加入进来。茅丽瑛还为她们发起劝募基金，成立缝纫组，举办消费合作社，接洽特约商店和医院，以减轻大家生活上的负担。在一次理事会上，茅丽瑛又提出为无业妇女举办一些文化、技术训练班，获得理事们的赞同。于是，相继开办了国语班、英语会话班、会计班、中文速记班以及文化补习班。茅丽瑛负责教授英语课。经过训练班培训过的妇女，文化程度普遍有了提高，有的还学会了技能，找到了工作。

由于新会员不断增多，职业妇女俱乐部每天到会的人数也不断增加。很多对话剧有兴趣的都加入了"职妇剧团"。而几次小规模的演出后，每位剧团团员更有自信了，决定排演《女子公寓》。剧团派定完角色便开始安排练习，每晚俱乐部中都集合着许多剧团团员和导演。她们练动作、背台词近2个月。在茅丽瑛的倡议下，1939年1月15日，"职妇剧团"排演的四幕话剧《女子公寓》正式在宁波同乡会举行初次公演。开演之前，茅丽瑛和应邀前来观摩演出的《女子公寓》编剧于伶正坐在观众席上交谈。虽然剧团团员们都觉得自身演技还很稚嫩，但这次公演还算成功，获得了社会各界的好评与鼓励。2个星期后，剧团借卡尔登戏院再度上演《女子公寓》。有了第一次的演出经验，第二次公演取得了更好的成绩。"职妇剧团"也给观众留下了深刻印象，在话剧界也有了一席之地。接着，参加四团体联合公演以及业余话剧界的《阿Q》慈善公演，受到各界人士的赞誉。其他的工作，如节约救难、慰劳难童收容所和献金运动等也十分有意义。除了这些，日常还有很多有趣的集体活动如馄饨大会、汤团大会、"萨拉"联欢会、小小聊观会、评剧清唱、电台播音、生活漫谈以及各种座谈会等。这些集体活动是"职妇"特意安排作繁重工作之后调节之用的。[2]

1　励茵：《一年来的回顾及今后希望》，《职妇》1939年一周年纪念特刊，第5页。

2　励茵：《一年来的回顾及今后希望》，《职妇》1939年一周年纪念特刊，第6—7页。

茅丽瑛等人领导"职妇"团结和教育了广大妇女，提高了她们的觉悟，使她们打破旧思想，从家庭的束缚中解放出来，并投入到抗日救亡运动中去，为更好地完成党关于妇女解放的事业打下了坚实的基础。在不断的斗争中，茅丽瑛更加成熟稳重，她在 1939 年 4 月 6 日挥毫写下："我们要有热的血、冷的头脑、积极的精神、战斗的意志。我们要随时随地地反省，不断地努力克服弱点。那么在未来的新中国里，才配得上称作新的女性。"[1]

1939 年春，第一批赴前线慰问新四军的民众慰劳团返回上海后，救亡协会代表听取了他们有关新四军作战情况的报告。茅丽瑛听后深受鼓舞，有了参加新四军到前线抗日的想法。但当她提出请求时，组织上没有批准。她没有气馁，表示服从党的安排，立足当下做好工作。当时，由于国民党克扣抗日部队军饷，新四军的军需严重不足。在上海租界里，还有 20 余万饥寒交迫的难民。上海的共产党员有大量的工作要做，上级党组织通过江苏省委职委妇委会的罗晓红向"职妇"党支部传达了指示，利用好上海的特殊环境，为前线抗战的新四军提供一批棉衣。"职妇"党支部经过研究决定，向社会广泛募捐，然后将募捐所得物品在"物品慈善义卖会"义卖。

根据党的指示，茅丽瑛组织了义卖筹备组，还向工部局登记取得了执照，以便使义卖"合法化"。十分不巧的是，此时茅丽瑛的老母亲病情突然恶化。但她的心里还时刻牵挂着党交给她的任务，所以她委托一位女校工在医院照顾老母亲，然后，又马不停蹄地开始为义卖的事情奔忙，直到母亲去世也没能看上最后一眼。"职妇"开展的义卖引起了日伪的恐慌，日伪七十六号特工总部不择手段地进行威吓、破坏，还派遣特务打入"职妇"，又收买了"职妇"一个理事，刺探内部情况。

6 月 7 日下午，在"职妇"首次借助电台动员各界人士捐赠物品后，傍晚时分，电台收到一封寄给茅丽瑛的信。一名"职妇"会员打开后发现里面是一颗子弹，随即便打电话报告茅丽瑛。与此同时，茅丽瑛在会所也收到了同样的恐吓信。面对日伪特务的恐吓，茅丽瑛很愤怒，决意仍按原定计划行事。电台的连续广播宣

1　《茅丽瑛遗墨》，上海市烈士陵园史料陈列室编：《龙华革命烈士史迹选编》第 2 辑，上海：上海人民出版社，1981 年，第 6 页。

传取得了不错的成效，中国国货公司、永安公司、先施公司等56家公司的职工、厂商捐献了大量的食品、药品、儿童玩具和日用品。除此之外，"职妇"组织的募捐队深入大街小巷进行义务募捐宣传，所到之处，市民们无不慷慨解囊。当茅丽瑛把劝募工作做到了启秀女中时，全校掀起了捐献热潮。

原定7月14日在宁波同乡会进行的义卖因特务恐吓，被告知无法使用同乡会场所，只能另外寻找场地。在茅丽瑛的带领下，会员们纷纷出去找寻新的义卖场地。她们先后联系了新新公司四楼、美国妇女总会、工部局华员俱乐部等几处地方，但对方都因收到恐吓信而婉言拒绝。

7月12日夜晚，义卖的场地仍无着落。此时距离义卖开始还有一天一夜的时间，茅丽瑛当机立断，带领姐妹们在"职妇"会所开展紧张的筹备工作，很快会所内陈列得琳琅满目。14日上午9时，义卖如期正式开幕。从各地赶来的顾客们，看着商场正中那幅受难同胞的彩色画和"多购一分货，多救一条命"的醒目标语，都称赞"职妇"成员的爱国义举。大家争相购买义卖物品，有的人甚至还多付钱、少拿货。下午2时许，2个暴徒前来捣乱，然后又趁乱溜走。2个暴徒最后被会员抓住押送到工部局。傍晚，工部局通知"职妇"派负责人出庭。考虑到工部局洋人很多，需要英语交流，茅丽瑛决定亲自前往。在法庭上，茅丽瑛义正词严地陈述了2个暴徒的肆虐经过，暴徒被斥得理屈词穷，只得招认他们是奉"七十六号"之命前去捣乱破坏的。2天的义卖结束后，《申报》和《大晚报》分别于15、16日刊登了义卖特写。义卖的钱，其中2300元交给了难民救济协会，剩余均秘密转送给了新四军作为购买棉衣的经费。

在党的领导下，"职妇"出色地完成了义卖任务。茅丽瑛在《职妇》特刊上总结："我们有牺牲的精神，我们有努力工作的热忱，凭着主观上坚定不移的意志，我们自信，能克服我们的弱点。""我们现在还处在一个过渡时期，而且目前正处于险恶的中途。风飘与浪涛，都极容易把我们覆没。我们要坚定,要沉着……姐妹们，我们的前途是光明的，阳光与自由在我们的前面，但正因为要达到这自由光明的境地，我们这时要加倍努力。我们还没有到达欢笑的时候。"[1]

---

1 励茵：《一年来的回顾及今后希望》，《职妇》1939年一周年纪念特刊，第7页。

11 月 17 日，日伪报纸《新申报》发表名为《上海共党企图再举，在文化界积极活跃，日方已加严密监视中》的消息恐吓茅丽瑛。消息中指出，以茅丽瑛为中心的上海共产党的地下活动越来越活跃，日方对此十分重视。出于对茅丽瑛安全的考虑，党组织指示她做好隐蔽工作，并准备让她撤离上海到新四军去。根据党的指示，茅丽瑛极少外出，一连在家待了 20 多天。即便如此，她仍然时刻关心着"职妇"的运作情况，每天都要打电话询问。12 月 12 日，"职妇"理事们要开会研究工作，茅丽瑛冒着寒风来到"职妇"会所。同志们见到她，非常高兴，会议便立即热烈地开始了。从沪西"七十六号"开出的黑色轿车，行驶至南京路四川路口停下，特务们下车埋伏了在"职妇"楼梯口，另外 2 个特务放哨监视。下午 7 时半，"职妇"理事会结束。茅丽瑛与 2 个会员一起下楼，遭到特务陈剑飞枪击，她身中 3 枪。茅丽瑛被送进仁济医院，医院完全屈服于敌伪的压力，禁止任何人进院探望。2 位"职妇"会员趁人不备，进了病房。茅丽瑛忍着剧痛，紧紧地握住她们的手，叮嘱她们要继续努力。

13 日，各界人士通过《申报》《新闻报》《大美报》《中华日报》等报纸得知了茅丽瑛不幸遭遇枪击的消息，都无比愤慨。大家带着慰问品前往医院，医院门口被人群挤满。护士们则请求由自己护理茅丽瑛。医院拒绝了人们慰问的请求，专心给茅丽瑛做手术。术后，茅丽瑛的精神状态好了一些。为达到更好的治疗效果，党组织竭尽全力为她联系转院事宜。15 日，蒋学杰以"家属"的身份，费了一番工夫才进入病房告诉她这个消息，茅丽瑛却让组织不要为她操心。午后，茅丽瑛已经呼吸困难戴上氧气，不能说话。下午 2 点 12 分，英雄茅丽瑛去世，年仅 29 岁。[1]

报人对茅丽瑛的死扼腕叹息道："茅女士的死，是暴徒对真理的摧残。"除了表达哀悼外，还希望职业妇女界能够注意到两点：其一，"妇女是国家民族的一员，我们应该对国家民族尽最大限度的力量来各守岗位，从事抗战建国的工作。暴徒能致某一个人于死命，却无法掩蔽真理"；其二，"妇女应该充实自己职业

1　中国中共党史人物研究会编:《中共党史人物传》第 13 卷，北京: 中国人民大学出版社，2017 年，第 189—191 页。

生活的内容，特别把自身的职业活动与国家民族的需要配合起来"。[1]与此同时，号召大家继承茅丽瑛的精神，提倡妇女职业，积极推行职业妇女的抗战建国运动。

茅丽瑛去世后，鉴于她为共产党所作的贡献，党决定为她举行隆重的公祭仪式，并成立茅丽瑛治丧委员会。12 月 16 日，社会各界人士纷纷前往万国殡仪馆瞻仰烈士遗容。17 日下午，上海人民医院在万国殡仪馆为茅丽瑛举行了隆重的公祭。中共江苏省委职委和八路军、新四军驻沪办事处都派代表参加。妇女领袖何香凝特派专人由香港来沪致祭。声势浩大的公祭，既是对烈士的沉痛悼念，又是对敌人的愤怒抗议。[2]

四、孙晓梅

孙晓梅的父亲孙家栋，1911 年毕业于浙江陆军测绘学校，供职于国民党浙江省陆军测绘局。家境虽不富裕，但薄有田产，衣食无忧。龙门孙氏系三国东吴孙权一脉，至孙晓梅一辈已经传至第 61 世，人们称其家为不穿草鞋的书香门第。

1914 年农历四月底，老街安庆桥横头孙家，一名女婴呱呱坠地，她便是孙晓梅。因为是个女孩，孙氏家族对她很不友好。孙晓梅父亲孙家栋虽然对生男生

女并不十分在意，但深受男尊女卑思想影响的祖父孙蓉第却相当介意，一心想要个孙子。由于孙蓉第的不待见，孙晓梅母亲陆琰常常带着聪明乖巧的晓梅回西邮娘家居住。外公陆庆祥是清末的举人，格外喜欢这个活泼可爱的外孙女，还特意找来《三字经》《左传》《礼记》等书给她读。外公坚信这个孩子未来不一般。

祖父孙蓉第崇尚读书，并在家中正堂挂了一副楹联，上面写着"祖有遗言，莫纵樗蒲莫纵酒；家无长物，半藏农器半藏书"，以此来告诫子孙

孙晓梅烈士（1914—1943）

1　山尔：《茅丽英被刺感言》，《工商正论》1940 年第 2 期，第 26 页。

2　中华全国妇女联合会编：《中华女英烈》，北京：文物出版社，1988 年，第 113 页。

不要玩物丧志。而对于女性，他却觉得只要做到"三从四德"就可以了，不允许女孩上学更是家中约定俗成的规矩。即便如此，母亲依然坚持孙晓梅在 10 岁那年上学读书。孙晓梅在学堂成绩优异，喜欢读人物传记类的书。她崇拜秋瑾，能背诵秋瑾的诗词。有一次，班里的一位女同学被欺负，她发动女生联手反击男生，并在打闹中取得胜利。1927 年，因家庭变故加上自己是个女孩，她不得不放弃心心念念的学业，回家帮母亲料理家务以及做些体力活。这个时期，她深深体会到了女性在生活中处处受到歧视的痛苦。她立志要做出改变，因此，失学在家的 3 年间，她遍读家中藏书。秋瑾《满江红》中"身不得，男儿列；心却比，男儿烈"的词句时刻激励着她，她决心要做出点惊天动地的大事来。[1]

1929 年底，孙晓梅受够了祖父重男轻女的种种言行，她也不想让母亲因为她再受气受苦了，她想要出门找工作，立足社会，证明给大家看女人照样能做事业。同族宗亲孙京良毕业于杭州宗文中学，是富阳早期的中共党员。当晓梅找到他时，他在庆护乡诸佳坞小学教书。听了孙晓梅的想法，他很乐意帮助她，很快为晓梅找到了一份教书的工作。[2]

由于在龙门山龙潭戏水和闯祠堂与族长理论，孙晓梅被村里的人认为是怪女子，祖父因此暴跳如雷，要给她找个婆家，但是上门的媒人都被晓梅给赶走了。母亲面对这种局面，认为只有让她离开龙门才是打破僵局的办法。母亲以父亲和弟弟都在杭州为由，委婉地和她商量让她去杭州，晓梅并不同意，但母亲告诉她在杭州可以读很多书，所以 1934 年春节后，晓梅就乘着客运轮船去了杭州。弟弟孙承勋见到姐姐来杭州非常开心，晓梅到了杭州就一头扎进了省立浙江图书馆，不久后又和弟弟的美术老师学习画画，由于她画得特别好，其中一幅名为流离失所的画被陈九先生推荐给《东南日报》"东南画刊"栏目刊登。第二年，孙晓梅经龙门小学创办人孙逸仁介绍去了海宁，去了硖石仲小学任教。

1937 年，浙江省党部临时执行委员会妇女部发布《告全省家庭妇女书》，这篇文章让晓梅励志做一个独立自主的女人。同年，由于"七七"事变爆发，日本加快了侵华步伐，不久，上海、杭州也相继沦陷，孙晓梅被迫返回富阳龙门娘

1　鲍志华：《孙晓梅：大时代的女性》，北京：现代出版社，2014 年，第 1—8 页。
2　鲍志华：《孙晓梅：大时代的女性》，北京：现代出版社，2014 年，第 12 页。

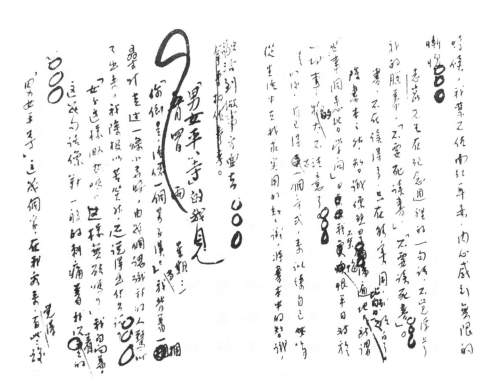

孙晓梅《男女平等的我见》手稿

家。12月24日，日军占领富阳县城，县城和富春江以北地区民众惨遭日军屠杀。面对混乱的局势，富阳民众奋起反抗。1938年2月11日，浙江省政府主席黄绍竑颁布了《浙江省战时政治纲领》，富阳县为贯彻落实这一纲领，在3月9日，建立了富阳县战时政治工作队从事抗日宣传工作，工作队有失学青年、小学老师等，人数达22人，其中有4名女性。在老家的孙晓梅参加到了抗日的队伍中去，她想参加战时宣传队，为抗战做一些事情。孙京良报名参加富阳县战时政治工作队并以合法的身份回到龙门开展工作，创办《龙光周刊》墙报，以此为抗日宣传阵地，动员进步青年起来抗日。[1]10月，孙晓梅接到了在新四军教导总队工作的堂弟孙成修的来信，信中动员她以及家乡有志青年参军。孙晓梅不但说服了母亲让自己去参军，还动员了孙国纪、孙秉夫、孙永福等人一同到皖南泾县参加新四

1　鲍志华：《孙晓梅：大时代的女性》，北京：现代出版社，2014年，第23—24、29—32页。

军。参军后，她先是在军部教导总队第八队学习，因成绩优异被选为组长。1939年初，学习结束。孙晓梅被分派到了农村经济调查研究组工作，主要负责为领导提供关于农村经济情况的调查材料。泾县章家渡、南陵县三里店以及溧阳等地都有她的身影。她不怕吃苦，积极联系人民群众，收集材料，晚上则认真写总结报告。完成分内的调查任务后，她还会为报纸和内部刊物写稿子。

1940年4月15日出版的抗日刊物《战旗》（浙江绍兴专属刊物），刊登了她为1939年11月的繁昌战斗写的名为《繁昌战斗中的妇女们》的文章。同年7月，孙晓梅奉命到达江苏澄西县，在夏港一带从事民运工作。9月，孙晓梅成为一名光荣的共产党员。她以极高的热情向夏港、吴桥、孙家弄等地的群众宣传抗日，对该地区民主政权的建立起到了积极的推动作用。1941年1月，孙晓梅调任镇丹（后改山北）县委妇女部长。县委决定让孙晓梅兼管日伪势力较强的大港区。很快工作就有了突破，发展了一批新党员。6月，孙晓梅由山北调往东路工作。8、9月间，她被任命为中共武进县委妇女部长。年底，孙晓梅又被调往中共长江工作委员会工作，主要负责长江工委与路北特委之间的政治交通工作。工作期间她争取了附近苦竹乡的伪乡长和2个伪保长。1942年6月3日，一直掩护长江工委开辟工作的和尚洲伪自卫团团长陈安义被暗杀。孙晓梅只身打入伪自卫团诱出凶手陈小洪并押回焦山。随后又与同志一同捕获凶手徐小二。最终，2名凶手都得到应有的惩处。10月，长江工委改属茅山地区镇丹中心县委领导，不久，孙晓梅被调往路南，在郵庄一带做群众工作。1943年3月，为适应反"清乡"斗争，孙晓梅重新被调回长江工委，负责镇句县宝华区一带工作。5月初，孙晓梅在营防镇附近的一条公路上不幸被日本宪兵队捕获，后英勇就义，年仅29岁。

第二章 初生：新中国成立之初的杭州妇联
（1949—1955）

　　杭州妇女运动史上最辉煌的第一页于 1949 年 10 月 1 日翻开。中国共产党早期妇女运动领袖之一贺子珍应时任浙江省委书记、杭州市委书记谭震林邀请，前来杭州领导杭州市民主妇女联合会筹备会（以下简称"杭州市妇联筹备会"）工作，在短短 2 个月左右时间内，杭州市妇联筹备会向新中国献礼致敬、组织召开杭州市第一次妇女大会等，组织机构初步形成。在此基础上，1953 年杭州市民主妇女联合会成立，1957 年 11 月根据《中华人民共和国妇女联合会章程》改称为杭州市妇女联合会。在杭州市妇联领导下，杭州市各阶层妇女积极投身于新中国成立初期的各项工作，支援抗美援朝，开展增产节约运动，参加土地改革运动、镇压反革命运动、"三反""五反"运动和爱国卫生运动、宣传贯彻《婚姻法》等，领导妇女、改造妇女、服务妇女。

　　在此期间，毛泽东主席在杭州亲自主持起草中华人民共和国第一部宪法《五四宪法》，将"男女平等"写入宪法；更在 1956 年出版的《中国农村社会主义高潮》一书中亲自为杭州市建德县千鹤乡的《发动妇女投入生产，解决了劳动力不足的困难》撰写了 512 字按语，提出："中国的妇女是一项伟大的人力资源。必须发掘这种资源，为了建设一个伟大的社会主义国家而奋斗。要发动妇女参加劳动，必须实行男女同工同酬的原则。浙江建德县的经验，一切合作社都可以采用。"毛泽东主席的亲笔题词，使杭州成为中国妇女"半边天"思想的重要萌发地。

第一节 杭州市妇女联合会成立

一、杭州解放与省市政权建设

1949年5月3日，对于杭州来说，是一个永远值得铭记和纪念的日子。这一天，杭州获得了解放。中国人民解放军第三野战军第七兵团在中共杭州地下市委、地方游击队和杭州人民的密切配合下，击败了国民党军队，解放了杭州。

1949年4月，人民解放军第二、第三野战军总前委在邓小平主持下制订了《京沪杭战役实施纲要》，根据纲要，人民解放军在渡江之后，以第三野战军为主力，快速切断宁沪铁路、宁杭公路，围歼南京、镇江、杭州之敌。4月20日，国民党政府拒绝接受和平条件。21日，毛泽东和朱德发布《向全国进军的命令》，人民解放军在西起湖口、东至江阴长达500多千米的战线上发起渡江战役，轻而易举地就突破了国民党的长江防线。

4月23日，南京、镇江及芜湖一带的国民党7个军，分别沿宁杭公路和宁沪铁路，向杭州、上海方向撤退。4月24日，人民解放军快速展开追击战，敌人改由宜兴以西山区直奔郎溪、广德，试图突出重围，退守杭州。解放军以吴兴、长兴地区为目标，展开强大的钳形攻势，包围南逃之敌，截断其向杭州的退路。4月27日夜，解放湖州。在25日至29日的苏浙皖边围歼战中，共歼敌10万余人，沉重地打击了国民党的武装力量，极大地鼓舞了我军的士气，为解放杭州创造了极为有利的条件。解放杭州，是京沪杭战役的重要组成部分，而担负解放杭州主攻任务的第七兵团第二十一军，翻越天目山区，分两路昼夜兼程，直插杭州，于5月2日，到达杭州西北面的重镇余杭县城，兵临杭州城下。[1]

5月3日上午，解放杭州的战斗打响。拂晓时分，六十二师的一八五团翻越五云山，出敌不意地占领了二龙山北侧高地。此后，担任主攻钱塘江大桥任务的二营五连向六和塔的国民党守军发起了进攻，控制了这个可以俯瞰钱塘江大桥全

---

1 何珊珊：《永恒的纪念——写在杭州解放60周年之际》，《浙江档案》2009年第2期，第12—13页。

貌的制高点。接着，在火力的支援和四连的配合下，又向大桥北端桥头堡发起攻击，一鼓作气拿下了北桥头堡，控制了大桥北端，切断了敌人南逃的通道。随后，四连和五连立即向桥南之敌发起进攻，充分利用双层桥的特点，采取上下掩护、分组前进的战术，迅速向南端桥头堡前进，顺利地占领了钱塘江大桥。

在二营夺取钱塘江大桥的同时，三营从二龙山东北侧南插玉皇山，经过半小时激战，全歼山上守敌26人，占领玉皇山，控制了这一城南制高点。占领玉皇山后，六十二师主力即沿玉皇山、二龙山、六和塔和钱塘江大桥一线，向杭州市区发起进攻。下午2时许，攻占了中山桥、电灯公司和国民党浙江省政府，与六十一师胜利会师。同日凌晨，当六十二师向钱塘江大桥急速挺进的时候，负责攻占市区的六十一师由余杭出发，急行军20余千米、分头向杭城挺进。一八二团沿灵隐附近的山地展开，经岳坟、北山，首先突入市区，在歼灭儿小股敌人后，于上午9时占领了杭州火车站，10时控制了东南部市区；一八一团在古荡、董家地区展开，经松木场、昭庆寺进入市区，午前占领了艮山门火车站，控制了杭州东北部市区。不久，一八三团亦进占杭城西部地区，师直属队则直插以国民党省党部为中心的市中心地区。与此同时，二十三军六十八师二〇三团进驻杭州北部至运河一线，二〇四团进入湖墅，5月3日中午，二十三军前敌指挥部随六十八师进驻湖滨地区，5月3日下午3时许，随着二十三军六十九师分别进驻保俶路和拱宸桥一线，大部分战斗结束，人民解放军在群众热烈的夹道欢迎下，列队进入杭州市区。[1]5月29日，现属杭州的周边各县全部解放。

1949年2月，中国人民解放军第三野战军第七兵团在南下途中，根据中共中央指示，在安徽蚌埠成立了中共浙江准（筹）备委员会，谭震林任书记，谭启龙任副书记。1949年5月3日，杭州解放，浙江省准备委员会的工作结束。杭州解放后，根据华东局"对新恢复、人口五万以上的城市或者工业区，实现一个时期的军事管制制度"的指示，[2]在5月7日，根据中国人民解放军华东军区司令部、政治部的电令，为保障全体人民生命财产，维护社会治安，确立革命秩序，

1　张鹏程：《亲历杭州解放》，《浙江档案》2019年第5期，第17—19页。
2　杭州市军事管制委员会：《杭州军管会组织草案、总结要点》，浙江省档案馆馆藏，档案号：J23—1—2。

决定在杭州成立中国人民解放军华东军区杭州市军事管制委员会，简称"市军管会"。作为杭州市军事管制时期的最高权力机关，杭州市军管会的职责是，"统一全市（杭州）以及全省的军事、民政等管理事宜"。[1]在城市，军管会主要负责接收改造旧机构、建立各级人民政权以及维护城市稳定。谭震林任市军管会主任，谭启龙和汪道涵任副主任。军管会正副主任以下设秘书长办公室、民政部、财粮部、文教部、实业部、交通部、公安部、社会部、军事接管部、房屋接管处、供给处、市政府、卫戍司令部、支前部、干部学校等16个部门。

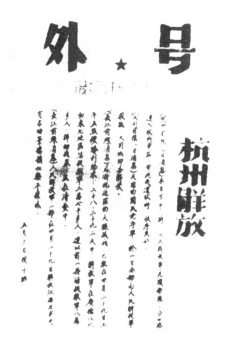

1949年5月3日杭州解放当晚《号外》发布消息

军管会成立后即按中共中央华东局指示，采取"各按系统、整套接收，调查研究，逐步改造"的方针和浙江省委"宁缓勿急，稳步前进"的指示，着手对各系统进行全面接管。军管会政务部、文教卫生部、财经部、军事部、公安部、工业部分别对浙江省和杭州市的国民党政府、军警、司法机关、官僚资本银行、工厂企业及文化教育事业等单位进行具体接管。

5月9日，市军管会着手接管了盐务局、国税局等机关。5月10日，市军管会政务部开始进行政务接收，接收对象是原国民党政权行政机关。主要部门有市政府民政、司法机关33个单位；省政府民政、司法机关19个单位；国民党中央派出机关4个单位；国民党中央及省市各种卫生机关35个单位。5月中旬前后，市军管会政务部民政处、卫生处、园林管理处等部门也相应接收了各自对口系统所属单位。与此同时，军管会还派出人员赴8个城区进行接管。

---

1 中共浙江省委党史研究室：《中国共产党浙江历史》（第二卷）上，北京：中共党史出版社，2011年，第12页。

5 月 10 日，中共浙江省委、杭州市军管会在大华电影院召开杭州解放会师大会，隆重庆祝南下大军与坚持浙东、浙西游击战争和杭州地下斗争的同志们胜利会合。谭震林到会讲话，要求来自各方面的干部紧密团结，为圆满完成接管城市的任务而斗争。[1] 5 月 11 日，中共浙江省委作出《关于结束前杭州市委工作与成立新杭州市委的决定》，认为前杭州市委在上海党的领导下，完成了党交给的光荣任务，保持了党的革命旗帜与党的组织，并在工厂、学校、机关部门中建立了党的基础，在群众中传播党的政策，团结了相当数量的工人、知识分子，争取了一部分科学技术人员及教育界中上层人士在党的周围。经过他们的努力，保存了大部分重要的物资，对接管杭州的贡献重大，这是今后杭州继续彻底摧毁国民党残余反动势力，恢复生产，进行各项建设事业的重要力量。在肯定成绩的同时，省委认为：要彻底战胜敌人，恢复与发展生产，把杭州从消费城市建设为生产城市，这是杭州党组织一个非常艰巨的任务，"单靠前杭州市委的力量是不够的，必须同时依靠外来干部的力量，只有依靠军队干部、外来地方干部与本地干部三者结合起来的力量，才能达到目的，因此，省委决定以谭震林、杨思一、张劲夫、林枫、李丰平、顾德欢、柯里、李代耕、周力行、李迎希等 10 同志组成新的杭州市委，在杭州市军管会领导之下，统一领导全市工作。"新的杭州市委书记谭震林，副书记杨思一、张劲夫。市委设置的工作机构有：秘书处、组织部、宣传部、职工部和青年工作委员会。市委下辖 8 个区委和杭县、萧山 2 个县委。市委机关设在杭州圣塘路 27 号。1950 年元旦，市委在此举行升旗、团拜活动，宣布市委机关公开办公。此后，市属各机关、企业、学校等单位的党组织也先后由秘密转为公开活动。[2]

从 1949 年 5 月到 9 月，即从杭州解放到省第一届党代会召开，这一时期杭州市的干部主要来自 4 个方面：一是原来在杭坚持斗争的地下党的同志；二是南下的部队及来自山东的地方工作干部；三是新参加工作的华大、浙大、浙干校的青年学生；四是部分留用人员。其中，南下的部队和地方干部占 35%，原地下党

1　曹正法主编、中共杭州市委党史研究室编：《探索之路——杭州市社会主义时期党史专题》，北京：中共党史出版社，2005 年，第 2 页。
2　曹正法主编、中共杭州市委党史研究室编：《探索之路——杭州市社会主义时期党史专题》，北京：中共党史出版社，2005 年，第 3 页。

的干部占5%，新参加的干部占29%，留用人员占31%。这一时期的基本特点是：由于干部是从南下干部、军队、地下党、新参加工作与留用人员等多方面调来的，在思想、观点、经验、作风上有诸多不同，相互间不够了解、系统不明、领导多头、变更频繁等。面对现状，作为党的组织工作，首先是根据上级的指示与当时的具体情况，迅速分配干部、建立机构、搭起架子，进行接管。

1949年5月24日，在市军管会逐步完成接管旧政权机构的基础上，杭州市人民政府正式成立，即行施政。谭震林任市长，张劲夫任副市长。不久，人民政府的各部门、秘书处、教育局、卫生局、公安局、民政局、劳动局、财政局、税务局、工商局、工务局、房产管理处先后建立，形成了完整的政务系统。原国民政府市民政局由市军管会政务部民政处接收后，6月初正式成立民政局，下设地籍整理处、园林管理处（9月6日划归工务局）2个处及3个科，同时成立了福利社、保育院、安老院3个附属救济单位。为进一步巩固社会安定，1950年元旦成立了人民生产救养院以收容、改造游民和乞丐。5月21日，全市开始接收伪财政局暨所属的8个税捐征收处，6月初开始全面展开业务，进行精简机构，将市政府前供给科划归财政局改成审计科，并成立粮食科负责供应驻杭各机关部队的给养柴草及负责领导杭县的粮柴征收。同时将财政局原有第四、五两科合并为杂税票照科，裁撤第六科并入秘书室，牲畜市场和屠宰市场合并为一，并紧缩局科税机构人员，充实基层的税收人员。

原市教育局由军管会文教部接管。6月3日成立市政府教育局，下设秘书、小教、社教等科及人事股、视导室，12月初增设一资料室。市公安局是在接收原市警察局后于5月中旬确定行政编制，设秘书处、总务处、训练班、审讯科等，下辖8个分局。后因工作需要，分局合并成7个，另增设一警察总队以加强行政管制和交通指挥。建设局由工务局改名，市政府工务局于6月3日成立，9月6日，民政局直属的园林管理处划归工务局之时，组织扩大，到12月，工务局改名建设局。确定杭州市电灯公司及自来水厂在市政建设上划归建设局领导，同时，公共汽车公司，因无力经营，也划归建设局领导。

6月初正式成立政府机构的还有市卫生局、房管处、工商局及杭州市人民法院等。同年9月18日，经中共中央华东局批准，由浙江省委通知，任命江华为杭州市市长,吴宪为副市长。1951年7月16日,由市二届一次各届人民代表会议选举并经华东局批准,吴宪任市长。11月2日,经省委决定,华东局批准,吴宪继任杭州市市长,任命方琦德、刘开渠为副市长,王平夷、林枫等26人为杭州市政府委员,同时建立、健全了政府各有关工作机构。1952年10月,又充实调整了姚力为第一副市长,王平夷为第二副市长。这些政府机构的成立,为党领导人民有效行使政权奠定了系统的组织基础。[1]

二、贺子珍筹备杭州市妇联

1949年5月3日杭州解放后,为领导杭州市妇女运动的开展,同年9月1日,杭州市委设立妇女工作部,由贺子珍、方琼、李紫辉负责。同月,市委第十一次会议决定,并经省委批准,成立了杭州市委临时妇女工作委员会,贺子珍任书记、方琼任副书记。妇委会统一领导妇女工作部的工作。[2]

但是由于形势的发展,妇女群众要求在中共杭州市委领导下成立一个由妇女自身统一领导妇女的群众团体。1949年9月,市妇委会决定由贺子珍等负责市民主妇联筹备会。经过酝酿准备,10月1日,市委妇女工作部召开市各界妇女代表大会,代表会除邀请中共浙江省委书记谭震林和杭州市副市长吴宪、青委书记周力行出席指导外,还邀请来自工厂、家庭、农村等不同地方的妇女代表144人。[3]此次会议是经过一个月来广泛征求各界妇女意见,并举行了小教、中教、儿童保育、科学各方面妇女工作人员座谈会之后确定下来的,参加的有职工、青联、华联、机关、文协、教协、科协、部队、小教、儿童保育、农村等各界代表及个别邀请的家庭妇女、民主人士等,因此具有广大的代表性。会议开始后,首先由刘苇报告筹备经过,之后选举出贺子珍、金铃、桑文澜、王贵娥、陈学昭、方琼、刘苇、费英、朱帼英、张帼英、钟雯娟等人组成主席团,金铃为主席。谭

1　曹正法主编,中共杭州市委党史研究室编:《探索之路——杭州市社会主义时期党史专题》,北京:中共党史出版社,2005年,第4页。
2　曹正法主编,中共杭州市委党史研究室编:《探索之路——杭州市社会主义时期党史专题》,北京:中共党史出版社,2005年,第68页。
3　杭州市民主妇女联合会:《杭市半年来女工工作总结》,1950年,杭州市档案馆馆藏,档案号:J127-1-4。

杭州市各县妇女代表大会

震林指示，杭州市妇女应该为人民政协共同纲领的实现而奋斗。吴宪号召全市妇女团结起来打破"劳动是耻辱"的观念，参加到各项斗争建设当中去。贺子珍随后发表讲话。此次代表会议主要任务是成立杭州市民主妇女联合会筹备会并表决通过筹备委员名单，以作为今后杭州市妇女组织的核心，加强今后妇女工作。

　　这一时期的妇女运动还处于零星发动时期。首先是女学生，活跃地参加当时各种宣传，另外还有 2000 余人先后报名参加干校或者直接参加党政军等工作。女工在接受了初步主人翁教育后，也开始参加各种社会活动，妇女运动中这两支力量，对杭州市初期的妇女工作起了很大的作用。[1]

　　同年 11 月 24 日下午，杭州市民主妇女联合会筹备会在豆腐巷会址召开会议，到会筹委 20 人，由方琼担任主席。会议主要报告三点：一、全省首届妇代大会以后，已更加明确了妇女工作的方针和任务，在杭州来说，当前要努力的是怎样把杭州市广大的妇女群众组织起来，并为她们服务。二、妇联筹备会要准备杭州第一届妇女代表大会的召开，成立正式的机构，推动杭州各个岗位上的姊妹们加入各个群众团体，为妇联奠定坚实的基础。三、成立筹委会的执行机构，研究今后 2 个月的工作计划以及筹备期间的暂行章程。贺子珍、方琼、刘苇、金铃、桑文澜、

　　1　杭州市妇女联合会：《市妇联两年来工作总结》，1951 年，杭州市档案馆馆藏，档案号：J127–1–4。

李碧华、严永洁等 15 人当选为妇联筹备会常委。此次会议标志着杭州市妇联筹备会常委会宣告成立。接着即由筹备会方琼提出《杭州今后妇女工作的几点意见》，又由委员会修正补充，决定交由常委会通过执行。

1949 年 10 月 26 日杭州市妇联常委会成立

从杭州市委临时妇女工作委员会到杭州市民主妇女联合会筹备会（1949 年 9 月 1 日—11 月左右），贺子珍直接领导和参与了这两项重要工作。根据曾经参与过杭州市妇联筹备会的黄书红回忆："初次见到贺子珍时，只知道她是个老红军、老革命，刚从苏联回来，身体很差，我们都很敬重她。……贺子珍刚来的时候，穿的是呢子料的列宁装，好像是灰色的，里面是长袖的白绸衬衣，下面是黑皮鞋，走路很有风度、节奏快，腰杆笔挺。身体不太好，瘦瘦的长脸型，有时戴帽子。""贺子珍同志的办公（居住）地点，我的印象是豆腐巷 5 号一座两层楼小洋房，她和我们几个市妇联筹备会工作人员是在一起居住生活的。当时，贺子珍住在二楼朝南的，走廊里面的一个很小的套间。但已经是最好的房间，有浴室。前半间放着一个小的写字台、一个凳子，墙上挂着毛泽东和朱德的像；后半间是卧室，有一个床，里面还有一个洗手间、一个浴缸。贺子珍的姐姐与她同住。""贺子珍讲话很有精神，在女青年会三楼会场召开的市妇联筹备会成立大会上，是她作的报告。"[1]

唐瑞濂的口述称："妇女和青年代表排在一个组，借用附近的弘道女中的一

1　黄书红口述，2016 年 4 月 8 日星期五上午，浙江医院十五病区 22 床。杭州市妇联馆藏资料。

间教室，作为讨论地点，主持会议的是妇联的李紫辉同志。讨论中，她讲：'请贺子珍同志发言。'我看见一位身材比较高、比较瘦的女同志站起来讲话，穿的是黄土布军装。她讲得很认真，讲了十几分钟。可惜的是我不懂她的江西话。这样就使我有机会见了贺子珍同志一面。"[1] "筹备委员会在女青年会的楼上开大会，我们都参加的，贺子珍带稿子上去作报告的，讲得蛮清楚，就是有点慢。"[2]

寿湘君回忆称："我到妇联后，印象最深的一件事，也是我到妇联经历的第一件事，就是庆祝杭州解放。贺子珍领导市妇联筹备委员会，代表杭州妇女，带领我们，第一次在杭州公众面前游行。这也是新中国成立以来市妇联的首次亮相。记得当时游行时，还打了一条横幅，上面写着'杭州市妇女界'。为了这条横幅的内容，贺子珍和黄书红还争论过。黄书红说：'我们就这么几个人，怎么能代表杭州妇女呢？'贺子珍说：'我们是市妇联筹备委员会，怎么就不能代表杭州妇女呢？'当时，杭州市妇联筹备委员会就只有贺子珍、黄书红、金世敏、林曼云、叶淑君、潘大中、我等这么几个人。当时我年龄小，什么也不懂，也不敢发表任何意见。现在想起来，我还赞同贺子珍的意见，当然，也理解黄书红的想法。"[3]

杭州市妇联筹备时期涉及的妇女工作按照妇女职业分布，分为家庭妇女、女工、女青年会和周边县区妇女工作四大块。"当时妇联筹备委员会的主要工作分几大片：一个是家庭妇女（家庭妇联），准备筹备家庭妇女组织。一个是女工，那时候还有私营工厂，我们要发动女工成立女工委员会。总工会主席当时是金玲同志。我和蒋露被派到下城区王马巷子里做女工委员会工作，我主要管理五个大丝厂：虎城、韦林、洪峰、开元、庆元。就是跟资本家谈判，增加女工的工资和福利。一些工厂的女工成立女工委，参加工会的管理，以后成立了再选举自己的女工委员。……还有一片是女青年会工作，那时候由金世敏负责，发动女青年、侨胞，做好投资、搞福利比如办托儿所，积极协助台湾的联系工作，比如做台湾女同胞的工作，把大陆的情况介绍给她们。另一方面周边的工作，就是到萧山、富阳发动她们的妇女也成立妇女委员会。"[4]

1　唐瑞濂口述，2016年4月6日星期三下午，浙江医院十二病区25床。杭州市妇联馆藏资料。
2　翁治平口述，2016年4月6日星期三上午，杭州市长庆街翁治平家。杭州市妇联馆藏资料。
3　寿湘君口述，2016年4月12日星期二上午，杭州市和谐嘉园寿湘君家。杭州市妇联馆藏资料。
4　翁治平口述，2016年4月6日星期三上午，杭州市长庆街翁治平家。杭州市妇联馆藏资料。

贺子珍在筹备杭州市妇联工作时，对刚参加革命的青年妇女十分关心，帮助她们成长。翁治平说："我们的工作由贺子珍领导，但不是直接由她来分配。但是，贺子珍对我们女学生是很关心的。当时我的家庭出身不好，我的父亲是黄埔军校毕业，后来在台州起义。当时我们失去联系，我只知道他逃到台湾了，所以我不知道。妇联认为我工作很好，很积极，理论基础（水平）也很高，工作能力也有，但是家庭成分不好，就是因为我有这个父亲的关系。所以她们怀疑我伪装积极，认为我是我父亲派来的特务，混进革命队伍。因为有这个情况，所以贺子珍曾经找我谈过一次话，叫我跟家庭划清界限，同时肯定我工作很好，表现也不错。我觉得她很和蔼可亲，平易近人，没有老领导的架子，对我们很关心。当时对我们女学生的政治学习抓得很紧，管理得很严格，每天晚上八点不能回到家里去，必须回到单位，参加 1 小时的政治学习，有生活方面的批评和自我批评、工作制度汇报、学习她布置的一些工作，比如矛盾论、新民主主义论、走群众路线、刘少奇的党章、党的信仰、学习心得等，学习后就睡觉，在豆腐巷的寝室里。"[1]

贺子珍同志在新中国成立初期担负着创建妇女组织的使命来到杭州，先后担任民主妇联负责人、杭州市委临时妇女工作委员会书记、杭州市民主妇女联合会筹备委员会主任等职。领导妇女运动，提高妇女们的思想政治水平。可以说杭州市妇联的诞生与贺子珍是分不开的。除此之外，她还广泛参加了杭州解放初期的各种重大历史活动，如参加杭州市第一次、第二次和第三次各界代表会议，参加接待苏联外宾等等。

三、杭州市妇女联合会成立

1952 年底，杭州市民主妇女联合会筹备委员会的任务已经完成了，正式成立杭州市民主妇女联合会的时机已成熟。市民主妇筹会在《杭州市第一次妇女代表大会宣传提纲》中指出：（1）解放三年来，我国的财政经济状况有了根本的好转，到 1952 年底，党中央在全国国民经济恢复工作即将胜利完成，我国即将进入全面进行社会主义改造阶段。对广大妇女提出了新的伟大的任务。因此召开

1　翁治平口述，2016 年 4 月 6 日星期三上午，杭州市长庆街翁治平家。杭州市妇联馆藏资料。

妇女代表大会通过妇女代表大会来联系广大妇女，提出今后妇女工作的任务就成为十分必要的事了。（2）杭州解放三年来，杭州市的妇女经过了抗美援朝、土地改革、镇压反革命，"三反""五反"等社会运动的教育、锻炼，觉悟程度大大提高。此外，在《婚姻法》《土地改革法》《工会法》及《劳动保护条例》中，对于妇女儿童的利益，也都有了明确的规定，解决了一系列妇女的问题。妇女们感到自己的前途无量，热烈地响应共产党和人民政府的各种号召，积极参加各种运动。为总结成绩、改正缺点，就必须召开妇女代表大会，从下到上，通过各界妇女代表来很好地总结三年来的工作经验，以便今后更好地开展工作。（3）从杭州三年来妇女的组织情况看，在城区和郊区已经组织了50个家庭妇联分会，全市上城、中城、下城三区有五分之四的居民区举行了妇女代表会议。在各个私营企业、工厂及其他各业中的2万多名女工中，有21824人参加了工会，并加入民主妇联（筹）。在各个工厂、企业中也普遍有了女工委员会的组织。女学生也参加了学联组织。总体情况是杭州市已有20余万妇女组织起来，占全市妇女人数的80%以上。为使妇联这一组织更加健全、巩固和扩大，发挥更大的作用，就必须召开妇女代表大会，正式成立杭州市民主妇女联合会。[1]

除上述在《宣传提纲》中所列原因外，原民主妇联筹备委员会的主任、执委、常委在三年中变化很大，大部分执委都已调离，失去了代表性；而现任的主任、副主任、各部部长都不是执委、常委，在组织上形成领导和群众脱节的现象。因此有必要召开妇女代表大会，选举产生新的领导机构。为了组织好首次妇女代表大会的召开，杭州市妇女工作委员会在1952年发表了《关于召开杭州市妇女代表大会的意见》。《意见》指出，这次大会的任务是：（1）总结三年来杭州市妇女工作、健全和巩固妇女组织、培养大批妇女干部，进一步发动妇女投入即将到来的大规模经济建设和文化建设。（2）确定妇女工作的方针、任务，并布置三八妇女节纪念活动（以宣传和检查婚姻法为主）。（3）选举产生执委、常委以及正、副主任，正式成立杭州市妇联。《意见》还规定，首次妇女代表大会正式代表名额为350名，列席代表50名。正式代表名额分配：女工90名（包括教育、

1　杭州市民主妇女联合会：《杭州市三年来妇女工作总结和今后任务》，1952年，杭州市档案馆馆藏，档案号：J127-1-5。

医务、交通、运输、手工业、企业机关、店员等），农村妇女 40 名（每区 10 名），家庭妇女 150 名（平均每区 25 名），女学生 20 名，其他 50 名（包括机关干部、保育工作人员、军烈属、少数民族、宗教界、自由职业者、工商界民主人士等）。[1]

根据市妇女工作委员会的意见，1952 年 12 月 12 日，杭州市民主妇女筹备委员会召开了筹备委员扩大会议，这次会议决定于 1953 年 1 月中旬召开杭州市妇女代表大会，并即时成立首次妇女代表大会筹备委员会。筹备委员会下设组织处、宣传处、秘书处、提案审查委员会等部门。

首次杭州市妇女代表大会筹备委员会按照扩大会议的决议进行了筹备工作，要求各区、县民主妇联选举单位根据市民主妇联（筹）扩大会议的精神，开展广泛深入的宣传，并以实际行动迎接首次妇女代表大会的召开。同时，要求各单位根据分配的妇女代表名额，严肃认真地选出代表。

1953 年 1 月 15 日至 19 日，杭州市第一次妇女代表大会在市工人文化宫正式召开。出席大会的正式代表 351 人，特邀代表 8 人，列席代表 54 人。大会的中心议题是：宣传贯彻《婚姻法》，为发动广大妇女投入即将到来的经济建设和文化建设中去做好思想上、组织上的准备。大会听取了吴宪市长的政治报告，宣布了在 1953 年 3 月份开展《婚姻法》宣传运动，并阐明了运动的意义；浙江省妇联副主任杨彬作了贯彻《婚姻法》的讲话；会议听取了陈碧如作的《三年来杭州市妇女工作总结及今后任务的报告》。大会通过了《关于杭州市三年来妇女工作总结及今后任务的决议》《关于提案审查结果报告的决议》（大会共收到提案872 件），以及致毛泽东主席、中央人民政府、中国人民志愿军、全国民主妇女联合会等四则致敬电，并通过了团体会员名单。大会以无记名投票方式，选举陈碧如等 48 人为杭州市民主妇联第一届执行委员会委员，选出常委 13 人，陈碧如当选为主任，李竹坪、吴灿、刘苇、张瑞当选为副主任。

首次妇女代表大会具有以下显著特点：一是代表广泛。大会代表中有女工、女战士、农村妇女、女学生、家庭妇女、机关女干部，而且也有少数民族、宗教界、烈军属、工商界家属代表，可以说是妇女界各阶层的人民代表大会。二是

---

[1] 曹正法主编，中共杭州市委党史研究室编：《探索之路——杭州市社会主义时期党史专题》，北京：中共党史出版社，2005 年，第 70 页。

大会代表的情绪自始至终饱满而热烈，各界代表专心听取报告，认真记录。小组讨论时代表们发言热烈，大会第四天很多代表还要求自由发言。三是大会得到广大妇女群众的支持拥护，女工、女干部、家庭妇女的贺信到大会结束的第二天还不断收到。

杭州市第一次妇女代表大会的召开，增强了代

《当代日报》对杭州市民主妇联成立的报道

表们对完成今后工作的信心和决心，为1953年3月大张旗鼓宣传贯彻《婚姻法》作了思想动员。杭州市广大妇女有了自己的组织——市民主妇女联合会，因而密切了市民主妇联和各界妇女的联系。

杭州市民主妇女联合会在1957年11月根据《中华人民共和国妇女联合会章程》改称为杭州市妇女联合会。[1] 杭州市妇女联合会设有主任、副主任、常务委员等职，由杭州妇女代表大会选举产生。常务委员会在大会休会期间代行大会职责，与其前身杭州市民主妇女联合会组织架构一致，维护杭州市各界妇女的各项权益。

---

1 曹正法主编，中共杭州市委党史研究室编：《探索之路——杭州市社会主义时期党史专题》，北京：中共党史出版社，2005年，第71页。

第二节　杭州市妇联初期的工作

一、妇女组织改造运动

杭州解放之后，大多妇女还保留着落后的封建主义思想，过去看不到妇女工作和国家建设有多大的关系，认为妇女们只能搞搞居民工作、治保工作，于是很多妇女的思想开始动摇起来，认为在外做活就是吃力不讨好。因此对妇女进行社会主义改造成为杭州妇联在解放之初的主要任务。首先是对职业妇女的发动和组织。1949 年 5 月 3 日杭州的解放给各阶层妇女带来了新生和希望。当时新的妇女运动还处于启蒙与零星发动时期，主要依靠的力量是女学生和女工。在 6 月至 7 月间，有 700 多名女学生参加了杭州青年干部学校和第一期浙江行政干部的学习，或直接参加了党、政、军各系统的工作。以后又陆续发动组织 1000 多人参加学习或工作，合计 2000 余人，使当时干部队伍严重不足的情况有了一定的缓和。

杭州解放初，全市有女工 12888 名，占全市工人的七分之一，她们是纺织和丝织业的基础。女工在接受了做国家主人翁的初步教育改造之后，积极参加了具有启蒙性的政治运动——反对银元贩子的斗争。在生产上，纺织业的生产率比解放前普遍提高 10%—100%，丝织业提高了 15%—50%，对杭州解放初期的各方面的工作起了积极的促进作用。[1]

把职业妇女组织起来的方法有三种：一是由妇联促请各单位自行组织的，如女学生和部分女工；二是由妇联直接掌握发动组织的，如女医务工作者协会（后并入医务工会，归总工会领导），小教女职工等；三是由市民主妇联（筹）派人员帮助组织的，如女工最多的丝织业和纺织业。

其次是对家庭妇女的发动、组织。1950 年 4 月开始，民主妇联（筹）将工作重点转向家庭妇女的发动和组织工作上。当时杭州是一个中等城市，全市划分 8 个城区、5 个郊区，共有人口 535298 人，其中妇女 251490 人，家庭妇女有

1　曹正法主编，中共杭州市委党史研究室编：《探索之路——杭州市社会主义时期党史专题》，北京：中共党史出版社，2005 年，第 73 页。

156482 人，占总人口 29.4%，占妇女总人口的 62.2%。解放前家庭妇女过着没有自主的生活。有钱的，打麻将玩玩、打扮打扮，没钱的，自认命不好，对政治不闻不问，对共产党、解放军不了解、不认识。解放后，对于共产党的政策也很不了解，同时抱怀疑和观望的态度，加之国民党的谣言、帝国主义的经济封锁，因此，广大妇女思想混乱，怀疑共产党是否能长期执政。

面对家庭妇女的情况，民主妇联（筹）做了大量艰苦细致的工作，整个发动、组织、改造工作分为三个阶段。

1950 年 3 月至 1950 年 11 月是初步发动阶段，当时居民区的工作有了一定的基础。购买胜利折实公债和春节"劳军运动"及三八妇女节纪念活动，使家庭妇女有了初步的政治觉悟，激发了她们参加组织的要求，涌现出了一定数量的积极分子。在这个基础上配合区公所建立了三个城区的烈军属代表会议，为开展家庭妇女的组织打下了一定的基础。三八妇女节后，民主妇联（筹）首先以吴山路派出所为重点，开始建立家庭妇女联合会和支会，吸收会员。4 月 1 日成立了全市的家庭妇女联合会的筹备会，自上而下搭架子，开展全面的组织工作。到 6 月就建立了 35 个分会，发展了近 2 万名会员。通过发动，一般家庭妇女初步转变了对妇联的怀疑和轻视的看法，妇女纷纷要求入会。

基层家庭妇女联合会从会员制转为代表会议制是第二阶段。当时会员的人数虽然增加了，但要求家庭妇女经常过组织生活有很多困难，再加上领导机构不健全，会员入会流于形式，因此，根据全国妇联第三次执委扩大会议"关于妇女代表会议是组织妇女的最好形式"的指示，同时根据当时工作的需要（抗美援朝开始），决定转变民主妇联（筹）的基层组织为代表会议制度。从 1950 年 12 月开始，首先在中城区建立代表会议。到 1951 年 1 月全面开展整理，2 月份建立了 15 个代表会议。随着抗美援朝、镇压反革命等运动的发展，家庭妇女代表会议的组织也逐渐发展壮大。

第三阶段为整理巩固阶段。通过抗美援朝、镇压反革命两大运动，妇女觉悟提高了，特别是省妇联执委第三次扩大会议的传达，使家庭妇女明确了妇联的性质、任务和新中国的前途，从而使广大家庭妇女也找到了自己的前途。另外对以派出所为单位的代表会议感到反映问题和解决问题不及时，要求代表会议进一步发挥作用，使代表会议更深入一步。同时，市民主妇联（筹）也感到工作不够深入，对下面的情况不够了解，因此决定以居民区为基础建立代表会议的组织，分会不成为一级组织，而是代表区妇联执行权利与义务。到1951年全市上城、中城、下城三个城区分别建立了区妇女代表会议。三个城区和两个郊区的街道妇女，以派出所为单位建立了40个基层代表会议，共有代表3000余人，联系家庭妇女5万人，占家庭妇女8万余人的一半多，有代表小组（以居民区为单位）449个。到1952年年底，全市已有20余万妇女组织起来，约占妇女总人数的80%以上，全市建立了10个区妇联61个分会，有分会委员1945人，妇女代表11171人。[1]

1952年市妇联工作主要围绕整理基层组织（建立居民区妇女代表会）来展开，传达人代会会议精神，解决妇女生活困难。市妇联的基层组织起初是以派出所为单位，后来因为感到工作的不方便，就改为以居民区为基层代表会议，这样的基层组织更能实际深入联系群众。具体施行情况是，每一个城区首先以一两个居民区去作为试点来取得经验，然后在全市全面推广。截至1952年7月，上、中、下城区都完成了典型实验，上城区有3个分会全部建立了居民区代表会，共计1200名代表，委员170个。中城区则建立了2个居民区代表会，委员12人，代表49人，下城区也重点完成了6个分会的试验工作，而江干、拱墅也开始了解情况，着手进行建立妇女组织的工作。[2]

通过以上的方法，将妇女组织起来进行社会主义思想教育，提高妇女们的政治觉悟，确立主人翁思想，努力学习，培养爱祖国、爱人民、爱科学、爱劳动的热情，并学习革命基本理论，认识社会发展规律，认识目前形势与任务，确立革命人生观，加强劳动观念、群众观念，学习生产技术，成为新民主国家建设人才。同时，能更进一步的发动妇女群众，妇女们积极要求参加组织和靠近组织提高了代表和干部的信心，并发挥了积极性。如下城区大福清巷在建立了代表会议之后，在爱国卫生运动当中，代表会议副主任建立起临时托儿站，这个托儿站对开展工作起了很大的帮助，后来有11个居民区都组织了托儿站，收容儿童630个，直

1　曹正法主编，中共杭州市委党史研究室编：《探索之路——杭州市社会主义时期党史专题》，北京：中共党史出版社，2005年，第75页。

2　杭州市民主妇女联合会：《杭州市妇联1952年7月工作综合报告》，1952年，杭州市档案馆馆藏，档案号：J127-1-5.

接推动了爱国卫生运动的开展。[1]

将妇女们组织起来，提高她们的思想政治觉悟，有利于国家各项工作的开展。如新中国成立之初的油、布计划供应，妇女们都能认识到这是过渡时期必要的措施，同时对比了新中国成立前后的物价和人民生活，因此绝大多数的妇女都能服从油、布计划供应，许多妇女还能将节约下来的油、布票退回给政府，这是以前绝对没有过的现象。如拱墅区 5 万多人口，一个月退回了 1 万多张油、布票。在布票调剂中，也有许多妇女退回了布票。在子女升学问题上，开始时妇女中也有些混乱的思想，想要自己的孩子能够有学可上甚至出现了利诱、威胁等方式，经过一系列的教育、批判之后，许多妇女改变了自己错误的思想，表示愿意督促自己的子女好好学习来上好的学校。在劳动就业方面，越来越多的妇女愿意走出家庭去建设国家。如上城区城站妇女金阿香，新中国成立之前帮人家做佣人，新中国成立之后主动要求去工厂上班。在 1954 年经济建设公债认领中，居民们的认领数大大超过了计划分配数，上城、中城、下城三个区平均超过计划数的 4 倍，而拱墅区更是超过计划数的 9 倍，其中，妇女认购的数量占了 70% 左右，如拱墅区的妇女沈阿筱靠给别人洗衣度日，她说："我给别人多洗几件衣服，就能多一点公债，使国家建设得更好，我的子女就能生活得更好。"还有解放台湾的号召，也在妇女中产生了剧烈的反响，很多妇女在经过宣传教育之后，都表示要提高警惕，防止破坏分子的破坏，要以实际行动来支援解放台湾。

妇女们由于社会主义觉悟的提高，学习的积极性也随之提高。全市妇女1954 年上半年参加居民业余文化补习的共有 91081 人，占总数的 63%，全市参加职工业余学习的女工有 8089 人，占全市女工总数的 31%。更有 60 多岁的老奶奶戴着老花镜前去学习。工人家属华爱珍过去不识字，经过学习之后，已经有了初中的文化水平。又如上城区积极分子学习班，原计划招收 150 名学员，最后招了 180 多人。

由杭州女青年会办的妇女识字班也是妇女们学习的重要地方。这个妇女识字班新中国成立后开始办理，目的是扫除文盲，提高妇女文化，尤其是提高家庭妇

---

    1 杭州市民主妇女联合会：《杭州市妇联 1952 年 7 月工作综合报告》，1952 年，杭州市档案馆馆藏，档案号：J127-1-5。

女的思想觉悟。但是一开始实践起来困难很多，因为不识字的妇女保守思想很严重，不愿意出来学习，或是被家务所拖累，顾虑重重。因此，刚开始来读书的都是一些有文化基础的小姑娘，这与识字班办班的初衷相违背。后来又因为种种原因，人数越来越少。为了改善这些缺点及配合整个的扫除文盲运动，女青年会通过居民委员会发动不识字的妇女来参加学习。自 1950 年 8 月起，识字班请了 3 位专职教师进行分班授课，由于形势的发展，一般市民都纷纷要求读书，女青年会为了照顾一般家庭妇女的学习时间，自 1952 年开始将原先的夜班全部转为白班。[1]

经过妇女工作的思想教育，这些思想得到了批判。江干区南星桥某妇代会委员朱凤珍说："妇女人数多，对妇女群众进行任何的工作都是和国家建设分不开的，今后一定要妇女工作。"因此对妇女们进行国家总任务的宣传，就使得妇女们认识到自己与国家总任务之间的关系。

二、为抗美援朝捐献

抗美援朝运动开始时，不少家庭妇女思想混乱，崇美、恐美、亲美的思想严重，特别怕原子弹，怕惹火烧身，怕国民党再回来等等。有些群众甚至不敢参加会议，有些干部的工作积极性也低了。面对这种情况，民主妇联（筹）对广大妇女做了大量的教育工作，主要说明美国帝国主义为什么要侵略朝鲜，我们为什么不能置之不理及抗美援朝的前途怎样等。在教育的方法上采取上大课、漫谈、座谈等方法，并运用召开分会主任联席会、干部学习会等方式，对妇女干部进行教育。干部思想打通了，再普遍开展群众教育。广播晚会、代表会议和组织学习小组学习都是当时进行教育的方式、方法。经过教育，妇女们的思想觉悟得以提高，一般家庭妇女明白了为什么要抗美援朝，如何抗美援朝等问题，许多妇女开始投入到各种伟大的爱国运动中，如在救济朝鲜难民，慰问中朝部队工作中，她们以无比热爱和关切的态度去关怀志愿军战士。朝鲜战场上志愿军不断胜利的事实更加增强了

---

1   杭州市民主妇女联合会:《杭州女青年会民教部工作总结》,1954年,杭州市档案馆馆藏,档案号:J127-1-33。

一般妇女的胜利信心，她们自发地缝制慰问袋，慰问志愿军，至1952年，共计捐献慰问袋1957只、人民币4204800元、毛巾231条、手榴弹货金1191500元。[1]在参军运动中，涌现出很多的英雄妈妈，如蔡光鼓励自己的独生儿子参军。在元旦发动的家庭妇女参加抗美援朝大游行中，有个73岁的老尼姑，不顾自己的年纪也参加到游行当中去；还有的妇女从很远的地方赶来，坚持了12个小时，可见当时妇女群众情绪的高涨。通过元旦大游行，家庭妇女被发动起来，并结合当时的组织进一步深入抗美援朝的教育。在春节前后进行了拥军家属慰劳中朝战士、救济朝鲜难民等工作，在三八节前后进行了反对美军帝国主义的宣传活动，这些宣传增加了人民对美国的仇恨，知道了谁是朋友，谁是敌人。在这基础上发动了3万名左右的家庭妇女参加了"五一"大游行和捐献活动。杭县妇女积极响应"五一"大游行，妇女参加人数占总人数的24%，占全县妇女人数的34.5%。同时有22803人在团结和平的宣言上签了名；全县妇女积极捐献，如上泗妇女吴阿珍在送子参军之后，勤俭节约，省下7万元作为爱国捐献。与此同时，在杭州女学生中有2000余人报名参加军干校，在慰劳慰问志愿军伤病员中，像亲人似的对待伤病员，并赠送慰劳品1万余件，得到了军区后勤政治部"热爱人民战士"的锦旗一面。全市妇女把支援抗美援朝运动当成推动一切工作的动力。通过这些教育活动，初步肃清了恐美、崇美的思想。[2]

1950年，抗美援朝总会发出了"六一"三大号召：一是捐献飞机大炮，支援抗美援朝；二是制定妇女小组及家庭爱国公约；三是做好家庭妇女的福利和失业贫苦妇女的救济工作。杭州市的家庭妇女热烈响应了这一号召，掀起了一个捐献高潮。在6月9日至10日召开了杭州市家庭妇女代表会议，会议作了动员，进行了小组讨论，当场就有77位代表捐献了1045900元（旧币）、15只金戒指、4副金耳环和7两碎银，并向全省家庭妇女发出捐献"浙江号"战斗机1架的倡议。同时成立了全市家庭妇女爱国捐献委员会，各分会成立了爱国捐献小组，具体来领导、推动这项工作。在省市妇联组织的爱国增产捐献广播晚会上，有1万多名

1　杭州市民主妇女联合会：《两年来妇女运动的成绩》，1952年，杭州市档案馆馆藏，档案号：J127-1-4。

2　杭州市民主妇女联合会：《杭州市三年来妇女工作总结和今后任务》，1952年，杭州市档案馆馆藏，档案号：J127-1-4。

妇女参与了收听，当场捐献 800 余万元、金首饰 10 余件、银元 37 枚。又听了赴朝慰问团代表的报告，各分会召开委员会、代表会议、群众大会进行传达讨论，组织街头宣传，通过这些宣传教育活动，爱国捐献在家庭妇女中掀起了一个高潮，杭州市的家庭妇女全部投入这一爱国主义的实际行动中，纷纷订出捐献计划。像下城区武林路分会的妇女委员陈云玉，她已经 50 多岁，儿子也支援朝鲜参与铁路修筑，她为了抗美援朝早日胜利，捐出了存放 30 年的出嫁时的纪念品——银元宝。又如老军属汤书芳，已经快 70 岁了，为了保卫胜利果实，不但献出了自己的儿女，并且积极带头捐献，把自己最喜欢最珍贵的 2 个金戒指捐献出来用以购买飞机大炮。[1] 如棋星里的妇女委员 3 天时间内动员全体家庭妇女参加捐献，共计捐献了 1100 多万元，1 只金手表，3 只金戒指。

至 1950 年 7 月 20 日统计，30 个分会共计捐献人民币超过 10 亿元。湖墅第六居民区妇女们捐献 50 万元（旧币），金子 7.5 克。湖墅第八居民区为前线伤病员捐出 80 万元（旧币），杭州市上城区妇女捐献现金 435466.9 元。一位年已 70 多岁的老太太，每天靠糊火柴盒度日，她也主动捐了 2 万元。住在大井巷 77 号的吴阿大老太太已有 75 岁了，儿子在日寇统治时被拉去直到现在还杳无音信，一个人光靠讨饭过活，这次她主动向居民小组长表示态度说："我儿子是死在日本鬼子手里的，我恨死日本鬼子和美国佬，所以我捐献 5000 块钱，买飞机大炮献给人民志愿军打美国佬，不让那些野兽再来侵略我们。"居民小组长因为她生活苦想劝说她别捐，她却坚决地说："你们不能嫌我钱少，我一定要捐献的。"[2] 大家都被她的爱国热情感动了。如上泗分会的妇女们因为地处郊区，他们就组织了种植络麻来捐献，半年共种植了二分地，捐献 14 万元。中城区高市街银洞桥棚户组七号的 29 户人家，生活很苦，以拾破布为生，但是他们一听到捐献飞机大炮时，就很兴奋地说决定每天多生产 100 元来捐献。如劳动妇女周春仙，当她听到要捐献时，考虑到没有钱可以捐献，于是她把自己孩子的头发剃了换钱来捐献。又如大学教授家属洪芙英，当她一看到报纸上发表抗美援朝总会发出三大

1　杭州市民主妇女联合会编：《两年来妇女运动的成绩》，1952 年，杭州市档案馆馆藏，档案号：J127-1-4.

2　杭州市民主妇女联合会编：《上城区妇联三年来总结》，1952 年，杭州市档案馆馆藏，档案号：J127-1-3.

《当代时报》对杭州市家庭妇联举行代表会议响应捐献飞机大炮的报道

号召时，立马就决定捐款 50 万元，并且全家一起劳动每月节省 20 万元，到年底一共捐献 140 万元。新宫桥分会佑圣观路 17 号的曹师母将她每日节约下来的钱共计 8 万元缴到人民银行作为慰问志愿军的钱[1]，后来为了庆祝志愿军出国作战一周年，杭州家庭妇女提出了提早完成捐献任务的口号，如六部桥分会在 10 月底前就完成了半年的捐献计划 6000 万元，并超额完成 600 多万元。其他分会在 10 月之前也完成了总目标的 90% 以上，妇女们同时也表示会一直捐献到抗美援朝胜利为止。拱墅区妇女在抗美援朝捐献中发挥着巨大的作用，整个区妇女捐献 436 万元，这些家庭妇女捐献的数字，比起其他各界来讲可能不算大，但就她们来说，由于过去长期在反动统治之下，思想比较落后，加之大都没有生产来源，

1　杭州市民主妇女联合会：《上城区妇联六月份工作报告总结》，1952 年，杭州市档案馆馆藏。馆藏号 J127-1-7。

而今天能有这些成绩，说明新中国后，家庭妇女政治觉悟的提高，对自己祖国的热爱。[1]

在此过程中，涌现出很多的光荣母亲。花牌楼分会的一位妇女，已经有两个女儿参加了革命工作，在杭州市抗美援朝代表大会上，表示愿意让第三个女儿也参军。在这样光荣榜样的感召下，又涌现出浙大分会吴玉兰同意孩子参军的案例。她起初认为自己的孩子要参军的想法是错误的，进军校是对他的一种损失。后来经过妇联的宣传之后，改变了自己的想法，知道了没有安全的保障，孩子也不能安然地学习，便答应了孩子的要求。[2]

在拥军方面，过去人们都只是觉得在过年过节去象征性地慰问一下。自从进行了"六一"抗美援朝教育，妇女群众基本上树立起了烈士家属光荣的观念后，她们除了每逢节日去慰问、了解和帮助军烈家属外，在一些地区还组织了慰问队，她们经常帮助军烈属劈柴、挑水、看管孩子等。忠义巷有一位妇女帮助一位军属老太太洗了一条十几年没有洗过的棉被。虽然脏得一塌糊涂，但是她仍然洗干净并给老太太送回去。在一些特殊情况下，她们也会在金钱和人力上给予帮助，金钱巷的一位烈士的孩子生了急性脑膜炎，邻居的一位妇女急忙帮助他们找医生，并帮助他们解决经济上的困难。

三、参与新中国初期的各项建设

在杭州市妇联筹备会等的领导下，杭州市各阶层妇女积极投身于新中国成立初期的各项建设，如开展增产节约运动、参加土地改革运动、参与镇压反革命运动、参加"三反""五反"运动、参与爱国卫生运动、宣传贯彻《婚姻法》等，改造妇女、领导妇女为新中国建设服务。

1　杭州市民主妇女联合会：《拱墅区妇女情况简报》，1953年8月7日，杭州市档案馆馆藏，档案号：J127-1-7。

2　杭州市民主妇女联合会：《杭市家庭妇联一年来工作概况》，1951年，杭州市档案馆馆藏，档案号J127-1-4。

1. 开展增产节约运动

1950 年，为期 4 年的爱国增产节约运动开始。在恢复国民经济，争取财政经济基本好转的战略目标下，妇女们积极参加爱国增产节约运动。随着抗美援朝、土地改革与镇压反革命三大运动的不断进行，妇女的生产情绪不断提高，这对于保证整个增产节约运动的进行起了很大的作用，运动不但提高了妇女的社会地位，同时也证明了妇女有条件和男人一样参加活动和生产建设事业。同年，三八妇女节至五一国际劳动节期间，全市各纱厂在工会领导下，废除了新中国成立前遗留下来的侮辱女工的抄身制，规定了女工应有的产假，办起了消费合作社夜校、医疗、浴室，并且还改善了厕所卫生条件。女工们也认识到"过去做工为资本家，今天做工为自己"，她们积极参加生产竞赛，作出显著成绩。比如杭江纱厂 1950 年 11 月 20 支纱最高产量为 0.89 磅，而 1952 年就达到了 1.01 磅；麻纺厂布机车间，由 1 人看 1 台机，增加到 3 人看 8 台机，细纱车间从 1 人看 47 纱锭，增加到 1 人看 100 纱锭。第一纱厂布机车间，以 8 小时计算，生产率由新中国成立前 1 人看 1 台机提高到 1 人看 2 台机，1951 年推行新的工作法后，平均能看到 6 台，高的能看到 12 台。以缫丝来说，产量比新中国成立前增加了 4 倍，以丝绸来说，比新中国成立前增加了 6 倍。从节约的角度来说，如杭江纱厂摇纱车间女工阮水凤创造节约回丝工作法，每年为国家节约 1500 多万元。有 848 名女工参加学习先进工作法，占学习总人数的 84.1%。纺织女工在推广"郝建秀工作法"后，看锭能力一般从 400 锭增加到 500 多锭，平均产量和质量都有提高。缫丝女工一般从原来的只做 A 级，提高到 2A、3A，个别的达到 4A 级。1953 年全市女工中有先进生产者和先进工作者 200 多人，提拔当管理干部的有 154 人，其中 39 人当了厂长或副厂长。[1]

据统计，1954 年在杭州市的主要轻工业——纺织工业中，女工占了工人总数的 70%，成为生产战线上的一支主要力量。由于女工们忘我劳动和勤奋钻研，大部分女工都学会了"五一织布法""立缫工作法""郝建秀工作法"等先进经验，大大提高了劳动生产率，并涌现出许多生产模范、先进工作者和积极分子。在杭

---

[1] 杭州市民主妇女联合会编：《杭州市三年来妇女工作总结和今后任务》，1952 年，杭州市档案馆馆藏，档案号：J127-1-4。

州市第四届劳动模范大会上，就有女劳动模范 44 人，占总人数的 24.7%。这些女劳动模范在生产上有着优秀的成绩，女工余凤英的看锭率高达 752 锭，求实新布厂龚月娟则是 23 个月没有出现过一次坏布。[1] 1954 年中城区评选的 32 名劳动模范和县级生产中有妇女 16 人，占总数的 50%，如正昌布场女工祝水鹤一直热忱地对待劳动生产，遵守劳动纪律和操作规程，积极钻研技术，认真执行技术措施，主动帮助周围女工处理生产上的问题。全年 15 个指标全部完成，其中有 14 个指标是超额完成，在节约方面，她在该厂的节约标准上继续节约，平时爱护机器，做好机器的清洁工作。[2] 到了 1956 年，随着三大改造的完成，奋斗在各条战线上的妇女，劳动积极性再一次提高。杭州市棉纺织、丝绸业的职工有 60% 以上是女工。据 1956 年 6 月统计，棉织业 21 个厂上半年生产的产值比 1955 年上半年增加 21.9%，丝织业 89 个厂上半年生产的产值比 1955 年上半年增加 45.5%。这一成绩的取得和广大女工的辛勤劳动是分不开的，这些女工努力学习技术，认真推广各种先进经验，因此在生产上不断突破定额，创造新记录。1955 年度全市 904 名市级先进生产工作者中有 229 人是妇女同志，占总数的 25.3%。全市基层的妇女先进生产者共有 967 人。[3] 如公私合营福华丝绸厂立缫工王金梅连续三年全面超额完成国家计划，到 1956 年的第一季度，她的单位产量和品位已经超过了该厂 1957 年的计划指标。杭州棉纺织厂女工沈美和经常向劳动模范倪招第学习先进经验，把看台能力从过去 8 台提高到 10 台。[4] 占全市手工业工人总数 19.45% 的 3000 余名女手工业者，在妇联的组织下，生产热情也大大提高，如全国闻名的绸伞生产合作社，大多数是妇女，组织起来以前只有一半社员能按时完成任务，合作化以来显著提高。1956 年有 80% 以上的社员都能按时或超额完成生产任务。1955 年手工业工人中出现了妇女先进生产工作者 55 人，占先进生产工作者总人数的 10.27%。

---

1 杭州市民主妇女联合会：《杭州市民主妇联 1954 年工作和 1955 年任务》，1955 年 6 月，档案号：J127-1-26。

2 杭州市民主妇女联合会：《杭州市中城区民主妇女联合会一年来总结和今后任务》，1955 年，杭州市档案馆馆藏，档案号：J127-1-32。

3 杭州市民主妇联：《一年来妇女运动的情况和目前存在的问题》，1956 年 9 月，杭州市档案馆馆藏，档案号：J127-1-35。

4 杭州市民主妇联：《杭州市妇联关于一年来妇女工作总结及今后任务的报告》，1956 年 9 月，杭州市档案馆馆藏，档案号：J127-1-35。

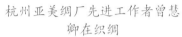

杭州亚美绸厂先进工作者曾慧
卿在织绸

杭州市临平全民棉纺针织厂

　　在农业上，农村妇女积极参加了以互助合作为中心的增产运动，成为农业生产上一支不可缺少的力量。在互助合作运动中出现了一大批妇女骨干，并选拔出女社长 10 人。1954 年雨季，郊区雨量过多，形成水涝，在紧张的防汛排涝斗争中，不少妇女被动员起来参加进来，弥补了男劳动力不足的困难，在农业生产中，妇女积极参加了施肥、除虫、除草等工作。[1]整个杭州市共有水稻 481600 亩，年产水稻 10000.9 万多斤，比上一年增产 10%，每亩产量平均为 397 斤半，而新中国成立前每亩稻田只有 234 斤。麻田 404300 多亩，年产量在 397000 多担，比上一年多产 17 万多担。蚕丝 23498 担，比上一年增产 2500 担，其他像水果、棉麻等也是丰收，农村普遍一片农忙的景象，农民都说这与中国共产党毛主席的英明领导是分不开的。同时这也离不开广大妇女同胞的努力，如留下区五常乡妇女主任唐香芝，在她的努力推动下，把全村的蚕用科学方法进行饲养，效果非常好，蚕不但生病少，而且不缺少桑叶，1955 年蚕丝产量平均每张 39 斤，最高 51 斤。艮山区一妇女种一亩麻田收 300 斤，第二年提高到 750 斤。[2]1956 年郊区农业合作化之后，广大农妇更加积极参加到农业生产劳动当中来，根据 276 个农业生产

　　1　杭州市民主妇联：《杭州市民主妇联 1954 年工作和 1955 年任务》，1955 年 2 月，杭州市档案馆馆藏，档案号：J127-1-26。
　　2　杭州市民主妇联：《杭州市艮山区市民主妇联 1955 年工作总结》，1955 年 11 月，杭州市档案馆馆藏，档案号：J127-1-32。

合作社统计，共有妇女劳动力 25113 人，占总劳动力的 43.1%，其中担任生产队长和社务委员以上的妇女干部有 777 人，妇女在农业生产战线上发挥了很大的作用，如五堡络麻生产合作社有女劳动力 242 人，80% 以上的妇女下地劳动，100% 的妇女参加了抢收抢种，妇女一般每年能做到 125 个工作日，最高的能做到 200 个工作日，大大地超过了农业发展纲要中提出的不少于 120 个工作日的要求。[1] 妇女们除积极参加田间劳动外，还努力搞副业生产，她们在养猪、鸡、鸭、鹅、蚕等方面贡献很大。妇女劳动力的发挥，还使得合作社可以把多余的男劳动力外出调做临时工，从而改善了社员生活，妇女的生产技术也有了很大的提高，如梅家坞过去妇女炒茶仅占 2%，据 1956 年统计已经达到了 46.3%。[2]

杭州郊区妇女采茶途中

1950 年余杭五常妇女试验田丰收

各界妇女都投入到增产节约的运动中，在各个不同的岗位上发挥了自己的智慧，广大工商业妇女经过资本主义工商业社会主义改造高潮的教育和锻炼，大多数都认清了社会发展规律，相信政府的政策，懂得了如何掌握自己的前途与命运，初步消除了怕过社会主义"关"的不安情绪，由留恋过去、怀疑将来，转变成安心现在、展望将来。同时还能鼓励自己的丈夫按期纳税，走国家资本主义道路，接受社会主义的改造。她们连夜剪喜字、做纸花，和亲人一起参加庆祝社会主义改造胜利游行，当中也出现了不少积极分子。她们积极地参加各种学习，1956

1　杭州市民主妇联：《一年来妇女运动的情况和目前存在的问题》，1956 年 9 月，杭州市档案馆馆藏，档案号：J127-1-35。

2　杭州市民主妇联：《一年来妇女运动的情况和目前存在的问题》，1956 年 9 月，杭州市档案馆馆藏，档案号：J127-1-35。

年上半年参加短期训练班的有 5 人，参加学习会的有 100 余人，参加普及工商界家属讲座的有 2300 余人。在学习会中还被评选出优秀学员 15 人，如余宝堂已经 58 岁了，学习却从未缺席，她认真听课，还被评为优秀学员。特别是通过全国工商业者家属与女工商业者代表会谈的传达，工商界家属们普遍受到了一次深刻的社会主义教育，共计听到传达的有 6150 人，占工商界家属总数的 95%，最高的拱墅区达到 98%，有的家属连续听了两三次，她们都感到对自己教育很深刻。所有这些都说明了妇女在国家建设和社会主义改造中是一支伟大的力量。而以上的成果与妇联组织的宣传工作是分不开的。妇联在妇女群众中宣传精简节约的政治意义，加强妇女在政治上、思想上的教育，帮助她们认识到新中国建设的方向。同时，动员家庭妇女以节约为主，反对铺张浪费，提出了"为了加强抗美援朝、积累资金、建设国家，我们要增产节约，增加爱国储蓄，转变奢侈腐化的作风，提倡勤劳朴素的作风"的口号，同时精打细算，在各方面节约，如化妆品、高级服装、迷信品尽量少用甚至不用，将省下来的钱进行爱国储蓄。[1]

2. 参加土地改革运动

1950 年 12 月下半月，杭州市农村土地改革运动在减租、生产、征粮等工作基础上开展。到 1951 年 4 月中旬，土改全部完成。在土改运动中，大多数的乡都建立了妇女会的组织，实行个人会员制。劳动妇女在土改运动中也同男人一样有权参加农村协会并分得一份土地。妇女在土改运动中能勇敢地面对面与地主斗争，揭发地主的罪行，有的还参加了土改工作队的工作，促进了土地改革的顺利完成。据市郊 22 个乡的统计，妇女参加农民协会的有 17565 人。以杭县为例，从全县首届妇女代表大会之后，全县妇女在土地改革运动中有了很大的进步，杭县妇女参加县农会的占总数的 27%，参加妇女会的占总数的 40%，妇女参加民兵的有 14000 人，参加青年团的有 565 人。[2] 全县没收了地主的土地 109700 亩，没收粮食 247 万斤，房屋 9400 余间，农具 258000 余件，有 194893 个农民分到了土地。

1　杭州市民主妇女联合会编：《市妇联一至四月工作计划》，1952 年，杭州市档案馆馆藏，档案号：J127-1-4。
2　曹正法主编，中共杭州市委党史研究室编：《探索之路——杭州市社会主义时期党史专题》，北京：中共党史出版社，2005 年，第 76 页。

土地改革运动彻底推翻了几千年来的封建土地所有制，使农村劳动妇女在政治上、经济上获得了第一次解放。

3. 参与镇压反革命运动

在1951年镇压反革命运动开始之前，家庭妇女便有了自己的组织，在公安派出所的领导下，在镇压反革命运动中起了一定的作用。但是在另一方面，由于在工作中普遍存在着盲目和被动，很多只是象征性的工作，很多妇女不知道下一步做什么、怎么做，在思想上也对政策表示不理解。如下城区竹竿巷派出所辖区的一部分妇女就反映说："反革命分子确实要抓，但是会不会抓错？会不会引起惊慌？"根据以上情况，首先要解决家庭妇联干部的思想问题，然后从干部到群众。根据工作的需要和发展，从上到下启用全市家庭妇联干部、积极分子会议，请公安局长作报告。经过两天的座谈，初步解决了对政策怀疑的思想问题，并通过会议，成立了杭州市家庭妇联镇反宣传委员会，宣布了今后工作计划。为了更进一步发动群众，照顾各地区的特点，又在上、中、下三城区中启用了妇女代表会议，把工作制度确立起来，推动镇压反革命运动的进行。[1]

通过一系列的会议，发动了妇女群众，提高了家庭妇联干部、妇女代表、妇女委员的觉悟水平、认识水平，如宝善桥301户第一次听报告时就有425人，连过去从来不出门的老太太也来听报告，三组工属李彩凤过去不愿意开会，但是这一次开会她一连写了5封检举信，还说："开会的确好，要不来开会，反革命分子在破坏我们的建设我们都不知道。"六组工人家属王士贞是一个童养媳，她也大胆地检举了曾经当过土匪的前夫。有时候一场会议下来可以收到检举信三四百封。涌金门派出所收到的2000多封检举信很多都是妇女写的，有的妇女写了检举信，但不知道被检举人住的门牌号是几号，就趁夜晚跑去查门牌号。忠清巷妇女马佩珍在政府的支持下克服了种种困难检举了一个强奸20多个幼女的流氓陈金元。[2]像上城区河坊街家庭妇联会涌金门分会反映，在派出所张副局长报告之后，再经过座谈改变了对政策怀疑，工商联分会副主任委员张师惠说，在未听报

1　杭州市民主妇女联合会编，《杭州市民主妇联关于协助政府镇反工作的报告》，1951年，杭州市档案馆馆藏，档案号：J127-1-4。

2　杭州市民主妇女联合会编：《市妇联第三季度工作总结》，1955年，杭州市档案馆馆藏，档案号：J127-1-27。

告之前，一个反革命分子的家属来她这里哭诉，虽然政府公布了罪状，他仍然对此抱有怀疑，一直到听了张局长的报告，才把怀疑都打消了。她说："这下我相信人民政府是不会乱抓一个人的。"[1] 又比如中城区青年路分会副主任委员孙维洁，在未收听报告之前，她对政策不了解，又加上自己过去多多少少和国民党有些联系，并且她的两个姑娘还在台湾，因此导致了她常常惊慌失措日夜不安，但是听了报告之后，再经过座谈，回去后不但积极工作，而且经过她的宣传，把她身边一些因对政府不了解而惊慌的人的情绪都稳定下来了。又如在各区的家庭妇女代表会议上镇反宣传委员会有重点地分析和批判了"仁慈观点"，在此之后，妇女们普遍提高了认识，像上城区的会议上一个代表就说："这些分析批判像一面镜子，照见了我们自己的缺点，我们一定要好好改正。"下城区海狮沟分会主任委员、60 多岁的军属汤老太说："这好比是一帖良药，把我过去落后的毛病都治好了。"[2]

同时，各界妇女大力协助公安部门进行镇反宣传教育工作、检举工作的重要力量，如通过各界的妇女代表会议，具体布置了工作，再经过宣传，妇女们工作情绪高涨，一个星期的时间内，中、下两个城区据不完全统计，已有十五六个分会传达了会议精神，运用各种形式对广大的群众进行了宣传教育，大力调查了解反革命家属情况，并且在下城区的妇女代表会议上，就有分会副主任委员来谈她自己的一个朋友用宗教为掩护进行反革命活动的情况。刚开始她还有一些顾虑，但是经过劝谈之后，她表示，她会进一步了解和揭露他们的罪行。上城区涌金门分会也有人坦白说她过去曾经参加过三青团反动组织，但是经过教育之后她表示会痛改前非。其余如健康路分会对反革命家属进行深入了解。总之，通过这些会议，妇女代表们都明白了镇压反革命运动的重要性。

在 1951 年镇压反革命运动中，市民主妇联（筹）专门召开妇女干部会议，宣传镇反政策，号召各区家庭妇女代表会议学习《镇反条例》，成立家庭妇女镇压反革命宣传委员会，并且组织妇女参观反特图片展览，参加控诉会、公审大会等。妇女们觉悟提高了，勇敢地参加夜间巡逻，协助公安部门取缔一贯道、管制

1　杭州市民主妇女联合会编：《上城区妇联三年来总结》，1952 年，杭州市档案馆所藏，档案号：J127-1-7。

2　杭州市民主妇女联合会编：《下城区三年来妇女工作总结》，1952 年，杭州市档案馆馆藏，档案号：J127-1-7。

反革命分子，登记反革命财产，教育反革命分子的家属。

4. 参加"三反""五反"运动

"三反""五反"运动是 1951 年底到 1952 年 10 月，新中国在党政机关工作人员中开展的"反贪污、反浪费、反官僚主义"和在私营工商业者中开展的"反行贿、反偷税漏税、反盗骗国家财产、反偷工减料、反盗窃国家经济情报"的政治运动。1951 年底，杭州刚刚开展"三反""五反"运动时，一般妇女根本不懂什么是"三反""五反"，部分妇女对运动抱着漠不关心的态度，就是知道不法工商业的存在，也持"多一事不如少一事"的态度不愿举报，因此该项运动开展没多久就在群众中造成了负面的心理。

1952 年 2 月 4 日召开全市家庭妇女代表会议，会议旨在整顿训练妇女的心态。会议以座谈会的形式举行，确保会议精神传达到每一个妇女代表。到 2 月 21 号为止，如下城区共举行大小会议 1933 次，受到教育的妇女有 93808 人，70% 以上的妇女受到教育，中城区举行大小会议 280 次，有 21278 位妇女受到教育。通过这样的宣传，广大妇女都认识到，"三反""五反"运动的重要性和必要性，以及妇女解放的关系，尤其是听到不法奸商暗害志愿军，以及不法资本家所偷税款可以办几个工厂时，更是激起大家的愤恨，纷纷要求政府惩办奸商，其中有一个妇女说："不法奸商抽我们的筋，扒我们的皮，吸我们的血，一天不肃清他们，我们一天无法安宁。"连一个从不参加学习的 77 岁老太太也说："我年纪虽大，但是我也知道不法奸商的害人行为，我一定要检举他们。"如此一来，广大妇女的积极性被调动起来了，她们从漠不关心到积极参加"三反""五反"运动。

在此之后，杭州市趁热打铁，进一步深入宣传，这一次重点在于打消妇女们对于检举坦白的顾虑。妇女认识到"三反""五反"运动的意义之后，还是有些顾虑，除了一般宣传照样进行之外，着重加强对老板娘、女佣工及店家家属的教育，各区召开类似老板娘座谈会，对老板娘讲清政策、指明道路，打消顾虑。对职工、店员家属则是揭穿资产阶级的邪恶面目，让其划清敌我界限，打消顾虑，大胆检举。

经过宣传动员之后，妇女的觉悟程度普遍提高，开始普遍动员和检举亲属坦白运动，据下城区不完全统计：在 3 月份内，妇女共检举了 2774 件，像妻子检举丈夫，女儿检举母亲，母亲检举儿子，媳妇检举公公、婆婆的例子数不胜数。如上城区琵琶街女佣工毛林花一人检举东家不法行为 18 件，并且推动了另一位女佣工打消顾虑，检举其他案件 2 件。杭州市在"向毛林花学习"的口号下，展开了检举不法东家的高潮，仅上城区一个居民区统计，有 10 个女佣工检举东家不法行为 40 多件。

高级职员家属周文良一人检举 50 多件，中城区分会妇女干部陈冠芳一人检举 7 件，并推动一个居民区的妇女检举不法行为 410 件，中城区马市街分会郭阿多检举自己婆婆偷了 10 罐酒的税，中城区湖滨路派出所妇女何健德是华通电料行老板的外甥女，一向是依靠舅舅过活的，怕检举失去生活来源，经过激烈的思想斗争，终于检举了舅舅的不法行为。[1] "三反""五反"运动打击了官员、无良商贩官商勾结的嚣张气焰，也为接下来的社会主义建设奠定了一个良好的社会政治环境。

5. 参与爱国卫生运动

新中国成立初期，中国的社会医疗卫生条件仍然十分落后，许多人民缺少基础的医疗设施，人均寿命不到 40 岁，这对于保卫胜利成果和新中国的建设十分不利。于是当时中共中央在全国范围内发动了一场预防和减少疾病、保护人民健康的爱国卫生运动。

1952 年，杭州市行政会议进行了爱国卫生运动动员报告，紧接着市妇联召开了各区妇联主任会议，动员布置建立妇联爱国卫生运动委员会，吸收各区妇联主任参加，各派出所也成立了分会，并且召开代表会动员广大妇女积极投入这一运动。刚开始时有些妇女持不同的态度，有的认为不讲卫生也没有什么毛病，也有认为这是上级号召，不做不行，但对于能不能做好没有信心。对此市妇联进行了大量的广播和大小会议的宣传动员工作，大多数妇女都改变了对爱国卫生运动看法，认为清洁卫生是好事情，能够减少疾病。而正是这些妇女在运动推进过程中起了十分重要的作用。

截至 1952 年底，上城区妇女儿童共消灭苍蝇 26 万多只，老鼠 2700 多只，

1　杭州市民主妇女联合会编：《杭市妇女参加"五反"运动工作总结》，1952 年，杭州市档案馆馆藏，档案号：J127-1-8。

上城区城头巷消灭蛆 2600 余斤。拱墅区消灭 11 万多只苍蝇，捕捉老鼠 188 只，消灭蚊子 3 万多只，臭虫近 2 万只。中城区消灭了 53 万多只苍蝇，蛆 15 斤，老鼠近 2000 只，另外消灭跳蚤 210 只，蚊子 14469 只。同时，为配合卫生运动的开展，市妇联还成立卫生小组、抽查小组、宣传小组，利用漫画和黑板报等方式进行宣传，在大扫除时组织互助组，专门帮助烈军属和孕妇、病人、没劳动能力的人来打扫清洁，如中城区上石板巷的军属王学贵患有很严重的疾病，不能起床，互助组得知情况之后，主动上门帮其打扫，不但将其所有家具刷净，而且将病人抬下来，打扫床铺，洗刷被子。又如上城区城隍山一位老太患有肺病，互助组主动上门帮助她打扫干净，并且帮她消毒杀菌。[1]杭县妇女也是爱国卫生运动的一支强大的主力军，全县据不完全统计，总计有 39037 人参加了活动，其中大部分都是妇女同志。如崇贤乡妇女共消灭害虫 37 万多只，有力地推动了爱国卫生运动的进展。[2]

6. 宣传贯彻《婚姻法》

1950 年 5 月 1 日，中央人民政府颁布了《中华人民共和国婚姻法》（以下简称《婚姻法》），废除了封建的婚姻制度，实行了男女婚姻自由，有效地推进了妇女的解放。

杭州很早就开始对新《婚姻法》进行宣传教育，如笕桥街道在 1950 年 10 月就开始宣传《婚姻法》，但是由于干部认识不够，没有重视起来，没有起到预期的宣传效果。到 1951 年 11 月开始大力宣传，结合当时的中心工作，举办各类会议，大张旗鼓地把《婚姻法》推广到广大的农村地区去，由妇女联合会、青年会团员、宣传员、学校等配合起来向群众宣传教育，用新旧对比各种生动的实例让群众认清新旧婚姻的好坏，又在区妇联筹备委员会上布置乡镇干部向妇女大力宣传《婚姻法》。经过宣传，妇女干部共 3500 人左右知道了解《婚姻法》，全区 16 岁以上男女群众知道《婚姻法》的有 8000 人以上，群众对《婚姻法》一般反应都是良好的，都说《婚姻法》是人民政府的好政策。男女可以双方自由恋爱结婚，共同劳动共同生产，家庭也不会吵架，可以全心全意扑到生产上去。在婚姻调解工

1　杭州市民主妇女联合会编：《杭州市妇联 1952 年 7 月工作综合报告》，1952 年，杭州市档案馆馆藏，档案号：J127-1-4。

2　杭州市民主妇女联合会编：《杭县三年来妇女工作总结》，1952 年，杭州市档案馆馆藏，档案号：J127-1-4。

作上，1951年共计受理案件338件，在对群众思想教育上、生产工作上起了一定的作用，如第一纱厂女工张红梅在新《婚姻法》的法律框架下解决多年没有解决的婚姻问题，抛开了影响她多年的思想包袱，解除了困扰她多年的封建束缚，她也由不安变为安心，从而更好地投入生产建设当中去。[1]

1953年，在杭州市委和市妇联的联合组织下，在当年三八妇女节来临之际在全市进行了一场贯彻《婚姻法》的宣传运动，意在让新的《婚姻法》家喻户晓，人人皆知，使全市人民均在此运动中受到《婚姻法》的教育。具体方法例如请省市负责人撰写社论、专论，请群众组织深入到居民之中进行讨论、座谈、组织《婚姻法》宣传队，在每个区里组织2个宣传队，重点部署在农村、居民区、茶馆、酒肆等群众聚集的地方进行宣传。[2]

经过1953年杭州市贯彻《婚姻法》运动及以后的宣传，广大民众对婚姻问题的处理已经提高了认识，因此离婚率、虐待妇女及其他婚姻犯罪、婚姻纠纷有了显著的减少。据杭州市的统计：全市1955年第一季度的离婚案件较1954年同期减少了15.7%，1955年第一季度婚姻纠纷的案子较之1954年同期减少了4.2%，1955年第一季度其他婚姻犯罪的案子较之1954年同期减少了33%。对已发生的婚姻案件，坚持以社会主义的思想原则来进行调解、处理。如浦江县革命军人家属吴小芳，因其丈夫在新疆多年，思想发生变化，与他人同居，生有一子，后丈夫来信要求其去新疆，随后浦江县法院及有关部门多次劝其前往但是她不答应，之后送去劳改9个月仍然不知悔改，于是由省妇联送交杭州市妇联处理。市妇联在了解她的思想情况后，对其进行了《婚姻法》相关法律知识的普及，向她说明了该种情况的利害之后，吴小芳终于同意前往新疆，并在当地部队积极参与生产建设，夫妻感情很好，并对杭州市妇联这样处理婚姻案件的方式表示了感谢。[3]

过去青年男女的婚姻完全被家长所操控，几乎没有一件婚事不是在包办、强迫、买卖的封建婚姻制度下办成的，尤其是童养媳风气大盛，这是封建买卖包

1　杭州市民主妇女联合会编：《两年来妇女运动的成绩》，1952年，杭州市档案馆馆藏，档案号：J127-1-4。

2　杭州市民主妇女联合会编：《杭州市大张旗鼓宣传贯彻婚姻法初步意见》，1953年，杭州市档案馆馆藏，档案号：J127-1-9。

3　杭州市民主妇联编：《杭州市民主妇联1954年工作和1955年任务》，1955年6月，杭州市档案馆馆藏，档案号：J127-1-26。

1955年杭州市中城区办理的结婚证

办婚姻必然的结果，因为领童养媳省钱，童养媳又服帖。自从大力宣传《婚姻法》以后，首先得到青年男女的欢迎。而年纪大一些的长辈们只是认识到新法结婚省钱，这是很肤浅的认识。宣家埠井家村高荣春和杨文珠用新式婚礼结婚时有200多人参观，一般都说人民政府领导真好，省钱又实惠。从前结婚新郎新娘都不见面，现在不但当面谈过，结婚时连全乡都晓得。经过这次典型的新式结婚之后，好儿对青年男女主动要求举行新式集体结婚。

还有以前要坐花轿、要彩礼的现在一概不要，还有确实经过恋爱再结婚有了较为深厚的感情基础，有利于婚后生活的和谐。《婚姻法》的颁布很好地保护妇女、儿童的合法权益，对摧残幼女、虐待妇女、歧视子女的不法行为也进行了有效的制裁。

第三节　毛泽东与杭州妇女运动

一、毛泽东的妇女"半边天"思想

毛泽东的妇女解放思想继承了马克思主义妇女学说的基本内涵，认识到生产力发展对妇女解放的决定作用。早在 1940 年，毛泽东就在给中央妇委的指示信中强调了妇女在参加生产和发展经济中的伟大作用。

1949 年中华人民共和国成立后，党继承发展了新民主主义革命时期开展妇女工作时积累的丰富经验，并随着时代变化而不断创新。在党中央的坚强领导下，中国妇女解放运动开始依靠国家层面和制度建设来推动。1950 年 1 月 21 日《中华人民共和国婚姻法》草案出炉，呈送党中央审查，又经过数次讨论修改，于同年 4 月 13 日由中央人民政府委员会第七次会议通过，4 月 30 日经中央人民政府主席毛泽东发布命令，自 5 月 1 日起公布施行。这部《婚姻法》开宗明义规定："废除包办强迫、男尊女卑、漠视子女

毛泽东：全国妇女起来之日，就是中国革命胜利之时，《新中华报》1939 年 7 月 25 日

毛泽东有关妇女运动的题词

利益的封建主义婚姻制度。实行男女婚姻自由、一夫一妻、男女权利平等、保护妇女和子女合法利益的新民主主义的婚姻制度。""禁止重婚、纳妾。禁止童养媳。禁止干涉寡妇婚姻自由。禁止任何人借婚姻关系问题索取财物。"《中华人民共和国婚姻法》的实施，标志着中国妇女开始在人格上真正实现了独立。1950 年 6 月 30 日，毛泽东签署命令，中国人民政治协商会议第一届全国委员会第二次会议提出的《中华人民共和国土地改革法》（以下简称《土地法》）草案，也经中央人民政府委员会第八次会议讨论通过，自 1950 年 6 月 30 日起公布施行。该《土地法》规定"废除地主阶级封建剥削的土地所有制，实行农民的土地所有制"，保障妇女拥有生产资料的权利。1953 年 2 月中央人民政府委员会通过的《中华人民共和国全国人民代表大会及地方各级人民代表大会选举法》，是新中国成立后我国颁布的第一部选举法，广大妇女拥有正式的选举权和被选举权。1956 年三大改造的基本完成标志着妇女解放运动开始纳入社会主义国家运作体系，妇女事业的发展成为我国社会主义事业发展中不可分割的组成部分。党和国家从政治、经济、文化和社会制度层面分别就妇女的参政议政、经济独立、文化水平和妇联组织上协调推进"男女平等"的实现。

以毛泽东为主要代表的中国共产党人，在对马克思主义妇女学说的创造性继承、创新性发展中留下了许多宝贵经验。在此基础上提出了"妇女能顶半边天"的口号，毛泽东系统分析了妇女受压迫的深层次原因和中国妇女实现解放的有效途径，重视发挥农村妇女在革命中的作用。他特别重视婚姻制度的变革，重视文化教育、改造妇女思想观念，提出用法律保障妇女权益，选拔培养女干部和发展女党员等等。这些论断不仅延续到新中国成立之初，而且迄今也发挥着重要指导作用。

"妇女能顶半边天"是新中国成立初期妇女解放运动的主旋律。毛泽东在领导边区群众进行生产革命时就曾指出："自己动手，丰衣足食。"在社会主义国家建设初期，新中国妇女继续发扬自立、自强、积极向上的精神，妇女的社会责任感及使命感充分增强。1953年6月，我国在社会主义过渡时期充分激发了劳动妇女的热情，她们积极参与到农业、手工业和资本主义工商业三大改造中，为解放和发展生产力、公有制代替私有制和社会主义制度的确立作出了突出贡献。1956年9月中共八大以后，党和国家社会主义建设总体形势前期是好的，但后来出现了曲折性发展，党的妇女解放思想在这段时期认为，妇女是一种伟大的人力资源，男人可以做到的，女人同样可以做到。广大妇女投身国家建设的热情持续高涨，"妇女能顶半边天"肯定了中国妇女与男性平等的社会地位和人生价值，使得妇女同男性一样成为生产资料的占有者。新中国成立初期的女职工总数十分可观，妇女就业率在全面建设社会主义时期逐年上涨。许多杰出妇女在各行各业脱颖而出，如在科研领域、文化教育、体育卫生等事业中成为佼佼者，她们做到了以前根本无法想象的丰功伟业。毛泽东指出，要坚持人民群众创造历史的伟大真理，要纠正党内外和社会某些领域存在的歧视妇女的错误思想，同轻视妇女解放的消极观念作斗争。这有效地将妇女从家庭的禁锢中动员起来，开拓了妇女的眼界和胸怀，使她们以进步的阶级观念和革命意识代替狭隘的家庭血缘观念。虽然这种极致性的解读具有鲜明的民族特性和强烈的时代色彩，但也恰恰反映了当时社会条件下党和国家致力于塑造革命理想主义和英雄主义为信仰的社会主义新妇女，不仅赋予了妇女与男性平等的政治经济权利，而且注重全方位改造妇女的思想观念、婚姻家庭、社会结构等各个领域，对于妇女解放运动的开展起到了巨大的精神推动作用。

在社会主义建设时期，毛泽东认为发动妇女参与生产活动对建设伟大的社会主义社会具有极大意义。[1] 一是合理运用妇女劳动力，提高妇女参加劳动的热情。妇女社会地位变化由她们在生产力发展中的地位和作用所决定，要使新中国妇女积极投身生产劳动与社会主义建设，就需要解除她们各方面的束缚。早在延安时期，针对一部分妇女还没有"放脚"的现实，毛泽东就于陕甘宁边区会议上要求用宣传和强制两种办法使她们"放脚"。新中国成立初期，国家颁布一系列条例对妇女经期、孕期、产期、哺乳期等进行了必要的劳动保护。在提高妇女参加劳动热情方面，党的妇女解放思想还注重消除重男轻女观念的影响，真正执行男女同工同酬。根据妇女劳动力特长实行分工就业，根据妇女生育特点酌情分配较轻的体力劳动。二是正确处理社会劳动与家务劳动的关系。受传统的"男主外、女主内"观念影响，家务劳动多数是妇女承担，这与社会劳动必然产生矛盾，妇女很难驾驭两项劳动相互间的平衡。由于生产力水平的制约，家庭劳动并未减轻，妇女既要承担家务工作又要承受社会劳动生产实践。这在当时舆论中引起了两种截然不同的观点：妇女回家论和摆脱家庭论。毛泽东认为，实现妇女真正解放的首要条件是妇女参加社会劳动来推动生产力水平的提高，他坚决反对妇女回家论。也就是说，妇女要想获得彻底解放，先进的制度保障和物质基础是不可或缺的，而物质生产资料的积累与提高生产力水平息息相关，这就需要全体中华儿女为之奋斗。新中国建设迫切需要大量劳动力，最大限度地动员妇女群众参加生产已成为当务之急，而托儿组织和公共食堂等集体福利事业的兴办，客观上解放了妇女劳动力。三是动员妇女参与国家建设并发挥作用。在土改运动中，新政权赋予妇女参加土地改革以实现自身解放的权利，党充分发动妇女群众参与土改以及生产劳动，并使她们同男性一样分得土地和相应的生产资料。新中国成立初期力度较大的妇女动员当属"大跃进"运动，自 1958 年起，我国农村妇女以空前规模投入到各条生产建设战线，造就了中国妇女解放史上宏伟壮观的一幕。人民公社化

1　中共中央文献研究室编：《毛泽东文集》第 6 卷，北京：人民出版社，2004 年，第 452 页。

运动在妇女解放中也曾占据重要意义，被视为"根本道路"，从当时发表在《中国妇女》的一篇署名文章便可窥探到那段历史时期的"伟大情景"，诸如广大妇女从家务劳动中解放出来，无牵挂地参加生产和学习，妇女有了提高文化水平的有利条件等论述。应当承认，被动员起来的新中国妇女一改几千年被排除在公共生活和政治生活之外的处境，成为计划经济时代最为活跃的主力军。

二、《五四宪法》写入男女平等内容

1949 年 9 月 21 日，中国人民政治协商会议第一届全体会议在北平中南海怀仁堂隆重开幕。会议代行全国人民代表大会的职权，于 9 月 29 日通过了具有临时宪法性质的《中国人民政治协商会议共同纲领》，其第六条规定"中华人民共和国废除束缚妇女的封建制度。妇女在政治的、经济的、文化教育的、社会的生活各方面，均有与男子平等的权利，实行男女婚姻自由"，这是中华人民共和国成立前夕临时根本大法有关"男女平等"的规定。

自 1949 年新中国成立到 1953 年的 4 年时间里，新中国在全国范围内基本完成了土地改革、工矿企业民主改革以及其他各项社会改革，胜利地进行了抗美援朝、"三反""五反"运动和知识分子思想改造运动，镇压反革命分子，肃清了残余土匪，采取各种正确的经济政策，争取国民经济的根本好转，人民生活有了初步改善，大大巩固了人民民主专政的国家政权，并开始拟订国民经济建设的第一个五年计划。为此，中央人民政府委员会认为召开全国人民代表大会条件已经具备，决定于 1953 年召开由人民普选的方法产生的各级人民代表大会，并在此基础上召开全国人民代表大会，制定宪法。其实早在 1952 年 12 月 24 日，全国政协常委会举行扩大会议，一致同意中国共产党的建议，决定由全国政协向中央人民政府委员会建议，根据《中央人民政府组织法》第 7 条第 10 款的规定，筹备召开全国人民代表大会和地方各级人民代表大会，并制定中华人民共和国宪法。

1953 年 12 月 24 日，中共中央政治局召开扩大会议，为避开繁忙公务，决定让中共中央主席毛泽东休假一段时间，这期间由中央人民政府副主席刘少奇代替毛泽东主持中共中央工作，毛泽东则集中精力着手起草《中华人民共和国宪法草案》。会上根据毛泽东的提议，中共中央指定了一个宪法起草小组，成员有陈伯达、李维汉、胡乔木和田家英等，由毛泽东亲自挂帅，并以政务院内务部为主组成宪法起草办公室，收集相关材料。

在中央政治局扩大会议结束后的当天下午 4 时，毛泽东即率领宪法起草小组的主要成员陈伯达、胡乔木、田家英乘上了南下专列，离开北京前往杭州。在随行的人员中，还有负责毛泽东在杭的事务性工作和与在北京的刘少奇、周恩来等中央领导联系的中央办公厅主任杨尚昆，负责毛泽东保卫工作的公安部部长罗瑞卿和中央警卫处处长汪东兴，负责机要工作的叶子龙等人。

1953 年 12 月 27 日凌晨，宪法起草小组一行的专列到达杭州时，时任浙江省委书记谭启龙、浙江省委常委兼省人民政府副主席李丰平、浙江省公安厅厅长王芳等前往车站迎接。出站后，毛泽东一行乘上早已准备好的几辆红旗轿车，沿着杭州环城东路、解放路往西湖行进。在车子开到南山路时，毛泽东看到西湖如诗如画的夜景，心情也顿时轻松起来，还向坐在身边的人讲述柳浪闻莺、雷峰塔、三潭印月等景观的小故事。

之后，毛泽东一行人入住刘庄 1 号楼。刘庄，即西湖国宾馆的前身，位于西湖西南湖畔、丁家山南麓，为晚清广东香山人刘学询所筑。因为刘庄一面临湖、一面靠山，环境幽静，空气清新，而且与杭州城隔湖相望，一般人都不会去，保卫工作比较好做。为起草新中国第一部宪法，杨尚昆、叶子龙等在刘庄毛泽东房间里和 84 号大院的临时办公室里摆放了从北京带来的许多国家的宪法中译本，以供毛泽东阅读。毛泽东有时还在书上作了批语或画了红线，并转交给陈伯达、胡乔木和田家英这三位起草成员看。他认为制定本国宪法，参照别国宪法和中国历史上有过的宪法是完全必要的。他要求宪法起草小组认真学习和比较世界上各种类型的宪法，吸取人类的共同文明成果为我所用。[1]

1954 年 1 月 7 日，在杭州南山路 113 号召开的宪法起草工作会上，毛泽东首先提出了起草的指导思想和编写原则，他说："宪法是一个国家的根本大法，从党的主席到普通老百姓都要遵守，这个规矩要立好。我们社会主义的宪法，一

1　李林达：《情满西湖——毛泽东在浙江纪实》，北京：中央文献出版社，1993 年，第 5 页。

要坚持人民民主的原则，二要坚持社会主义的原则。在具体条文上又要体现原则性和灵活性的统一，要简单、明了。"1954 年 1 月 10 日，毛泽东又主持宪法起草小组"关于制订宪法工作计划"的会议。1954 年 1 月 15 日，毛泽东将《关于制订宪法的工作计划》电告在京的刘少奇及中央各同志，并给中央政治局委员及在京中央委员开列了五类宪法名录，毛泽东在信中要求他们抽时间阅看，为讨论宪法草案做准备，以博采众长，为我所用。

在毛泽东的主持下，新中国宪法起草工作进展顺利。1954 年 2 月 17 日，毛泽东和宪法起草成员就写出了《中华人民共和国宪法》（初稿）。毛泽东当晚10 时亲笔给刘少奇和中央书记处同志写了一封信，并派机要人员张一平于次日将宪法初稿和信急送北京。

1954 年 2 月 20 日，刘少奇便召集在京的中央委员开会，对宪法草案的初稿进行了讨论。尔后，起草小组对初稿进行了两次修改，分别拿出了"二读稿""三读稿"，毛泽东又派人于 2 月 24 日、26 日送给在北京的刘少奇，由中央委员阅看。

1954 年 2 月 28 日至 3 月 1 日，刘少奇又两次主持中央政治局扩大会议，讨论并通过了"三读稿"。就这样，讨论、修改工作在南北两地分头同时进行：杭州方面，毛泽东主持起草小组一次次修改；北京城里，刘少奇召集中央有关人员一次次讨论。北京方面讨论一次，意见发到杭州，杭州方面就修改一次，然后又

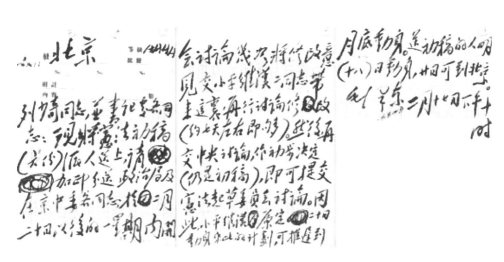

1954 年 2 月 17 日，毛泽东关于宪法草案初稿的讨论修改问题致刘少奇并书记处电

北山街 84 号 30 号楼边的平房——毛泽东在杭州主持起草《中华人民共和国宪法（草案）》办公地址

将修改稿传回北京。[1]

与此同时，中共中央决定由董必武等同志组成研究小组，并聘请周鲠生、钱瑞升为法律顾问，聘请叶圣陶、吕叔湘为语文顾问，对"三读稿"进行了认真仔细地研究修改。1954 年 3 月 8 日，中央政治局扩大会议通过了"四读稿"。

1954 年 3 月中旬，起草小组圆满完成宪法草案的起草任务，新中国第一部宪法在杭州初具雏形。毛主席亲自率领的宪法起草小组从 1953 年 12 月 27 日进驻杭州，至 1954 年 3 月 15 日离杭返京，历时 2 个月 18 天。

1954 年 9 月 15 日下午 3 时，中华人民共和国第一届全国人民代表大会第一次会议，在北京中南海怀仁堂隆重开幕，毛泽东亲自主持大会。在这天的会议上，刘少奇受中华人民共和国宪法起草委员会的委托，作了《关于中华人民共和国宪法草案的报告》。1954 年 9 月 20 日在全体大会上，出席会议的 1197 名代表对《中华人民共和国宪法（草案）》进行表决，结果得赞成票 1197 票，一致通过了第一部《中华人民共和国宪法》（以下简称《五四宪法》）。

《五四宪法》是新中国成立以后的第一部真正意义上的宪法，特别要说明的是《五四宪法》也是第一部将妇女权利明确纳入国家法律体系的宪法，特别是与之前的《共同纲领》相比较，对妇女权利的保护的专业性更强。具体来说在文本第 85 条明文确定了"公民在法律上一律平等"，这里的平等之于男女两性不仅是立法方面的，在当时也是为其他部门法的制定定下了调子。接下来，第 86 条赋予了我国年满 18 岁除精神病人和依照法律被剥夺选举权和被选举权的人之外

1　浙江省毛泽东思想研究中心、中共浙江省委党史研究室编：《毛泽东与浙江》，北京：中共党史出版社，1993 年，第 5 页。

的公民的选举权和被选举权。从广义上肯定了公民的权利范围，自然包括女性公民。

第96条的第1款则是切实明确了我国妇女在政治、经济、文化、社会和家族生活这五个方面的基本权利。而第2款更是特别指出妇女需要强化保护，意在突出强调保护弱势群体，是对《共同纲领》的继承。将妇女权利的保护以法律形式确定下来，这对于妇女们来说，是地位的一次巨大提升。以宪法这种最高形式来保护妇女权利，足以说明新中国对于妇女的尊重和认可。虽然中国经历了几千年的封建社会，对于妇女的歧视在新中国成立之后也常有发生，但是《五四宪法》的颁布给妇女权利的提升打下了良好的基础。[1]

当时参与妇女、儿童权益保护讨论小组的北京医学院教授严仁英，在其1954年发表在《科学通报》上的《宪法草案是妇女和科学工作者的鼓舞力量》一文中说道，中国与苏联虽然都是社会主义国家，需要的都是社会主义类型的宪法，但是中国与苏联的发展是不一样的，苏联宪法中只是单纯地罗列政府各部门与保护妇女权利的重要性，而因为我们的国家处于发展之中，我们的宪法会为了经济建设的需要而做出调整，所以我们的宪法需要从实际出发。同时文章还提到数千年来中国妇女受封建统治的压迫，处在毫无权利的地位。新中国成立后，妇女已经参加了各种劳动，在许多不同的工作岗位上，享受到与男子同等的待遇，妇女在家庭的地位得到婚姻法的保护，国家给妇女充分的受教育权利与其安全平等的政治权，这样就给予妇女广阔无边的发展前途。[2]

《五四宪法》较之苏联的宪法，确实要实事求是一些，妇女的权利在宪法的指导之下有所保障，选举权与受教育权被宪法肯定，家庭地位有婚

浙江干部群众庆祝宪法草案公布

1　安鸿铭：《我国妇女权利特殊保护法律制度研究》，硕士学位论文，甘肃政法学院法学系，2014年，第10页

2　严仁英：《宪法草案是妇女和科学工作者的鼓舞力量》，《科学通报》1954年第8期，第32页。

姻法的保护，怀孕妇女的工时也由政府限制，可以说《五四宪法》的出台，有效地激励了当时妇女的劳动积极性，对迅速振兴新中国国力是具有积极意义的，它勾勒出一个法治国家中男女平等的相互关系，为之后进行社会主义建设奠定了良好的基础。

三、毛泽东为"千鹤经验"写下按语

新中国成立初期，千鹤妇女在党的领导下，打破传统旧俗，投身于农业生产，倡导男女同工同酬，1955 年，建德县千鹤公社千鹤大队 80 多名妇女，打破了烧饭、洗碗、饲猪"老三步"的框框，参加了千鹤高级农业合作社，走出家庭小圈子，到田间去参加农业劳动。当时，各种阻碍妇女参加劳动的封建异端歪道邪说很多，如"妇女下田，没米过年""就是种出大米，煮成的饭也是不香"。但是千鹤大队的妇女不顾这些，毅然决然地加入到生产建设当中去。

作为"千鹤经验"的诞生地，建德县的妇女运动一直走在杭州市的前列。根据中共中央关于"个别试办，由少到多，分期分批逐步地发展，积极稳步地引导现有农业生产合作社向高级农业生产合作社过渡"的指示精神，1954 年 10 月，寿昌县试办了卜家蓬、小山村 2 个高级社，1955 年春，建德县试办了大路上、千鹤 2 个高级社。1955 年秋，寿昌县 2 个高级社合并，称卜家蓬高级农业生产合作社。到年底，建德县有 2 个高级社，入社农户 196 户；寿昌县有 1 个高级社，入社农户 251 户。千鹤高级农业生产合作社，共 77 户，有男劳动力 87 个、半劳动力 28 个、女整半劳动力 88 个。该社在半山地区，作物以水稻、玉米为主，番薯、小麦次之，有水稻田 320 亩、旱地 302 亩、山地 200 亩。

1955 年立夏以前，千鹤社的秧苗普遍发黄，有 20% 已经翻根，土肥原来计划 13 万公斤，只积起 4.5 万公斤。春花、田塍、田坎 80% 的草没有铲，水利没有修好，早熟作物没有种，烧饭柴火准备不足。经田间检查，发现这些问题以后，将这段生产作了具体安排，订出半月小段计划，共需 1667 个工。如果光靠男劳力是很紧张的，夏收夏种劳力就更成问题。为了完成这一小段的生产计划，该社发动大部分妇女参加生产。全社在 4 天内，收割油菜 105 亩（全部由妇女完成），烧好焦泥灰 2.8 万公斤，并在 15 亩自留地上播种苋菜、南瓜 1600 棵，屋边地上种下向日葵 55 株。另外，59 个妇女和儿童拔好猪草，可供全社 50 多头猪吃 7 天。[1]该社在发动妇女参加集体生产这件事上，主要做了两方面的工作：

一是通过教育使全体社员都认识到发动妇女参加生产是当前解决劳力不足困难最好的办法，算好"三本账"。首先算算生产劳力账。用摆出社内生产繁忙紧张、男劳力不足的状况，使男女社员都认识到发动妇女参加生产的重要性，克服男社员轻视妇女劳动以及妇女认为生产是男人的事等不正确思想。其次再算增产增收账。1954 年，原初级农业社每亩施了 230 公斤焦泥灰，得到增产。而有 1 户单干农民的同片田，由于少施了 3 次焦泥灰（其他肥料都一样），每亩少收 30 公斤。以这个实例进行教育，动员妇女开动脑筋，找寻肥源，结合搞好环境卫生，大量增积土肥，保证水稻、玉米、番薯等粮食的增产。最后算算自身发展账。教育妇女想想过去、比比现在、看看将来，号召妇女更加积极地参加农业生产。通过以上教育，提高了妇女对参加劳动的认识和信心。妇女们提出"天晴了，我们不光是烧饭、洗碗、喂猪老三步了"，"春天多积灰、秋收多打粮"。各小队根据社的计划，订出了在半个月以内，除了发动妇女完成割油菜的任务以外，还要求她们完成积焦泥灰 5.35 万公斤的计划。

二是帮助妇女解决实际问题。首先，帮助妇女合理安排时间和分工。男女社员之间的分工：男劳动力负责修水利、培育壮秧、耕油菜田、搞副业等技术活和重活；妇女负责积焦泥灰、割油菜、种早熟作物等较轻便的农活。女劳动力之间的分工：全社 88 个女整半劳动力，抽调 32 个割油菜，其余主要投入积肥和种植早熟作物，对于少数喂奶的妇女安排屋边干近活，部分力气好的青壮年妇女干远活。另外，家庭成员之间也进行分工，解决家务和田间劳动的矛盾。例如，该社妇女洪水花，五口之家。媳妇 22 岁，经常参加小队生产劳动；女儿 17 岁，除了负责拔猪草以外，还参加割油菜、积肥；自己 50 多岁，在家烧饭、洗衣、喂猪，有时候放牛，并且替别人带一个小孩；丈夫和儿子参加小队田间劳动。其次，执行男女同工同酬，合理评工记分。该社各小队原来是采取死分活评的。妇女过去

1　《发动妇女投入生产，解决了劳动力不足的困难》，《浙江农村工作通讯》第 60 期，1955 年 5 月 24 日。

下地劳动的千鹤妇女

一般只评上 4、5、6 分，男的一般评 10 分。妇女的工分不合理，而且积焦泥灰，从事副业生产都采用折价卖给小队的办法，不记工分，不能参加秋收分红，加上折价不合理，影响了妇女的生产积极性。积焦泥灰，原来确定每 50 公斤记 0.15 元（后调整为 0.22 元），部分妇女不愿积，说"我们做死也分不到增产粮"，社领导对于这些问题及时作了研究和修正。有位女社员原来不愿订积肥计划，工分调高以后，第二天天不亮，就去挑草皮烧焦灰。以前工分是设在丈夫名下，改革工分制度后，设在妇女自己名下。第三，解决妇女参加生产中的特殊困难，有重点地在一、二、三生产小队中试办托儿组。3 个小队共有 16 个小孩，由婆婆带的有 4 个，12 个小孩需要寄托。除了向妇女宣传参加生产的重要性和组织托儿组的好处外，还向保姆进行带好孩子也是为了生产、也是光荣劳动的教育。按照互利原则，由妇女和保姆双方协商，解决带孩子的报酬问题。具体分为五类：1—2 周岁最难带的，付给保姆每天工资 0.13 元；4 个月—1 周岁的每天 0.12 元；不足 4 个月的，要送田间喂奶 3 次，每天 0.10 元；2—3 周岁的每天 0.08 元；3—5 周岁的每天 0.04 元。为多数母亲解决了带孩子的问题之后，她们能安心参加生产了。[1]

　　1955 年春末，省、地、县三级妇联组织和有关部门组成联合调查组，就千鹤高级社发动妇女参加生产这一事迹进行了深入调查，并由省妇联的同志执笔写了《发动妇女投入生产，解决了劳动力不足的困难》，发表在 1955 年 5 月 24 日《浙江农村工作通讯》第 60 期上。后被收录在《中国农村社会主义高潮》一书中，毛泽东为该文写了编者按："在合作化以前，全国很多地方存在着劳动力过剩的

1　洪淳生、吕建月主编：《中国共产党建德历史 1949—1978》，北京：中共党史出版社，2008 年，第 172 页。

问题。在合作化以后，许多合作社感到劳动力不足了，有必要发动过去不参加田间劳动的广大的妇女群众参加到劳动战线上去。这是出乎许多人意料之外的一件大事。过去，人们总以为合作化以后，劳动力一定会过剩。原来已经过剩了，再来一个过剩，怎么办呢？在许多地方，合作化的实践，打破了人们的这种顾虑，劳动力不是过剩，而是不足。有些地方合作化以后，一时感到劳动力过剩，那是因为还没有扩大生产规模，还没有进行多种经营，耕作也还没有精致化的缘故。对于很多地方来说，生产的规模大了，经营的部门多了，劳动的范围向自然界的广度和深度扩张了，工作做得精致了，劳动力就会感到不足。这种情形，现在还只是在开始，将来会一年一年地发展起来。农业机械化以后也将是这样。将来会出现从来没有被人们设想过的种种事业，几倍、十几倍以至几十倍于现在的农作物的高产量。工业、交通和交换事业（商业）的发展，更是前人所不能设想的。文化、科学、教育、卫生等项事业也是如此。中国的妇女是一项伟大的人力资源。必须发掘这种资源，为了建设一个伟大的社会主义国家而奋斗。要发动妇女参加劳动，必须实行男女同工同酬的原则。浙江建德县的经验，一切合作社都可以采用。"[1] 这一重要论述后被选入《毛主席语录》。

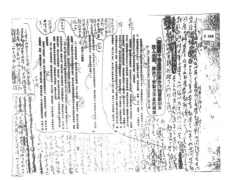

毛泽东关于"千鹤经验"的批示，原件藏中央档案馆

1　中共中央办公厅编：《中国农村的社会主义高潮》中册，北京：人民出版社，1956 年版，第674—675 页。

千鹤妇女认真学习毛主席批示

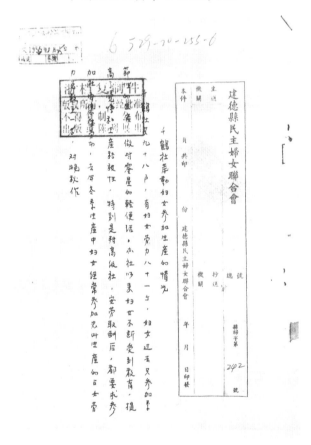

千鹤经验调研报告

第三章　建设：领导组织妇女投身社会主义建设
（1956—1977）

　　杭州解放后，随着杭州市委妇女工作部和杭州市民主妇联筹备会成立，杭州城区和属县的妇女组织也相应成立。1953年杭州市妇联正式成立后，杭州城区和属县的妇女组织相应改革并开展工作。1956年"三大改造"完成，社会主义制度在中国初步确立。在杭州市妇联组织领导下，城市女工、农村妇女积极投身社会主义建设、农业生产、创建"五好家庭"活动等，成为社会主义建设的半边天。此外，杭州妇联参与接待了来自苏联、越南、朝鲜等社会主义国家以及日本等其他国家的妇女团体数十个，成为展示新中国妇女运动成就的重要窗口。

第一节　改革开放前杭州市妇联的组织沿革

一、杭州城区及属县妇女组织建构

早在杭州民主妇联筹备会时期，杭州就已经有城（郊）区建立区民主妇联或民主妇联筹备会。1950年1月至7月，市属8个城区（郊）中，江干、笕桥、拱墅、艮山4个区先后建立民主妇联或民主妇联筹备会。1952年5月，上城、中城、下城、西湖4个区建立民主妇联筹备会。1953年10月秋，这4个区和江干、拱墅区召开了区第一次妇女代表大会，成立了民主妇联。1953年10月和11月新建古荡区民主妇联和上塘区民主妇联筹备会。1957年9月各区先后改称区妇女联合会。

1959年1月前，随着城（郊）区建制的变动，先后曾建立上城、中城、下城、西湖、拱墅、古荡、江干、笕桥、艮山、上塘、上泗、临平、塘栖、三墩、郊区15个区妇联组织。1959年后根据中共杭州市委《关于本市城区国家机关、人民团体机构设置的通知》和市委批转市妇联党组《关于妇联组织设置和干部配备问题的请示报告》，城区妇联先后改为妇联办事处。

下面是杭州各城（郊）区组织机构演变情况。

（1）杭州城区妇女联合会（办事处）。

① 杭州市上城区（民主）妇女联合会（办事处）。1952年5月，上城区民主妇女联合会（筹）成立。1958年1月，改称上城区妇女联合会。1960年9月，改称上城区人民公社妇女联合会。1961年10月复称上城区妇女联合会。1953年7月至1960年12月先后召开5次妇女代表大会，选举产生上城区妇联第一至五届执行委员会。1963年2月，上城区妇联改为杭州市妇女联合会上城区办事处（任期至1968年9月）。

② 杭州市中城区民主妇女联合会。1952年5月，中城区民主妇女联合会（筹）成立。1953年8月至1955年8月，先后召开3次区妇女代表大会，选举产生中城区妇联第一至三届执行委员会。1957年6月。中城区民主妇联随区建制撤销。

③杭州市下城区（民主）妇女联合会（办事处）。1952年5月，下城区民主妇女联合会（筹）成立。1957年9月，改称下城区妇女联合会。1953年7月至1960年12月，先后召开5次区妇女代表大会，选举产生下城区妇联第一至五届执行委员会。1963年5月，改称杭州市妇女联合会下城区办事处。（任期至1968年5月）

④杭州市拱墅区（民主）妇女联合会（办事处）。1950年6月，拱墅区民主妇女联合会成立。1958年1月，改称拱墅区妇女联合会。1960年4月，改称拱墅人民公社（区）妇女联合会。1962年8月，复称拱墅区妇女联合会。1953年8月至1960年4月，先后召开5次区妇女代表大会，选举产生拱墅区妇联第一至五届执行委员会。1963年5月，拱墅区妇联改为杭州市妇女联合会拱墅区办事处。（任期至1968年6月）

⑤杭州市古荡区民主妇女联合会。1952年11月，古荡区民主妇女联合会成立，1955年5月随区建制撤销。

⑥杭州市艮山区民主妇女联合会。1950年7月，艮山区民主妇女联合会成立，1956年4月随区建制撤销。

⑦杭州市江干区（民主）妇女联合会（办事处）。1950年1月，江干区民主妇女联合会（筹）成立。1958年1月改称江干区妇女联合会。1953年9月至1958年1月，先后召开4次区妇女代表大会，选举产生江干区妇联第一至四届执行委员会。1963年5月，召开第五次区妇女代表大会，没有选举执委。1962年11月改为杭州市妇女联合会江干区办事处。（任期至1968年5月）。

⑧杭州市笕桥区（民主）妇女联合会。1950年3月，笕桥区民主妇女联合会成立，1956年4月随区建制撤销。1958年4月，建立笕桥区妇女联合会，1959年1月撤销。

⑨杭州市西湖区（民主）妇女联合会（办事处）。1949年5月至1952年6月，由苏毅负责区妇女工作，未建妇女组织。1952年6月，西湖区民主妇女联合会（筹）成立，1952年12月正式建立西湖区民主妇女联合会。1957年12月改称西湖区妇女联合会。1954年11月至1961年1月，先后召开4次区妇女代表大会，选举产生西湖区妇联第一至四届执行委员会。1962年5月西湖区妇女联合会改

称杭州市妇女联合会西湖区办事处。（至 1968 年 5 月）。

⑩ 杭州市上塘区民主妇女联合会（筹）。1952 年 11 月，上塘区民主妇女联合会（筹）成立。1956 年 4 月，随区建制撤销。上塘区妇联存续期间，只有区妇联干事章美兰 1 人。

⑪ 杭州市临平区妇女联合会。1958 年 5 月，临平区妇女联合会成立。1959 年 1 月，随区建制撤销。

⑫ 杭州市塘栖区妇女联合会。1958 年 5 月，塘栖区妇女联合会成立。1959 年 1 月，随区建制撤销。

⑬ 杭州市三墩区妇女联合会。1958 年 5 月，三墩区妇女联合会成立。1959 年 1 月，随区建制撤销。

⑭ 杭州市上泗区妇女联合会。1958 年 7 月，上泗区妇女联合会成立。1959 年 1 月，随区建制撤销。

（2）杭州市郊区妇联组织。

1954 年杭州市民主妇女联合会郊区办事处成立，后改称杭州市妇女联合会郊区办事处，1959 年 2 月撤销。

① 萧山县（民主）妇女联合会。1950 年 4 月开始筹建萧山县妇女组织。1951 年 1 月，萧山县民主妇女联合会（筹）成立。1957 年 11 月，改称萧山县妇女联合会。1954 年 4 月至 1964 年 3 月，先后召开 7 次县妇女代表大会，选举产生萧山县妇联第一至七届执行委员会。（第七届任期至 1968 年 3 月）

② 杭县（民主）妇女联合会。1950 年 1 月，杭县民主妇女联合会（筹）成立。1957 年 11 月改称杭县妇女联合会。1951 年 12 月至 1956 年 2 月先后召开 3 次县妇女代表大会，选举产生杭县妇联第一至三届执行委员会。1958 年 4 月，随县建制撤销。

③ 余杭县（民主）妇女联合会。1949 年 12 月，余杭县第一次妇女代表大会召开，余杭县民主妇女联合会（筹）成立。1950 年 2 月，建立余杭县民主妇女联合会。1957 年 11 月，改称余杭县妇女联合会。1953 年 2 月和 1955 年 10 月先后召开 2 次县妇女代表大会，选举产生余杭县妇联第二、第三届执行委员会。1958 年 10 月，余杭县撤销，县妇联随之终止。1961 年 4 月，钱塘联社改名为余杭县，联

社妇联亦改为余杭县妇联。1962 年 1 月和 1964 年 1 月，召开余杭县第一、第二次妇女代表大会，选举产生余杭县妇联第一、第二届执行委员会。（第二届任期至 1968 年 7 月）

④ 杭州市半山联社妇女联合会。1959 年 3 月，建立半山联社，由联社党委生活福利部长刘家平兼管妇女工作。1959 年 7 月，半山联社妇女联合会成立。1960 年 1 月，半山联社与拱墅联社合并，建立杭州市钱江联社，半山联社妇联随之终止。

⑤ 杭州市钱江联社妇女联合会。1960 年 1 月，半山联社与拱墅联社合并，建立钱江联社，同时建立联社妇女联合会。1961 年 4 月，撤销钱江联社，改为县建制，定名为余杭县，钱江联社妇联随之终止。

⑥ 富阳县（民主）妇女联合会。1950 年 2 月，富阳县民主妇女联合会（筹）成立，1957 年 12 月改称富阳县妇女联合会。1950 年 11 月至 1957 年 3 月，先后召开 3 次县妇女代表大会，选举产生县妇联第一至三届执行委员会。1960 年 8 月，随县建制撤销而终止。1961 年 8 月恢复富阳县建制，富阳县妇女联合会随之恢复。1963 年 9 月召开县第五次妇女代表大会（续富阳并入桐庐期间的第四次妇女代表大会），选举产生富阳县妇联第五届执行委员会。（此届任期至 1966 年 5 月）

⑦ 新登县（民主）妇女联合会。1950 年 5 月，新登县民主妇女联合会（筹）成立，1957 年 12 月，改称新登县妇女联合会。1950 年 8 月至 1957 年 2 月，先后召开 3 次县妇女代表大会，选举产生新登县妇联第一至三届执行委员会。1958 年 10 月，撤销新登县建制，并入桐庐县，新登县妇联随之终止。

⑧ 临安县（民主）妇女联合会。1949 年 12 月，临安县民主妇女联合会（筹）成立，1957 年 11 月改称临安县妇女联合会。1960 年 8 月，昌化县妇联并入临安县妇联。1950 年 8 月至 1965 年 1 月，先后召开 9 次县妇女代表大会，选举产生临安县妇联第六、七、八、九届执行委员会，其中第二、四、五次代表大会没有选举，执委会由上届继任。（第九届任期至 1967 年 12 月）。

⑨ 昌化县（民主）妇女联合会。1949 年 12 月，昌化县民主妇女联合会（筹）成立，1957 年 11 月，昌化县民主妇女联合会改称昌化县妇女联合会。1954 年 4 月至 1956 年 1 月，先后召开 2 次县妇女代表大会，选举产生昌化县妇联第一至

二届执行委员会。1958 年 10 月，於潜县妇联并入昌化县妇联。1960 年 8 月，昌化县妇联并入临安县妇联。

⑩ 於潜县（民主）妇女联合会。1950 年 1 月，临安地委派李秀梅负责於潜县妇女工作。1950 年 4 月，於潜县民主妇女联合会成立，1957 年 11 月，改称於潜县妇女联合会。1950 年 4 月至 1957 年 3 月，先后召开 4 次县妇女代表大会，选举产生於潜县妇联第一至四届执委会。1958 年 10 月，於潜县妇联并入昌化县妇联。

⑪ 桐庐县（民主）妇女联合会。1949 年 10 月，桐庐县民主妇女联合会（筹）成立，1957 年 11 月改称桐庐县妇女联合会。1958 年 10 月桐庐、分水新登三县合并为桐庐县，原分水、新登县妇联并入桐庐县妇联。1960 年 8 月，桐庐、富阳两县合并为桐庐县，原富阳县妇联并入桐庐县妇联。1961 年 8 月，原富阳、新登两县分出建富阳县。1950 年 11 月至 1961 年 10 月，先后召开 5 次县妇女代表大会，选举产生桐庐县妇联第一至五届执行委员会。（第五届任期至 1968 年 10 月）

⑫ 分水县（民主）妇女联合会。1950 年 4 月，分水县（民主）妇女联合会（筹）成立，1957 年 9 月改称分水县妇女联合会。1950 年 10 月至 1958 年 9 月，先后召开 7 次县妇女代表大会，选举产生分水县妇联第一至七届执行委员会。1958 年 10 月，分水县并入桐庐县，分水县妇联随之终止。

⑬ 建德县（民主）妇女联合会。1950 年 6 月，建德县民主妇女联合会成立，1957 年 11 月，改称建德县妇女联合会。1958 年 11 月，寿昌县、新安江区并入建德县，从并县到 1959 年 5 月，建德县妇联只保留名称未设办事机构。1953 年 10 月至 1962 年 10 月，先后召开 5 次县妇女代表大会，选举产生建德县妇联第一至五届执行委员会。（第五届任期至 1967 年 12 月）

⑭ 寿昌县（民主）妇女联合会。1949 年 9 月，寿昌县民主妇女联合会（筹）成立。1957 年 11 月改称寿昌县妇女联合会。1953 年 10 月和 1958 年 3 月，先后召开 2 次县妇女代表大会，选举产生寿昌县妇联第一、第二届执行委员会。1958 年 11 月，寿昌县建制撤销，寿昌县妇联并入建德县妇联。

⑮ 杭州新安江区（民主）妇女联合会。1957 年 2 月，新安江区民主妇女联

合会成立，同年 11 月改称新安江区妇女联合会。1958 年 11 月，新安江区并入建德县，新安江区妇联随之并入建德县妇联。妇联存续期间未召开妇女代表大会。

⑯ 淳安县（民主）妇女联合会。1950 年 2 月，淳安县民主妇女联合会成立，1957 年 9 月改称淳安县妇联。1958 年 10 月，遂安县妇联并入淳安县妇联。1950 年 11 月至 1963 年 2 月，先后召开 6 次县妇女代表大会，选举产生淳安县妇联第一至二届县妇联领导和第三届至六届执行委员会。（第六届任期至 1967 年 12 月）

⑰ 遂安县（民主）妇女联合会。1950 年 2 月，遂安县民主妇女联合会（筹）成立，1954 年 12 月召开遂安县第一次妇女代表大会，选举产生县妇联第一届执行委员会。1957 年 12 月，改称遂安县妇女联合会。1958 年 10 月，并入淳安县妇联。

二、杭州市妇联执委会沿革

（1）杭州市民主妇女联合会筹备委员会（1949.10—1953.1）。

1949 年 10 月 1 日，杭州市各界妇女代表大会在杭召开，到会代表 144 人。会议成立了杭州市民主妇女联合会筹备会。筹备会有筹委 37 人、主任 1 人、副主任 1 人。1952 年筹备会领导调整 2 次。具体职位和任职时间如下：主任：贺子珍（1949.12）；陈碧如（1952.8—1953.1）。秘书长：田井（1950.2—1951.11）。第一副主任：李竹坪（1952.9—1953.1）；张瑞（1952.8—1952.9）。第二副主任：张瑞（1952.9—1953.1）。副主任：刘苇（1949.12—1952.9）。

（2）杭州市民主妇女联合会第一届执行委员会（1953.1—1954.3）。

1953 年 1 月 15 日至 19 日，杭州市第一次妇女代表大会在杭召开。出席会议的代表 351 人，特邀代表 8 人，列席代表 54 人。大会选举产生杭州市民主妇女联合会第一届执行委员会委员 48 人、常务委员 13 人、主任 1 人、副主任 4 人。具体职位和任职时间如下：主任：陈碧如（1953.1—1954.3）。第一副主任：李竹坪（1953.1—1954.3）。第二副主任：吴灿（1953.1—1954.3）。第三副主任：刘苇（1953.1—19543）。第四副主任：张瑞（1953.1—1954.3）。常务委员：李竹坪、佘萍、吴灿、胡桂兰、徐仙玲、陈碧如、许美玉、张瑞、刘苇、邓小奶、苏政、钟学意、程丽娜。

（3）杭州市民主妇女联合会第二届执行委员会（1954.3—1955.6）。

1954年3月29日至31日，杭州市第二次妇女代表大会在杭召开。出席会议的代表313人，列席代表52人。大会选举产生了杭州市民主妇联第二届执行委员会委员51人、候补委员4人、常务委员13人、主任1人、副主任5人。具体职位和任职时间如下：主任：陈碧如（1954.3—1955.6）。第一副主任：李竹坪（1954.3—1955.6）。第二副主任：张瑞（1954.3—1954.8）。第三副主任：吴灿（1954.3—1955.6）。第四副主任：钟雯娟（1954.3—1955.6）。第五副主任：徐钊（1954.3—1955.6）。常务委员有陈碧如、张瑞、李竹坪、吴灿、钟雯娟、徐钊、钟学意、许美玉、黄李风、苏政、徐之克、徐仙玲、谭秀娥等13人。

（4）杭州市民主妇女联合会第三届执行委员会（1955.6—1958.1）。

1955年6月27日至30日，杭州市第三次妇女代表大会在杭召开。出席大会代表262人。大会选举产生杭州市民主妇联第三届执行委员会委员47人、候补委员4人，选举常务委员11人、主任1人、副主任4人。1956年8月第三届二次全会上又增选副主任3名。具体职位和任职时间如下：主任陈碧如（1955.6—1957.3），崔波（1957.11—1958.1）；副主任按任职先后顺序分别是徐钊（1955.6—1958.1 其中1957.3—11主持工作），李竹坪（1955.6—1956.10），吴灿（1955.6—1958.1），钟雯娟（1955.6—1958.1），张佩芝（1956.8—1958.1），陈瀛初（兼，1956.8—1958.1），潘志澂（1956.8—1958.1）。常务委员有李竹坪、吴灿、徐之克、徐仙玲、徐钊、庄福云、许美玉、陈碧如、黄李风、钟雯娟、钟学意、潘志澂、张佩芝、陈瀛初等15人。

（5）杭州市妇女联合会第四届执行委员会（1958.1—1963.2）。

1958年1月3日至6日，杭州市第四次妇女代表大会在杭召开。出席大会的代表227人，列席代表58人。大会选举产生杭州市妇联第四届执行委员会委员45人、候补委员4人、常务委员15人、主任1人、副主任4人。具体职位和任职时间如下：主任崔波（1958.1—1963.2）；副主任按先后顺序有徐钊（1958.1—1963.2），钟雯娟（1958.1—1963.2），张佩芝（兼，1958.1—1963.2），许碧筠（1958.1—1963.2），李竹坪（1959.12—1963.2），牟淑贞（1960.4—1962.11），夏静一（1961.4—1963.2），周厉洁（1961.4—1961.9）。常务委员缺少具体名单故不做罗列。

杭州市妇联执行委员会主任名单（1949—1958 年）

（6）杭州市妇女联合会第五届执行委员会（1963.2—1965.3）。

1963 年 2 月 25 日至 28 日，杭州市第五次妇女代表大会召开。出席会议的代表 405 人、列席代表 50 人。大会选举产生杭州市妇联第五届执行委员会委员 49 人、常务委员 15 人、主任 1 人、副主任 6 人。具体职位和任职时间如下：主任崔波（1963.2—1964.4），吴之岚（1964.5—1965.3）；副主任分别是李竹坪（1963.2—1965.3），徐钊（1963.2—1965.3），夏静（1963.2—1965.3），许碧筠（1963.2—1965.3），张佩芝（1963.2—1965.3），钟雯娟（1963.2—1965.3），陈克（1963.2—1965.3）等 7 人。常务委员有陈瀛初、汪家柃、李竹坪、潘志澂、赵兰、徐钊、徐之克、徐仙玲、夏静一、崔波、许美玉、许碧筠、黄信贤、张佩芝、钟雯娟等 15 人。

（7）杭州市妇女联合会第六届执行委员会（1965.3—1967.12）。

1965 年 3 月 2 日至 5 日，杭州市第六次妇女代表大会在杭召开。出席大会代表 400 人，列席代表 49 人，特邀代表 8 人。大会选举产生市妇联第六届执行委员会委员 51 人、常务委员 14 人、主任 1 人、副主任 5 人（本届任期至 1967 年 12 月）。具体职位和任职时间如下：主任吴之凤（1965.3—1967.12）；副主

121

任有徐钊（1965.3—1967.12），夏静一（1965.3—1967.12），陈金爱（1965.3—1967.12），曹蝶芬（1965.3—1967.12），张佩芝（兼，1965.3—1967.12）等5人。常务委员有王爱勤、马家秀、许美玉、陈金爱、陈宝凤、陈瀛初、吴之岚、张佩芝、徐钊、徐仙玲、徐瑞云、夏静一、曹蝶芬、黄信贤等14人。

三、杭州市第一至七次"妇代会"简史

杭州市妇联自1953年1月正式成立至"文化大革命"市妇联停止活动，共召开了7次妇女代表大会。

1953年1月15日至19日，杭州市第一次妇女代表大会在市工人文化宫正式召开。出席大会的正式代表351人，特邀代表8人，列席代表54人。这次大会的召开标志着杭州市民主妇女联合会的建立。大会选举产生了48人为杭州市民主妇联第一届执行委员会委员，选出常委13人，陈碧如当选为主任，李竹坪、吴灿、刘苇、张瑞当选为副主任。杭州市民主妇女联合会的宗旨为：在工人阶级领导下，以工厂妇女为基础，团结各民主阶级、各兄弟民族及一切爱国民主妇女与杭州市全体人民一起不断提高社会主义和爱国主义觉悟，努力增产、厉行节约，为完成和超额完成国家计划、逐步实现国家的社会主义工业化，逐步完成农业、手工业和资本主义工商业的社会主义改造，反对美帝国主义的侵略，保卫远东和世界和平，保障妇女儿童权益，争取妇女彻底解放而奋斗。杭州民主妇女联合会以民主集中制为原则，少数服从多数，下级服从上级。以全市妇女代表大会为最高权力机关，其职责为：第一，决定妇代会工作方针和任务，修改本会章程及批准新会员；第二，听取并审查本市妇联执行委员会的工作报告；第三，选举本市妇联执行委员。执行委员会为大会闭会期间最高权力机关，其职责如下：第一，执行上级妇联的决议、指示；第二，执行代表大会的决议；第三，听取并审查常务委员会的报告；第四，召开下届代表大会，并提出下届代表大会名单及选举办法。常务委员会是市妇联处理日常会务的机构，下设办公室负责协助常务委员会处理日常工作，负责对内、外和对上、下级妇联的联系，并处理行政、秘书、人事等工作；组织部负责有关组织及训练干部工作，主要是向广大妇女进行社会主

义的政治思想教育，及向社会、向妇女进行对待婚姻、家庭、母亲、儿童的宣传教育并推动妇女文化运动；生产部负责与工会对接，了解女工情况，保障女工的合法权益；妇女儿童部主要协助有关方面进行婚姻调解工作，推行或举办妇女卫生、儿童保育及妇女福利事业；联络部主要负责私营工商业家属、爱国民主妇女工作、基督教女青年会工作及内外接待工作。根据杭州市民主妇女联合会编制表统计，杭州市妇联有主任、副主任 3 人，秘书科办公室 5 人，组织部 6 人，生产部 6 人，福利部 5 人，总计 25 人。

杭州市第二次妇女代表大会于 1954 年 3 月 29 日在杭州市湖山堂隆重开幕。出席大会的各界妇女代表共 296 人，列席代表 45 人。会议回顾了一年以来，全市妇女在杭州市委、市政府和上级妇联的领导下，积极投入国家经济建设事业和抗美援朝、宣传贯彻婚姻法、普选等各项运动，及其发挥的重大作用。特别是通过国家在过渡时期总路线的学习，广大妇女的政治觉悟大大提高，明确了社会主义目标和具体的奋斗道路，因而有力地推动了生产、工作和学习。广大妇女已成为国家各项建设事业中一支不可缺少的力量。与此同时，大会呼吁各界妇女进一步开展增产节约劳动竞赛运动，大力发展工农业生产，扩大城乡物资交流，积极稳步地对农业、手工业和资本主义工商业进行社会主义改造，保证社会主义经济的比重继续稳步地上升，更多地增加国家的收入，巩固人民民主专政，大力支援国家重点建设和抗美援朝斗争。并在生产发展的基础上，逐步提高全市人民的物质、文化生活水平。女工们应进一步发挥工人阶级的高度积极性和创造性，努力

1954 年杭州市第二届妇女代表大会全体代表合影

学习和推广先进生产经验，改进技术，提高产品质量，降低成本，更好地完成和超额完成国家计划。郊区农村的妇女们应更积极地参加农、副业生产和互助合作运动，生产出更多更好的农产品来供应城市等地区人民的需要。机关女干部、女学生、女技术人员、女文教卫生工作人员、家庭妇女们，都应该在自己的岗位上积极工作，努力学习，不断提高政治觉悟和工作能力，为实现总路线和妇女的解放事业而奋斗。

杭州市第三次妇女代表大会于 1955 年 6 月 27 日召开，大会根据国家过渡时期总任务的精神，认真地总结了 1954 年杭州市的妇女工作，讨论和确定了 1955 年全市妇女工作的任务，并修改了杭州市民主妇女联合会的组织章程，改选了杭州市民主妇女联合会执行委员会。会议根据中共杭州市委和上级妇联的指示，确定当年妇女工作的任务是：继续加强对全市妇女的社会主义政治思想教育，提高妇女的社会主义觉悟和爱国主义觉悟，深入动员全市女工积极参加以反对浪费、厉行节约、提高质量为中心的劳动竞赛，教育全市妇女积极参加反对美帝国主义的侵略，反对使用原子武器，为解放台湾、保卫远东和世界和平而斗争；提倡用社会主义思想原则正确对待婚姻、家庭、母亲和儿童；建立和健全妇女组织，改善工作作风。

杭州市第四次妇女代表大会于 1958 年 1 月 3 日召开，出席的有各界妇女代表 227 人，列席代表 58 人。其中有许多是工农业劳动模范、先进生产（工作）者、优秀职工家属和勤俭持家的"五好"积极分子。这次大会主要任务是贯彻全国三次妇代大会的精神，动员全市妇女根据"勤俭建国、勤俭持家"的方针来建设社会主义，并在政治上、思想上过好社会主义这一关。同时号召全市妇女积极参加整风运动和反右派斗争；贯彻执行"勤俭建国、勤俭持家"的方针；努力支援农业生产，提早实现全国农业发展纲要。

杭州第五次妇女代表大会于 1963 年 2 月 25 日至 2 月 28 日召开，出席大会的有 405 代表和 50 名列席代表。出席代表中有女工、公社女社员和财贸、机关、教育、卫生、文艺、科技等方面的女工作者，街道妇女，妇女工作干部，还有各民族、各民主党派、宗教界、归国华侨等各方面的妇女代表，她们中间有不少是在社会主义建设中有卓越贡献的先进生产者和先进工作者。大会上杭州市市长王子达鼓励到会的妇女代表继续高举三面红旗，从各条战线上努力参加社会主义建设，争取在新的一年中作出更大的成绩。同时为了更好管理萧山、桐庐、临安、富阳、余杭等 5 个县的妇女工作相应地成立了农村工作部。市妇联主任崔波代表杭州市妇女联合会第四届执行委员会向全市妇女提出新的要求：加强政治思想教育和共产主义品德教育，不断提高广大妇女的社会主义觉悟；进一步调动全市妇女的劳动积极性和创造性，积极投入增产节约运动，在巩固人民公社集体经济、逐步实现农业技术改革，争取农业全面丰收和社会主义建设新胜利中贡献自己的最大力量；继续发扬勤俭建国、勤俭持家、艰苦朴素的作风，妥善安排好生活；以共产主义的道德正确对待婚姻家庭问题；加强对青少年和儿童的教育，关心和爱护下一代；努力学习文化科学技术知识，为国家的社会主义建设事业贡献更多的力量。

杭州第六次妇女代表大会于 1965 年 3 月 2 日在市工人文化宫召开，参加这次大会的有全市各条战线上的妇女代表 400 余名。大会上市妇联副主任徐钊代表杭州市妇女联合会第五届执行委员会，向大会作了题为《高举毛泽东思想红旗，在社会主义革命和社会主义建设的新高潮中作出更大的贡献》的工作报告。徐钊在报告中回顾了从上届妇女代表大会以来，全市广大妇女在党的领导下，高举毛泽东思想的伟大红旗，在社会主义革命和社会主义建设事业中所作出的贡献。全市广大妇女经过阶级斗争、生产斗争和科学实验三大革命运动的实践，通过大学解放军、大学大庆和大寨，精神面貌起了很大的变化，各条战线上的先进妇女集体和先进妇女一批又一批地涌现出来。越来越多的妇女提高了阶级觉悟和社会主义觉悟，坚持社会主义方向；越来越多的妇女树立革命雄心壮志，刻苦锻炼过硬本领，钻研科学技术，认真进行科学实验，把自己的劳动和革命紧密联系起来，在生产上和工作中不断创造出新的成就；越来越多的妇女响应党的号召，积极鼓励和支持子女奔赴农业第一线，建设社会主义新农村。同时，她还强调全市妇女应该更高地举起毛泽东思想的伟大红旗，更高地举起社会主义建设总路线的红旗，以阶级斗争为纲，以生产建设为中心，积极参加社会主义教育运动，坚定地走社会主义道路；树革命雄心，练过硬本领，积极投入工农业生产新高潮；用无产阶级思想教育青少年，让革命红旗代代相传；移风易俗，发扬社会主义新道德新风尚；各级妇女干部要深入基层，转变作风，密切联系群众。

  杭州市第七次妇女代表大会于 1973 年 7 月 15 日在人民大会堂召开。出席大会的代表共 1150 名，列席代表 101 名。此次大会也是人数最多的一次大会。这次大会以批修整风为纲，认真学习毛主席关于批修整风的一系列重要指示，学习马列和毛主席有关妇女运动的论述，但此次会议也被打上了"文革"的烙印，会议要求开展革命大批判，批判破坏妇女运动的反革命罪行和谬论；会议认真总结本市妇女运动的经验，强调妇女在三大革命运动中"半边天"的作用。

第二节　杭州妇女参与社会主义建设

一、杭州妇女实践"千鹤经验"

　　1955 年，在农业合作化运动中，建德县千鹤自然村妇女投身集体生产劳动。毛泽东将千鹤经验的调研文章收入《中国农村的社会主义高潮》一书，把文章标题改为《发动妇女投入生产，解决了劳动力不足的困难》，并作出长达 512 字的批示，提出"中国的妇女是一种伟大的人力资源""必须实行男女同工同酬"等论断。杭州妇女深受毛泽东批示精神鼓舞，掀起了社会主义建设新高潮，杭州成为妇女"半边天"思想的重要萌发地。

　　1956 年，随着三大改造的完成，妇女解放事业的逐渐发展，妇女的地位越来越高，广大妇女开始走出家庭学习技术手艺，逐渐成为各行各业的生产能手，成为社会主义建设的一支强大生力军。杭州妇女在毛主席的指引下，积极投入到社会主义建设运动中去，不断突破创新，不断取得胜利。随着男女同工同酬政策的施行，妇女劳动工作热情持续高涨。原先一些属于男人的活中越来越多地出现了妇女们的身影。

　　活跃在各个生产战线上的妇女，和男子一起在增产节约运动中努力学习先进经验和技术，

千鹤妇女在稻田中劳动

时任省妇联副主席陆苏到千鹤送《毛泽东选集》第五卷

不断地突破定额，创造新纪录。1956 年，有 229 个女职工被评为 1955 年度市级先进生产工作者。女工人数占一半的棉织业，1956 年完成了生产计划 111.98%。郊区农妇对劳动也表现出了更高的热情。在农忙季节里，出勤率达到 90%。古塘乡沈塘社 60 岁的女饲养员陈桂花，通过饲养 19 只猪，一年能增加 1000 多元收入，还被评为模范饲养员。

女手工业者在合作化以后的生产中也有显著的成绩。生产闻名全国的杭州绸伞的绸伞生产社，80% 的女社员都能按时或超额完成生产任务。棉织联社 1956 年第三季度的先进生产者中，妇女占 63%。在整个手工业合作系统中，有 118 个妇女担任理监事，27 人担任了理监事会副主任。[1]

在文化教育界、医务卫生界和国家机关中工作的妇女，也在积极地为建设社会主义贡献力量。浙江医学院有 21 个讲师以上职称的女教师，其中有 76% 参与了科学研究工作。如刘天香副教授和路文博讲师合作研究"流产的原因、治疗及预防"的项目，因为工作上卓有成绩，她还因此被评为 1956 年度先进工作者。而在中、小学教师业余进修学校进修的中、小学教师，据统计有 82% 是女性。她们通过学习不断努力地提高自己的政治、文化、业务水平。机关女干部也在兢兢业业地工作着。省油脂公司女打字员刘汉芝，由于努力提高技术熟练程度，每小时打字数从 1200 个提高到 2000 个，连续被评为先进工作者。

全市女工商业者和工商业者的家属经过资本主义工商业社会主义改造高潮的教育和锻炼，在各方面也都有了很大的进步。例如曙光布厂厂长林鹤鸣的妻子齐爱俊，不仅努力从事检验工作，还积极鼓励丈夫搞好行业工作，参加各种社会活动。林鹤鸣在她的鼓励和帮助下，得到了先进生产者的光荣称号，同时她也不断提升自己，从检验工升为管理员。女工商业者和工商业者家属还纷纷参加各种学习，求取进步。据不完全的统计，组织起来进行系统学习的共有 3300 多人。

1957 年以后，随着社会主义建设的需要，杭州市各界妇女在"争取做社会主义的积极分子"的口号鼓励下，为祖国作出了积极的贡献。1957 年三八妇女节，《杭州日报》报道：现在全市参加社会劳动的妇女，人数更多，队伍更扩大了。

1　《本市妇女把智慧和精力献给祖国》，《杭州日报》1957 年 3 月 8 日。

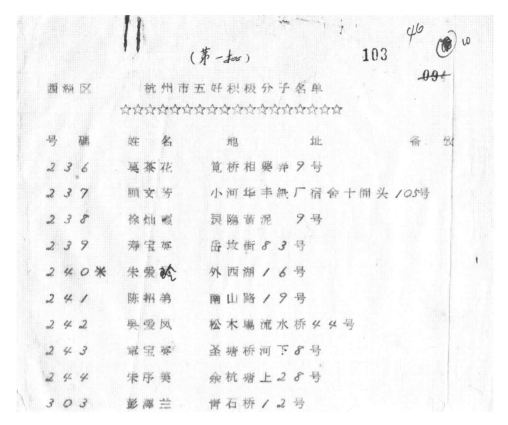

1957年西湖区第一批杭州市五好积极分子名单

女职工已有33000多人，农妇25000余人，女手工业者4300余人，在文教卫生事业和国家机关工作的女知识分子4000余人。1958年全市女职工达69860人，比1957年增加1倍左右，比1950年增加8倍。

广大的家庭妇女在贯彻"五好"方面也作出了成绩，出现了不少感人的先进事迹。家属中能做到一好、二好的已成为普遍现象，能做到四好、五好的也日渐增多。例如职工家属魏玉珍有3个孩子，爱人每月收入44元，但是因为她善于精打细算，并积极参加各项劳动来补助家庭生活不足，因此全家都过上了温饱的生活，并还能在年底为家人添置新的绒线衣和卡其制服。高级知识分子家属也走出家庭，参加社会活动。例如浙江大学力学教授王仁东的爱人俞半秋，协助丈夫在9个月中抄写了翻译书籍40万字，还积极参加扫盲工作。[1]

1　《本市妇女把智慧和精力献给祖国》，《杭州日报》1957年3月8日。

但是在当时，社会上仍然有轻视妇女的思想，认为"男的样样要比女的强，妇女工分低一点理所应当"。有的还公开说："女的和男的做一样的事，我们男的面子往哪里放？"甚至有人讽刺说："妇女若能犁好田，鸡毛可以飞上天。"面对这种冷言冷语，妇女们就经常用毛主席关于"时代不同了，男女都一样。男同志能办到的事情，女同志也能办得到"等话来激励和鼓舞自己去战胜困难，并通过积极地学农活、学技术，来转变部分男同胞的不正确认识。

在城市里，女工们在"个个学习花木兰，英勇顽强不怕难，鼓足干劲争上游，人人争取当模范"的口号下，大搞技术革新和技术革命，开展了学先进、赶先进、超先进的竞赛热潮。如杭州第一棉纺厂织造间，选出了第一个操作能手汪松珍后，大家积极向她学习，促使生产一跃再跃，产量质量都超额完成了任务。许多女工还学会了机修技术，积极争做纺织工业中的多面手。流水竹器厂女工、共产党员吴福娣和群众一起连续革新14件机具，使竹器工人从几千年的繁重体力劳动中解放出来。

与此同时，广大街道妇女也纷纷要求走出家庭，参加社会生产劳动，全市385个街道民办工厂，妇女职工是工厂生产的主力军，她们还提出"家家搞生产，户户无闲人"的口号。1959年，仅在5个城区，就办起了1452个工厂和福利单位，有19500人参加了生产。在整个民小工业和服务性事业中，妇女也贡献出了很大的力量，掀起了"人人献计，个个献宝"的高潮。很多妇女在大办工业中斗志昂扬，发扬了苦干、实干、巧干的精神。她们到处奔走，积极与职工协商、与大厂挂钩，找门路。还有许多妇女参加了国营工厂、商店、手工业合作社，她们热情地歌颂自己的新生活："总路线灯塔亮，照得妇女出厨房，从前围着锅台转，今日绕着机器忙，今昔判若两个人，妇女生产笑颜开。"商业战线也出现了以女代男的盛况，2000多个妇女代替了原来男店员的工作。

到了"大跃进"、人民公社化时期，杭州妇女的生产劳动热情被进一步点燃，在市妇联的组织下召开了杭州市各界妇女工业跃进大会，据统计到会有各界妇女代表800多人。会议上，在中央"解放妇女劳动力，投入全民办工业"的口号号召下，妇女们纷纷拿出自己的新产品、新创造助力国家工业。例如化工学校的女职工们研制出的甲苯和苦味酸等8种有机化学试剂，极大地推动了化工业的发展。

通　知

兹定于9月5日（星期五）下午一时半在长生路64号市妇联会议室召开座谈会。座谈内容主要是你在发动妇女或亲自参加居民办工业后的感想、体会与认识。请事先作些准备。务必准时前来参加会议。

此致

同　志

9月3日

1958 年杭州市妇联关于发动或亲自参加居民办工业经验座谈会的通知

再如华丰纺织厂研制的人造棉制成的毛线、凉鞋、手套等各式产品 141 件，大大降低了生产成本。[1]

在农村，不少妇女开始下地干活，她们在老农的帮助下，学习犁田。还有不少妇女学会了耙田、耖田。到后来妇女干的农活不仅速度比男社员快，而且质量还比男社员好。从此之后，一些原来有轻视妇女思想的男社员，思想认识提高后，也就主动教妇女社员学犁田、播谷种等技术性较强的农活。到处出现了男女社员互相关心、互相帮助、共同学习、团结战斗的新气象，从而进一步调动了妇女的积极性。

郊区妇女已日益成为生产上的一支主力军。据不完全统计，1958 年妇女出勤达 33 万多人，以拱墅区联社为例：妇女出勤人数，由公社化前的 20750 人增加到公社化后的 51534 人。妇女参加劳动的范围也空前扩大，在积肥、兴修水利、发展副业、抗灾、田间管理、抢收抢种、细收细打中，妇女都是一支活跃的大军。

1　杭州市妇女联合会编：《杭州市各界妇女办工业跃进大会情况简报》，1959 年，第 2 页。

据当时统计，郊区插秧能手9923人，播种络麻能手4721人，双手采茶能手930人。在技术革新中农村妇女也是支不可小看的力量，她们积极推广新农具、新技术，涌现出成千上万个"巧姑娘""女能手"。如富阳场口公社鸿丰生产队的妇女，在支书李金凤的带领下，在"十里荒洲、九里沙"的贫瘠土地上，种了78亩妇女试验田。据统计，自1958年"大跃进"以来，全市有6031名妇女被评为县、区、市、省的先进生产者、建设积极分子和全国"三八红旗手"。有162个单位被评为省、市的妇女社会主义先进集体和全国"三八红旗集体"。有500多名优秀妇女被吸收入党。全市女党员已达到5000余人，比1949年增加26倍，妇女干部3400余人，占干部总数的五分之一左右。

1957年3月，富阳县召开县第三次妇女代表大会，会议的中心议题是进一步发动妇女投入生产，参加以合作化为中心的增产节约运动。1957年5月，县委批转了县妇联《关于新联乡合丰社发动妇女参加农副业生产的报告》。1957年7月，县妇联召开执委传达贯彻"勤俭建国、勤俭持家，为建设社会主义而奋斗"的妇运方针。12月，县妇联、县粮食局联合召开了妇女建设社会主义积极分子大会，宣传贯彻"两勤"方针。[1]1958年1月，县委批转了县妇联《关于勤俭建国、勤俭持家妇运方针贯彻情况和今后意见的报告》。为持续贯彻"两勤"方针，1959年、1960年都召开了妇女建设社会主义积极分子大会；1958年、1959年，县妇联、县粮食局还联合召开了"勤俭持家"现场会。经过一系列的教育发动，一方面，农村广大妇女怀着改变一穷二白，改善生活的强烈愿望，响应"大跃进"号召投入生产。1958年，全县有24000名妇女参加兴修水利，修建"三八"水库、水塘100多个；有31112名妇女种树167416株，造"三八"林450处；有70000多妇女参加积肥；有22000名妇女学会插秧。1958年7月，县妇联总结推广了窈口乡窈口大队潘月娟等5人试验小组，在1.2亩石沙田搞水稻试验，亩产获1312斤的经验。从而推动了全县28000名妇女搞水稻、番茄、玉米试验4465亩。另一方面，广大妇女努力做到勤俭持家，计划用粮、节约用粮。据1958年3月75个社的统计，共节约粮食139906斤。1958年8月，大办人民公社以后，县妇

---

1 富阳市妇女联合会：《富阳妇女运动史 上卷（建国前—1998年12月）》，内部资料，2000年，第93页。

联在一段时间里，抓以食堂为中心的各项集体福利事业。

1959 年至 1961 年，正值"大跃进"人民公社化运动的高潮时期。杭州市妇联依然对农业战线上的妇女工作提出要求：第一，在春花大丰收的基础上，进一步发动妇女大搞"双超"运动；第二，动员妇女大力开展爱国、爱社、精打细算、增产增收、计划用粮、勤俭持家的增产节约运动。[1]

1962 年 2 月，富阳县妇联召开了公社妇联主任扩大会议，认真总结了 1958 至 1961 年 4 年间妇女工作中所犯"左倾"错误的经验教训；1963 年 6 月，有公社妇联主任和生产大队妇女干部 376 人参加培训班，学习《十二条》

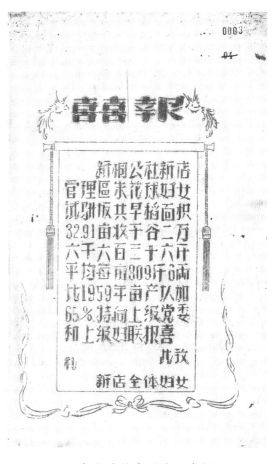

1959 年新店粮食增产"喜报"

《六十条》。1961 年以后，妇联的工作仍是贯彻"两勤"方针。1961 年、1962 年、1964 年、1965 年富阳县妇联、县粮食局联合召开勤俭持家、节约用粮会议，1966 年召开了 2 次节约粮食会议，表彰在生产上有贡献、用粮方面有成绩的先进人物。

1964 年，桐庐县印渚公社南堡大队的广大女社员，和男社员一起，团结战斗，继续革命，使南堡大队在短短两年之内发生了巨大变化。春节期间，妇女们破旧习、立新风，正月初一就出门，挑黄沙、造水库、上高山、种油茶，为夺取当年农业新丰收出力。临安县临目公社指南大队的女社员在高山上，自己动手造起了

1　杭州市妇女联合会编：《关于增产节约运动中第三季度工作计划》，1959 年，杭州市档案馆馆藏，档案号：J127-1-66。

"三八塘"和"爱武水库"。百江公社百江大队妇女主任毛玲娥将节约下来的粮食 1034 斤上交国家支援社会主义建设。[1]

同年，古荡公社古荡大队第二生产队充分挖掘妇女的劳动力，调动妇女参加集体生产的积极性，对农村农业全面丰收起到了很大的作用。大队每个妇女在 1963 年平均出勤率达到 180 天，粮食平均亩产 1210 斤，经济纯收入每户达到 781.43 元。[2]

"文化大革命"时期，杭州妇女继续沿着毛主席的指示自力更生、艰苦奋斗，改造自然。在"千鹤经验"的诞生地建德县涌现出许多优秀公社。例如建德县大店口公社积极发动妇女投入兴修水利、治山治水运动当中，确保农田有一个良好的收成。妇女们不仅出勤率高，而且干得出色。1965 年，小塘源大队妇女陈秋爱带领 10 个妇女，组成妇女施工队，在短时间学会放炸药、点炮等一套技术，完全代替了男技工。仅仅在元旦一天就放炮 13 次，炸土 40 方，大大提高了工效，促进工程进度。又如千鹤公社千鹤大队，全大队妇女积极参加到劳动战线上去，在建设社会主义新农村中，起了"半边天"的作用。在毛主席"抓革命，促生产"的号召下，全大队妇女也和男社员一样奔上生产的战场。大队的很多女同志现在都是生产积极分子，有的队员虽然已有三五个小孩了，但仍旧坚持天天出工。有的男社员问："你家中男人多，为什么还要女人出工？"她们回答说："我们参加生产，是为了抢季节、夺农时，多增产、多打粮，不是为的挣工分。"千鹤妇女，不论是耕田、插秧、挑塘泥、做水库等劳动都积极参加，"为了建设一个伟大的社会主义国家而奋斗"。[3] 卜家蓬公社十八桥大队党支部针对妇女怕自己同工不能同酬、怕参加劳动后孩子没有人带的思想和妇女要求，大队党支部组织干部和群众学习毛泽东在《中国农村的社会主义高潮》一书中关于发动妇女参加劳动的按语，学习《人民日报》"大树革命雄心，苦练过硬本领"的社论，以此来统一干部和群众的思想认识，克服轻视妇女的思想。例如在早稻生产和积肥运动

1　杭州市妇女联合会编：《桐庐县妇联关于目前农村用粮情况调查报告》，1964 年，杭州市档案馆馆藏，档案号：J127-1-129。
2　杭州市妇女联合会编：《制定季度规划，全面安排妇女劳动力》，1964 年，杭州市档案馆馆藏 J127-1-129。
3　《千鹤妇女沿着毛主席指引方向前进》，《杭州日报》1968 年 3 月 11 日。

中，大力宣扬妇女参加生产的成绩，经过讨论，大家给妇女摆了七功。这些成绩使得很多男人都不敢再轻视妇女，而妇女同志也纷纷表示要为接下来的农业丰收作出更大的贡献。[1]

1969 年 5 月，接连下了几天暴雨，兰溪江水猛涨，严重威胁下游大队的麦穗。大队向全队男女社员发出了抢收麦子的战斗号召。贫农女社员吴美莲积极参加战斗，奋不顾身跳进水中和社员们一起紧张抢收，经过一段时间的奋战，队里的麦子终于抢了上来。没过多久吴美莲就听到有人在喊"七队的麦子还没有抢割完"，吴美莲拔腿就往七队的麦田里跑去，再一次跳入洪水中，拼命地收割麦头。通过全体社员和干部的共同战斗，七队的麦子也全部从洪水中夺了回来。[2]

正是这些妇女一不怕苦、二不怕死的精神，1969 年建德县农业生产得到了迅猛发展，全县粮食亩产达到了 880 多斤，超过了《全国农业发展纲要》规定的指标。千鹤大队 1972 年粮食亩产达到 1150 多斤，超过了历史最高水平。

1972 年，建德县千鹤大队面貌焕然一新，全队养猪实现了"一人一头"，储备粮食达到 16 万多斤，并且拥有了拖拉机、抽水机、饲料粉碎机、碾米机、脱粒机等 20 多种现代农业机器，集体经济迅速发展。

1973 年，大队党支部还积极组织妇女大种高产试验田，让妇女学到更多的生产技术，掌握农业生产的规律。在种试验田中，党支部发挥妇女的积极性和主动性，在各个生产环节上严格检查她们，认真指导她们。第二生产队妇女种了八分二厘高产试验田，妇女队长方樟风培育稻苗就像照料自己孩子一样认真、细心管理勤观察，一天要跑好几趟地头。但由于后期施肥太多，稻苗疯长，妇女们请了老农、技术员一起商量，及时采取了措施，减少了损失。在晚稻试验中，她们接受了早稻生产的经验教训，做到合理施肥，全面落实农业"八字宪法"，亩产得到大幅度提高，成为全大队的高产典型。[3]贫下中农女社员积极响应毛主席"农业学大寨"的号召，发扬不怕苦、不怕难的革命精神，顶风冒雨积极参加积肥造

1　杭州妇女联合会编：《十八桥大队党支部加强政治思想工作情况报告》，1965 年，杭州市档案馆馆藏，档案号：J127-1-152。

2　《一心为公的女闯将》，《杭州日报》1970 年 3 月 16 日。

3　《千鹤妇女在毛主席批示指引下胜利前进》，《杭州日报》1973 年 3 月 7 日。

1977年千鹤喜迎红宝书

肥，兴修水利和春花培育管理，仅三八节一天，女社员挑泥5000多担。[1]

1975年，千鹤大队妇女积极投入"三大革命"运动，在建设社会主义新农村的斗争中发挥"半边天"作用。[2] 1976年，随着全国第二次农业学大寨会议胜利召开，千鹤大队妇女立即召开座谈会，妇女们在座谈中说道："千鹤妇女永远不会忘记，去年（1975年）在全国农业学大寨会议上，华国锋同志作的《全党动员，大办农业，为普及大寨县而奋斗》的重要报告，像一盏指路明灯，给全国农业学大寨运动继续前进指明了方向。千鹤大队的干部社员更加心明眼亮，深入开展党的基本路线教育，大家信心百倍地为实现毛主席的光辉批示：'几倍、十几倍以至几十倍于现在的农作物的高产量'而奋战。"[3] 全队男女社员团结战斗，填平了一条长沟，新挖了渠道700多米，农业机械增加到30多台，机插面积达到190多亩，每个生产队的妇女都搞了试验田，最高亩产达到2300多斤。在农业学大寨、普及大寨县的征途上跨出了新的步伐。

二、城市女工的社会主义建设

1957年新中国社会主义建设迅速发展。据统计，1957年，杭州市工业系统

1　杭州市妇女联合会编：《关于纪念"三八"国际劳动妇女节活动情况汇报》，1973年，杭州市档案馆馆藏，档案号：J127-3-2。

2　《在社会主义革命和建设中发挥"半边天"作用》，《杭州日报》1975年3月8日。

3　《千鹤妇女为普及大寨县作出新贡献》，《杭州日报》1976年12月19日。

女职工人数已达20889人，占总职工人数的三分之一。[1] 在过去一年中，她们积极地投入先进生产者运动，仅纺织和轻工两个产业，就有2300名女工订立了技术互助合同，并使技术水平迅速提高；全市有上千名女职工被评为基层或市级的先进生产工作者，成为群众的光辉榜样。

广生棉织厂女工朱金娥在生产工作时注意节约用纱。自1955年到1957年的2年多来，月月超额完成减少回丝的消耗指标，并且没有出过次布。在朱金娥进厂之前，厂里很多摇纡女工不大注意节约用纱，车子旁边到处是回纱。朱金娥却认为这是农民兄弟用血汗生产出来的，纱厂工人也一样花了不少力气，因此一丝一缕都应该节约。1954年，她被调去做织布工。刚开始，她认为要保证质量与节约用纱不能同时做到，但后来经过企业党组织和团的教育指导，她认识到保证质量和节约棉纱并没有矛盾，并且她想到自己在摇纡子时也很吃力，如果浪费了这些纱，怎么对得起摇纡工呢？从此以后，她就一边留意操作，一边留心布面，出瑕疵时就停下机子处理，防止织得过多了再去拆布面。1956年，她学会了"1951织布法"，不仅能做到主动换梭，还能加强巡回工作，同时她改进了接头法，把经纬线的浪费降到最低限度。因此平均每月要比回丝指标减少10%左右。1957年1月织府绸以后，每织30码府绸的回丝消耗已由定额的3分减少到1分，质量仍然达到100%。[2]

为了更好更持久地建设新中国，杭州市的妇女职工积极投身于社会主义建设的浪潮，很多女工勤俭节约，爱厂如家，埋头苦干，遵守劳动纪律。谢月华就是一个很典型的例子，她是杭州棉纺织厂前纺车间的一名普通车工。但是从她进入杭棉厂之后，五年半的时间里没有请过一天假。解放前进厂做工，辛辛苦苦干一天，工资只够买一斤六谷粉，连她自己也吃不饱，平时还要受气。杭州解放后，她进了杭州棉纺织厂，感到自己翻了身，再也不会受到资本家的压迫和剥削。特别是厂里实行了劳动保险条例，工人生、老、病、死都有了保障。在新社会中做工人，为能为新中国建设社会主义出一份力而感到光荣，十分珍惜并且热爱自己的劳动。因为在生产上作出了许多成绩，她在1955年被评为先进生产者。

1　《在生产战线上发挥重大作用》，《杭州日报》1957年3月5日。

2　《朱金娥月月完成回丝指标》，《杭州日报》1957年2月17日。

"若要生产好，先要身体好。"这是谢月华时刻记在心上的一句话。她不论日班或夜班，总是按照规定的作息时间休息和睡眠。她作为工会小组长，夜里还要常常读书，但是因为她紧紧掌握时间，工会工作和学习都没有受到影响。她曾出席过杭州市扫盲积极分子大会并受到工会的奖励，每当假日，她总是爱惜自己体力，不玩得过度。谢月华对日常饮食也很当心，菜肴好，她不吃得过饱；菜肴差，也不会少吃。

有一次谢月华不幸传染上了流感，那天她轮到做深夜班，但躺在床上头疼发热、浑身无力，工长劝她好好休息，她自己开头也想："今天只好请假了。"后来她想想又觉得不对："现在深更半夜叫谁来代班呢！我这点不舒服难道克服不了吗？"她终于爬起来上夜班去了，一直坚持到第二天早上。[1]

还有庆成丝厂的老年缫丝女工孟文连，8年以来没有请过一天假，并且在生产技术上也不断进步。孟文连说她自己在旧社会里受了不少苦难，整天做工十二三小时，还总是吃不饱，同时还要受到资本家和工头们的压迫和欺侮。解放以后，工人受到社会上的尊重，党和国家也无微不至地关心工人的劳动和生活。她感受到工人当家作了主人，应该积极把生产搞好，首先就要使自己不生病，不请病假。

孟文连十分注意自己的健康。缫丝工人是站着操作的，劳动以后需要好好地休息才能消除疲劳。所以她在下班后，一般不进行剧烈的活动，顶多是和工友们出去散散步。在夏天，她就找阴凉或通风的地方去休息，从来不在炎日之下去逛街。她非常遵守睡眠制度。如做夜班时，一定要等打铃再起身。在夏天的晚上，她也不到露天的地方去睡觉。对预防疾病和饮食卫生也常常留心。厂里宣传卫生知识时她总积极参加，打防疫针、吃预防药片等预防疾病的方式也是积极参加，她从来不随便到马路上的摊贩那里买东西吃，吃水果时也都要削皮或用开水冲洗。在夏天，她吃了西瓜，就不马上喝开水。就这样，几年来她没有生过病。即使有点伤风头痛，也因能及时去治疗，所以总能坚持生产。

孟文连对私人的事情也安排得很好，尽量放在星期天去做，不愿意请事假。

1　《谢月华五年半不缺勤》，《杭州日报》1957 年 1 月 8 日。

她说：“解放以前要五个半月才放一天假，现在工作六天就有一天休息，何必去请事假呢？请了事假就要影响生产。”[1]

孟文连在操作时也很认真。她从来不认为自己是个老工人，有一套技术，就倚老卖老，骄傲自满。而是总觉得自己的技术还不高，因此经常向技术好的工人学习。

1958年，随着党中央提出要在10—15年内把我国建设成为一个社会主义强国的伟大号召后，不少工厂的老工人都带头响应，争取站在生产高潮的前列。华丰造纸厂提出要在一年内使卷烟纸、黄版纸、打字纸的质量分别赶上英国、日本、荷兰之后，这个厂的老女工联同技术人员一起，在技术研究小组里，进一步积极研究实现这个目标的措施。东南化工厂甘油组的女工人主动团结其他男工人，仔细研究了产品质量上尚存的问题，决心要使甘油质量达到和超过英国药典的标准。[2]

天成丝织厂老女工、市级先进生产者沈月宝，在1月份倡议将每班5个人管理5台拖浆车改为4个人管理，并且团结其他工人首先带头实行，由于合理做好巡回工作，不但没有影响生产，质量也达到100%。其他2个班在她们的影响下，也打消顾虑，跟着实行。不仅加快了速度，又保证了质量。

老女工不但是生产中的骨干力量，而且在各项政治运动中，也表现出高度的阶级觉悟，立场坚定，是非分明。他们热爱党，热爱社会主义。如1957年夏天右派分子向党向社会主义猖狂进攻时，老女工们首先站出来反击右派的谬论。杭州火柴厂老女工一连举行了7次座谈会，痛斥右派的反动言论。第二车间老女工王雪妹、王金凤用自己的亲身经历，驳斥了“解放后生活不如解放前”的谬论。在各厂深入开展的“整风”运动中，老女工们怀着爱护党和办好工厂的心情，积极鸣放。杭州火柴厂在“整风”中一共提了3000多条意见，绝大部分是正确的，对改进领导作风、企业生产管理和加强政治思想教育都有积极作用。

在“大跃进”、人民公社化时期，“在全民办工业”的号召下，家庭妇女参与生产的约占90%以上。不少年近花甲的老太太也都参加了生产。59岁的老太

---

1 《缫丝工孟文连八年不缺勤》，《杭州日报》1957年7月19日。
2 《跃进干劲大女工抵男工》，《杭州日报》1958年3月21日。

太蒋已生说："我们办了很多的工厂，做工有工厂，吃饭有食堂，学习有学堂，我半夜醒过来想想都要笑。"[1]

20世纪50年代末，为响应国家社会主义建设"大跃进"的号召，杭州市的广大妇女们在市妇联的组织下纷纷投入到社会主义建设事业中去，在各自的岗位上充分发挥了自己的力量和智慧，为建设社会主义作出了巨大的贡献。在工厂里女职工和男职工一起，投入到技术革新运动中。如纺织女工陈庭华在"大跃进"中打破常规、刻苦钻研，跳出纺织圈子，大胆学习修理技术。商场的女工做到了"女替男工"，"三八"饮食店、女子食品商店相继出现。女职工们自豪地说：男子能做的，我们妇女都能干。在农业生产中，郊区农妇创造了辉煌的成绩，出勤率达到100%，还出现了成百亩妇女试验田。插秧能手、络麻播种手、双手采茶手不断地涌现。家庭妇女在社会主义建设的洪流中，纷纷从家庭走向工场，她们提出了"家家搞生产、户户无闲人"的行动口号。在民办工业中，妇女占95%，她们以关心自己孩子般的心情来关心生产，积极钻研，迅速掌握了技术。从来没有见过铁水奔流的家庭妇女，今天也建高炉、敲矿石、搞运输，在炉上操作，以自己的汗水混合着铁水奔腾。华丰造纸厂有近700名家属参加了该厂工场的生产。家属生产组长沈连英和老师傅姚凤鸣共同研究改进了喇叭烘干办法，使每次烘400多只提高到2000多只。[2]

60年代之后，许多工厂加大马力生产。华丰造纸厂"大跃进"期间，备料车间的女工3月份的生产任务一部分已经在2月份完成，在完成当月的生产任务之后，女工们自愿调出20多人支援各兄弟车间。1960年，陈培云、蒋寿珍、顾香姑3名女工调至竹浆车间切竹机代替男工工作。女工们自己开车，自己扛料，谁也不叫苦。有几个女工调至竹浆车间蒸切工段洗料机试工，准备代替男工。车间里还有许多女工纷纷要求去担任男工工作。虽然许多工作都没有做过，但她们个个干劲十足，能抵得上男工。浙江麻纺织厂北纺车间细纱挡车女工陈爱春，积极提高细纱质量，节约原料。生产时，她除严格执行规定的操作规程外，还经常

1　杭州市妇女联合会编：《杭州市街道全民办工业的基本情况》，1958年，第96页，杭州市档案馆馆藏，档案号：J127-1-58。

2　《每个妇女都要争取当女状元》，《杭州日报》1958年10月1日。

注意纱的成形状态是否正常。对断头较多的纱锭特别小心，每次落纱时仔细检查，发现有"冒头纱"或"冒底纱"，立即处理。因此11月上旬创造了无坏纱的出色成绩，纱头回丝大大降低，节约了许多原料。[1]

余杭丁桥农企公司伏虎生产队四小队队长周水花，原是杭州茶厂的女工。1960年秋响应党的号召，来到了农场，最开始，她担子不会挑，锄头不会拿，困难实在不少。但是，为了国家大办农业，大办粮食的号召，她便下定决心，勤学苦练。当时正在秋收，她不会割稻，便向当地女社员学习，刀怎么拿，脚怎么站。记住了要领，她便起早带晚地练习，一直到熟练为止。每年12月要开始冬耕，她想："田地耕得深，瘦土出黄金。我一定要学会耕田。"于是跑到生产队找老农民方有坤大伯教她扶犁。为了掌握当地的水利、土质、产量等情况，实事求是地制订春耕规划，她就去请教当地的老农民和干部，并把一丘田的情况记录下来，作为制订春耕计划的依据。由于勤学苦练，不到一年，她已经初步掌握了农业生产技术，而且成了队里的劳动生产能手之一。[2]

下城区流水竹器厂吴福娣，在党支部的领导下，克服了重重困难，发扬了敢想敢做的共产主义风格，大胆地进行技术革新。她自己设计图样，自己做木匠，经过7个昼夜的苦战，第一台竹制的打底机终于制作完成，产量从20多只提高到120多只，大大超过了手工操作。不断革新的精神，使吴福娣勇往直前。又经过和厂里技术革新小组的同志一起反复试验，终于制成一部电动开竹机，工效提高20多倍，以后她和群众一起在短短2个月中，又陆续创造了刀针机、土箕机等12种机具，吴福娣在全市竹器业技术革新史上，写下了光荣的一页，成为全区妇女学习的榜样。又如震旦绸厂挡车工陈玉香，为了超额完成国家计划，超额完成出口任务，在4年零1个月中消灭次货，在高产优质运动中能主动提出洋纺开到每小时2.5米，起了模范作用。同时还帮助同志提高技术，相互展开竞赛，做到你追我赶，推动了生产效率的提高。[3]

1　《陈爱春上旬无坏纱》，《杭州日报》1960年11月15日。
2　《勤学苦练的周水花》，《杭州日报》1961年3月12日。
3　下城区妇女联合会编：《两年多来妇女工作总结和今后任务》，1960年，杭州市档案馆馆藏，档案号：J127-1-71。

1962 年萧山棉纺织厂女工从工厂宿舍走向上班途中

　　这样平凡而优秀女工的例子数不胜数，比如广生布厂女工朱金娥一贯重视节约用纱，连续 26 个月每月全面超额完成计划，没有出过一匹次货，还节约了大量回丝；[1] 浙江麻纺织厂老模范岑芬，积极学习先进经验，克服了原料差（印度麻）的困难，按月完成产量、质量和节约指标，而且没有发生过生产事故；华丰造纸厂女技术员陈元富，经常深入车间帮助工人总结先进经验，解决了不少生产技术上的问题；杭州通用机器厂女车工许培冬，刻苦钻研技术，经常超额完成加工任务，产品质量又很好，博得大家的好评。这些女职工用身体力行吃苦耐劳，用自己的行动对祖国社会主义建设作出了卓越的贡献。

　　"文化大革命"以后，杭州地区的广大妇女树雄心，立壮志，朝气蓬勃地战斗在社会主义革命和社会主义建设的第一线。广大妇女把高涨的政治热情引导到抓革命、促生产、促工作、促战备上去。杭州妇联通过宣传，教育广大妇女坚决贯彻执行党的社会主义建设总路线，进一步投入"工业学大庆"的群众运动，充分发挥妇女"半边天"的作用，把各项工作搞得更好。如杭州第一织布厂三车间的女职工，在繁忙的工作之余，认真刻苦地阅读马克思和毛泽东的理论著作；杭

　　1　《朱金娥月月完成回丝指标》，《杭州日报》1957 年 2 月 17 日。

1969年新华造纸厂女工试制成功茶叶滤纸（程学武摄）

州毛巾被单厂孙照芳工作期间达成参加政治任务和生产任务全勤的目标；[1]新华丝厂的女职工坚持在高温季节夺高产，用低质原料缫出了高品位生丝，连续全面地提前超额完成国家计划；建德县长林公社东风煤矿"三八"平峒的女夺煤战士，为了扭转北煤南运，发扬了"一不怕苦，二不怕死"的革命精神，打炮眼、装炸药、搭支架，样样学着干，创造了优异成绩，成为全地区夺煤战线的一面红旗；在杭州无线电六厂，女职工占比70%以上，她们坚持艰苦奋斗，勤俭创业，在简陋的设备条件下，造出了大批精密的无线电专用设备和通用设备，成为全市的先进单位。

1973年，为了庆祝三八国际妇女节，杭州第三棉织厂妇女班槽筒小组、第一棉纺织厂、杭州针织厂的成衣、裁剪小组，杭州袜厂的穿头小组都超过了日产

1　杭州市妇女联合会编：《今冬明春妇女工作意见》，1973年，杭州市档案馆馆藏，档案号：J127-3-1。

计划。机械、化工系统的女工节日前后努力增产农机配套产品和配件，增产农药、化肥，支援农业。建德县田畈煤矿的 43 女职工和男职工一起，全矿 10 天挖煤超过一个月产量的 84%，使全矿提前 22 天完成了第一季度的生产计划。[1]

社会主义其他战线的活动，贯彻了勤俭建国、勤俭持家的方针。1957 年是社会主义建设健康发展并取得重大胜利的一年。杭州市妇女工作在党的统一领导下，贯彻八大和八届二中全会的精神，继续广泛深入地发动群众，全面持久地开展增产节约活动。[2]杭州市妇联为进一步贯彻勤俭持家的方针，使更多的妇女能治理好家庭，支援国家建设，对全市妇女做了以下几个方面的工作：

一是结合社会主义教育运动，广泛深入地进行勤俭持家教育。勤俭持家是勤俭建国的一个重要方面，是妇女支持社会主义的具体行动。当时，有部分妇女对家务劳动认识不足，认为搞家务没出息，参加工作才光荣；对勤俭持家也有抵触情绪，认为"反正就这些钱，巧妇难为无米之炊"。对于有这种思想的妇女，就向她们讲清楚：家庭是社会的细胞，家务劳动是整个社会生活中不可缺少的部分劳动，同样是光荣的。二是鼓励精打细算，合理安排开支。每个家庭的收入都有一定的限度，而我们生活中需要的支出是多方面的。衣、食、住、行每样都搞得好些，"积少成多"就是一大笔，所以如果不事先平衡好收支，是很容易超支借债的，古人所说"量入为出"的原则，今天仍然是适用的。要做到"五勤"（勤计划、勤安排、勤洗晒、勤缝补、勤学习），组织各种家庭进行社会服务劳动增加家庭收入。三是开展以节约粮食为中心的"六节"运动。所谓"六节"就是节约粮食、棉布、自来水、电、油和一切日用品。四是提倡和睦团结、友爱互助。管好家务并不是一件容易的事情，除了家庭主妇的努力外，还必须有其他方面的合作。

通过宣传教育，大家认识到，要建成社会主义，需要相当长的时间。我国经济文化落后，人民生活还不富裕，要建成社会主义，就必须发扬艰苦奋斗的优良

1　杭州市妇女联合会编：《关于纪念"三八"国际劳动妇女节活动情况汇报》，1973 年，杭州市档案馆馆藏，馆藏号：J127-3-2。

2　曹正法主编，中共杭州市委党史研究室编：《探索之路——杭州市社会主义时期党史专题》，北京：中共党史出版社，2005 年，第 82 页。

传统，长期坚持贯彻"勤俭建国、勤俭持家"的方针。[1]

国民经济从 1960 年下半年开始进入调整时期。广大妇女积极响应党的号召，"大办农业，大办粮食"，积极奔赴农业第一线。也有很多妇女从工厂回家后，又以勤俭持家的实际行动，帮助国家克服困难，她们省吃俭用，积极储蓄，支援国家建设。要求妇女们查质量、找原因、查浪费、搞节约、查潜力、攻关键，充分发挥生产积极性，开展评比节约能手等活动。[2] 1963 年 2 月 25 日召开的杭州市第五次妇代会，仍然提出坚持贯彻勤俭建国、勤俭持家的方针，为争取社会主义建设的新胜利而奋斗。到 1979 年 6 月 16 日杭州市第八次妇女代表大会上，又再次提出：发动全市妇女投入增产节约运动，为夺取工农业生产和各项建设事业的新胜利而奋斗。由此可见"勤俭建国、勤俭持家"是中国开始全面建设社会主义时期一贯的方针政策，也是杭州市妇女联合会的一项重要工作内容。

1966 年"文革"开始之后，杭州市妇联继续贯彻勤俭持家、节约粮食的方针。在桐庐县，分别在全县各公社大队召开勤俭持家、节约粮食的现场会议。会议邀请各大队妇女主任和各地挑选的勤俭持家、节约粮食的积极分子通过做报告的形式现身说法介绍经验，使得列席代表们到处可听可见，到处可问可学。会议自始至终以毛泽东思想为指导，突出抓住有关艰苦勤劳、勤俭建国、勤俭持家的思想认识，弄清节约粮食的目的。会场外有光荣榜、先进人物事迹、图片展览等，会场里有实物陈列，有粮有猪有菜，一些代表看了之后一致认为，听 10 次报告不如看一次现场，个个心服口服。[3] 桐庐方吴大队妇女主任郎菊英为了节约粮食，提出把糖留到春耕当点心吃，年糕要当正餐吃，经过教育宣传，人人都开始讲究节约，争取做到不缺粮。[4]

又如富阳高桥大队是一个田多人少的产粮大队，全大队 161 户 582 人，有男女劳动力 171 名（其中女劳动力 75 名）、田 1022.57 亩，平均每个劳动力负担

1　曹正法主编，中共杭州市委党史研究室编：《探索之路——杭州市社会主义时期党史专题》，北京：中共党史出版社，2005 年，第 83 页。
2　杭州市妇女联合会编：《关于增产节约运动中第三季度工作计划》，1959 年，杭州市档案馆馆藏，馆藏号：J127-1-66。
3　杭州市妇女联合会编：《桐庐县粮食局、妇联关于勤俭持家现场会议的总结报告》，1966 年，杭州市档案馆馆藏，档案号：J127-1-100。
4　杭州市妇女联合会编：《方吴大队代表在全县勤俭节约计划用粮会议上的发言》，1967 年，杭州市档案馆馆藏，档案号：J127-2-76。

13.62 亩。在紧张的春耕生产中，广大妇女群众在党支部和妇代会的领导下，认真学习毛主席著作，积极地投入春耕生产，发挥了"半边天"的作用。在早稻插秧期间，妇女出勤拔秧种田割大麦的有 117 名，占妇女劳动力的 146%，首批早稻 660 亩，其中妇女种了 215 亩，占首批早稻的 32%。119 亩大麦，全部由妇女收割进来。妇女的积极劳动，有效地加快了生产进度，把住了季节。大队都赞誉妇女说："高桥的生产多亏了妇女。"在家庭，夫妻同下田头，同包灶头，互敬互爱，互相帮助。高桥的妇女群众已经成为集体生产不可缺少的力量，第二生产队队长范德甫说："队里一天不分妇女做活，她们就会上门来讨；妇女一天不去干活，队里生活就没有头绪。"这足以看出妇女在生产生活中的重要性。[1]

20 世纪 70 年代之后，妇女们在妇代会的领导下组织学习毛主席著作，进一步提高妇女的觉悟，树立"种田为革命"的思想，以主人翁的态度参加集体劳动。前几年，妇女参加集体劳动也比较好，但劳动目的不明确，做活挑肥拣瘦，做工斤斤计较，劳动不求质量。后来在妇代会党支部的领导下，建立学习毛主席著作的制度，在劳作之前，生产队统一组织男女社员学习《为人民服务》。妇代会分三片召开妇女会，以毛泽东思想为武器，进行了"种田为革命"的教育，在插秧期间，又发动妇女统一学习了毛泽东"下定决心，不怕牺牲，排除万难，去争取胜利"的语录。广大妇女群众在毛主席思想武装下，不怕苦，不怕累，在早稻种植期间，天天深夜一两点出门拔秧，八点才休工。如女社员俞爱凡，已经是 3 个孩子妈妈，但是她依旧天天起早落夜插秧种田，学习了毛主席著作之后妇女同志们干劲十足，积极劳作。[2] 许多妇女以无产阶级的观点正确对待恋爱、婚姻、家庭、生育及子女等问题，未婚女青年能自觉实行晚婚，不挑结婚日子，不要彩礼，不办嫁妆，不铺张浪费。这些都是妇女们贯彻勤俭节约方针的最好表现。[3]

同时，杭州市妇女联合会加强了对各级妇女的领导，将全市各地区公社、城镇、街道的革命妇女组织普遍地进行了整建。整建之后的妇女组织进一步提高了

1　杭州市妇女联合会编：《怎么发挥妇女半边天的作用》，1966 年，杭州市档案馆馆藏，档案号：J127-2-101。

2　杭州市妇女联合会编：《越学越有劲，越干越年轻》，1971 年，杭州市档案馆馆藏，档案号：J127-3-1。

3　杭州市妇女联合会编：《妇女情况》第五期，1975 年，杭州市档案馆馆藏，档案号：J127-3-30。

广大妇女干部和妇女群众的觉悟，充分发挥广大妇女的作用。同时，市妇联倡议文化、教育、卫生等各条战线上的广大革命妇女认真学习马列主义、毛泽东思想，努力改造世界观，去服务人民。市里许多女医务人员热烈响应毛主席关于"把医疗卫生工作的重点放到农村去"的伟大号召，下放到农村，为贫下中农防病治病。在街道里弄，许多家庭妇女走出家门，办起了各种街道工厂和服务行业，为国家创造了大量财富。上城区小营街道开办了 7 个街道工厂、18 个加工小组，有 800 多名家庭妇女参加了集体生产。清波街道 7 名家庭妇女用"一辆破车两只盘"办起了淘炼翻砂厂。街道、居民区广大妇女在市妇联的影响下，在治安保卫、除四害、讲卫生，计划生育等各项工作中做出了出色成绩。她们还勤俭持家，节约粮、钱、煤、水、电，从各方面支援国家的社会主义建设。[1]

三、创建"五好家庭"活动

创建"五好"家庭在杭州是逐步开展的。1953 年 8 月，杭州市妇联根据上级妇联加强职工家属工作的指示，逐步开展了职工家属工作。先在下城区宝善桥进行职工家属工作的试点，入冬后，各区先后开展（除西湖区外）。当时对贯彻"五好"的思想还不明确，主要以推动生产为教育内容，仅要求家属使职工吃好、穿好、休息好。有的区还举办了职工家属积极分子训练班，培养工属骨干，取得了一些成绩。经过宣传，大部分职工家属初步认识到照顾好职工生活与生产的关系，认识了家务劳动的意义。在此基础上，逐步充实教育内容，从"三好"发展到"五好"。

1954 年华东城市妇女工作座谈会后，市妇联明确了依靠职工家属，团结各阶层妇女群众为生产服务的方针，并向家属提出了"五好"，即家庭邻里好、家庭生活安排好、教育子女好、鼓励亲人生产工作学习好、自己学习好。同时注重对基层干部的培养，保证了职工家属在街道中的领导地位和在数量上占到优势。在 1954 年的评模工作中，出现了爱护丈夫身体、推动丈夫生产有成绩的市级工

1　《杭州妇女在继续革命道路上奋勇前进》，《杭州日报》1972 年 3 月 8 日。

属模范 2 人，基层模范 3 人。[1]

1955 年全国城市妇女工作会议后，职工家属工作逐渐成为妇代会的经常性工作。通过各项中心运动和日常工作，普遍在家庭中贯彻"五好"。

1956 年三八节起，根据全国妇联在各界家庭妇女中开展"五好"指示的精神，杭州市在各阶层、街道妇女中开展"五好"活动，使家庭主妇明确自己的奋斗目标，涌现出不少执行"五好"的家属。据 1956 年 5 月的统计，在全市 3000 多名各级先进生产（工作）者家属中，有 64 名家属全面做到了"五好"。有 13 名被评为省、市、基层各级优秀家属，执行"三好"、争做"五好"。如沈塘桥邮电宿舍在 246 户家属中，1956 年二季度执行"五好"的只有 30 户，第四季度增加到 130 户[2]，特别是 1956 年四季度各区召开人民代表大会时，有关"五好"材料均列入总结报告内容之一，各区妇联也作了发言，引起了各方面的重视，特别是各街道办事处的重视，为 1957 年"五好"积极分子的评选打下了基础。

工商业者家属在资本主义工商业社会主义改造中，经过了教育，参加各种政治学习，提高了认识，积极贯彻"五好"，推动亲人接受改造。1957 年，工商界被评为县级先进生产工作者的有 800 多个，他们获得了光荣的表扬与奖励后说的都是"要感谢党的教育和职工的帮助，同时也是和妻子的不断鼓励与帮助分不开"，这就说明了家属对社会主义改造发挥了特殊作用。由于"五好"的推行，妇女的政治觉悟也提高了，无组织的妇女也开始组织起来，同时在社会上不断涌现出团结进步、互助友爱的新型社会主义家庭。全市广大妇女的进步体现出党和政府对妇女运动的正确领导和支持。

1957 年 1 月 9 日，市妇联认真总结了杭州贯彻"五好"情况的四条经验：第一，认真总结"五好"工作，进行评选"五好"积极分子，召开全市性的"五好"积极分子大会；第二，必须根据不同时期提出不同重点、根据不同对象提出不同要求和不同重点；第三，进一步向有关单位大力宣传，组织有代表性的各种"五好"典型汇报会，邀请党、政、工、团有关宣传部门参加，宣传部做好编写

1　曹正法主编，中共杭州市委党史研究室编：《探索之路——杭州市社会主义时期党史专题》，北京：中共党史出版社，2005 年，第 84 页。
2　杭州妇女联合会编：《徐剑委员发言：勤俭治家积极争取做到五好》，1957 年，杭州市档案馆馆藏，档案号：J127-1-50。

宣传资料工作；第四，各级妇联制定关于开展"五好"工作规划。同年2月上旬，根据全面彻底地开展增产节约运动的精神，为进一步推动家庭劳动为生产服务的活动，调动广大家庭妇女的积极性，树立"五好"旗帜，以更好地推动亲人投入增产节约运动，在街道妇女中广泛进行了"五好"教育，并在提高认识的基础上，开展全市家庭妇女评选"五好"积极分子的工作。全市共选出区级和基层积极分子667人，经区委评出市级"五好"积极分子共282人。其中，小组长以上干部128人，群众154人。[1]

1958年4月4日，市妇联举行了"比先进、比干劲"的跃进大会。会上，市妇联主任崔波宣读了市妇联1958年妇女工作规划。规划要求全市妇女干部掀起一个以勤劳节约为中心的声势壮阔、规模巨大的社会主义"五好"运动，即：爱国爱党、政治思想好；生产工作学习好；勤俭持家团结互助好；消灭"七害"、清洁卫生好；赡养老人、教育子女好。在同年4月19日送交市委批转的1958年妇女工作规划中，提出"继续深入持久地贯彻勤俭建国、勤俭持家的方针，普遍宣传推广'五好'、促进工农业生产大跃进"工作方针。同年6月，杭州市妇联制定的街道妇女竞赛规划中，提出了"六好"，即：爱党、爱国、政治思想好；生产工作学习好；勤俭持家、团结互助好；除害灭病、清洁卫生好；赡养老人、教育子女好；社会主义道德风尚好。同时还提出到1959年3月止，要求全市"六好"积极分子在原有"五好"积极分子667人的基础上达到20000人。在街道妇女中，一年内做到"六好"要求的达到80%，没有"三好"以下户。要求每个区有"六好"街道（以派出所辖区为单位），每个街道有"六好"居民区，每个居民区有"六好"小组，每个小组有"六好"家庭和"六好"的各种模范人物等。[2]

中国进入"三年困难时期"后，为了发动妇女勤俭持家、克服困难，1961年12月24日，市妇联召开了勤俭持家积极分子大会，市妇联主任李竹坪作了关于勤俭持家的专题发言。大会向全市妇女再次提出了"六好"的倡议。"六好"的内容同1958年提出的"六好"有所不同，突出了勤俭节约。即：爱党、爱国、

1　曹正法主编、中共杭州市委党史研究室编：《探索之路——杭州市社会主义时期党史专题》，北京：中共党史出版社，2005年，第85页。
2　曹正法主编、中共杭州市委党史研究室编：《探索之路——杭州市社会主义时期党史专题》，北京：中共党史出版社，2005年，第86页。

遵守政策法令好；鼓足干劲、生产工作好；勤俭持家、安排生活好；种瓜菜、饲养家畜家禽、节约粮食好；家庭邻里团结互助好；尊敬老人、教育子女好。

以勤俭节约为主旨的"五好"家庭活动，虽在各个历史时期的内容有所不同，有所变动，但推动"五好"家庭活动始终是市妇联的一项经常性的工作，它起到了移风易俗、改进社会风气的作用。广大家庭妇女进一步认识到家务劳动的重要，初步树立了勤俭节约的光荣感和责任感，有的从过去不够安心到现在开始安心了，有的改善了家庭邻里关系，婆媳关系较前有了好转，有的注意了子女教养的方法。在评选中，群众普遍反映说，过去总认为搞家务最没有出息，现在竟然能与工厂、企业一样，也能评"五好"积极分子，大家都认为这是破天荒的，妇女们也认识到搞好家务，做好勤俭节约工作不仅对自己好、对家庭好，对国家也好。在一次座谈会上，中城区吴庆贤老太太感动地说："过去做家务做不出山，现在是出头了，做到'五好'对自己对家庭都有好处，还会国富民强，有的家属已经开始安心做起了家务。"如拱墅区王有全说："以前我总认为自己是高中毕业生，躲在家里感到埋没了自己，碰到熟人也感到惭愧，虽然过去也通过学习思想有所转变，但这次'五好'评选使我更加清楚了家庭建设的重要性，今后一定安下心来搞好家务，做好勤俭节约工作。"由于认识到家务劳动的社会意义，过去"五好"搞好的在逐步提高，即使执行较差的也在改进，主要表现在家庭邻里关系和教养子女上。首先是减少了纠纷，打骂子女情况也比以前减少。如宿舟河下 83 号墙门群众反映说："以前经常吵架，现在也变得太平了。"又如下城区韩招弟出席了区"五好"积极分子大会，回去后对孩子说："妈妈今后不再打你们了，而你们也要乖一点。"丈夫也放心了，她丈夫说："这次大会好像给你吃了 2 斤白木耳一样，使你有这样大的力量改正缺点。"[1] 邻里团结互助上工作也更好开展了，如沈塘桥邮电宿舍一个月之中就有互助事件 40 多件，相当于原来一个季度的总数。婆媳关系也开始转变，如横河桥家属陈如索过去对婆婆不够好，评选之后提高了认知，但是又感到一下子转变也有些困难，就先通过女儿逐步改善，如自己去买菜时要女儿去问问祖母想要吃什么，开始关心婆婆的饮食起居。

1　杭州妇女联合会编：《杭市五好积极分子评选工作总结》，1957 年，杭州市档案馆馆藏，档案号：J127-1-48.

∽ 第三节　杭州市妇联涉外活动 ∽

一、杭州是展示中国妇运成就的重要窗口

1956 年随着社会主义革命和"三大改造"陆续完成，中国妇女在政治、经济、文化、社会和家庭等各方面，已经享有同男子平等的权利，获得了妇女解放。于是，这就对妇女运动提出了新的要求。杭州市妇联发出倡议，勤俭建国、勤俭持家，为建设社会主义而奋斗。勤俭持家是勤俭建国的一个重要方面。勤就是辛勤劳动，俭就是厉行节约；勤可以增加生产、增加收入，俭可以减少浪费、增加积累。两者结合起来，既可以建好国，又可以持好家。学习勤恳劳动、俭朴节约的优秀美德，以勤俭的精神，以创造性的劳动去完成国家要求的生产、工作任务。同时，号召妇女们在日常生活中注意一点一滴的节约，节约粮食、布、煤、电、水和一切日常用品，以主人翁的态度帮助国家克服困难，帮助国家进行社会主义建设。

1957 年 3 月 8 日，杭州市各界妇女 1600 多人，举行纪念三八国际妇女节大会。在会上，杭州市民主妇女联合会副主任潘志澄阐述了纪念三八国际妇女节的意义，号召全市妇女在不同的岗位上积极响应党和政府增产节约的号召，勤俭建国，勤俭治家，争取完成和超额完成第一个五年计划。

中共杭州市委常委、杭州市副市长顾春林代表中共杭州市委和市人民委员会向妇女致以热烈的祝贺，并且对杭州市的妇女运动作了回顾。各界妇女在杭州妇女联合会的领导下，在社会主义建设和社会主义改造方面都作出了巨大的贡献。杭州市各方面所取得的巨大成就，是和全市妇女的努力分不开的。同时，他要求各界妇女正确了解国家在前进中的困难，对改善生活不能要求过急过高，要把个人利益和国家利益密切结合起来，进一步发扬艰苦奋斗的精神，反对铺张浪费，做到勤俭建国、勤俭治家。顾春林还要求大家以正确的态度来对待婚姻和家庭问题，提倡尊老爱幼，用共产主义道德原则来教育和培养下一代。他还谈到了适当提倡晚婚和节制生育问题。之后还表彰了优秀的妇女代表，如浙江麻纺织厂女工

倪水英、新塘乡御道农业生产合作社社员赵水月、杭女中教师章展、归国华侨陈碧琴等。

杭州市工业、农业、手工业、部队、机关、文化、教育、医务、宗教、归国华侨以及工商界的妇女们，纷纷在市妇联号召下组织举行纪念会、座谈会、报告会，欢聚一堂，庆贺节日。数以万计的妇女，听了参加过长征的革命女干部陈修良、赵兰等讲的"长征"故事，听了有关培养共产主义道德品质、教育孩子、理好家务的报告，交流了如何争取做社会主义积极分子的经验。曾经在英国留学的民盟杭州市委家属工作组组长陈淑，在一个座谈会上追述了48年前妇女运动的情况和在英国看到的同工不同酬，女工、童工劳动过度，健康得不到保障的不平等待遇。300多个基督教、天主教、佛教、道教和伊斯兰教女教徒，有史以来第一次在一起集会，表现了不同宗教信仰的妇女大团结。

不少基层组织还为妇女们出了漫画、墙报、黑板报专刊。杭八中的男教师也写了专文向女教师祝贺。下城区东街路居民业余剧团为纪念三八节演出了话剧《两夫妻》和相声《态度问题》。不少妇女还利用假日到郊外去"踏青"，欣赏西湖春色。[1]

同年11月7日，是苏联十月革命胜利40周年。杭州市妇联在《杭州日报》上发表了一篇名为《苏联妇女是我们的榜样》的文章，号召杭州市各界妇女向苏联妇女学习。文章特别指出十月革命使苏联妇女永远摆脱了被压迫、被剥削、被奴役的命运，取得了政治、经济、文化、社会和家庭生活中的平等权利，成为国家的主人。苏联妇女为人民、为自身解放进行英勇斗争，为社会主义建设辛勤劳动的光辉榜样，永远指引着中国妇女前进的方向。[2]同时，文章还提到苏联人民40年来获得的成就渗透着苏联妇女的辛勤劳动，成千上万的妇女和男人一样，在工厂、矿山、集体农庄、学校、机关里，以勤俭的精神，以创造性的劳动，为国家增加了大量财富。在全苏联的职工总数中，妇女占45.4%；在具有中等专科教育程度的专家中，妇女占66%，女工程师和女技师有48万；而在农业战线上，40%以上的农学家都是妇女。有许多妇女是各种重要倡议的发起人，而这些倡议

1　《本市各界妇女举行各种活动——祝贺"三八"妇女节》，《杭州日报》1957年3月9日。
2　《苏联妇女是我们的榜样》，《杭州日报》1957年11月7日。

对整个国民经济和社会生活都发挥着巨大的作用。

1957 年 6 月 1 日，杭州各界妇女代表在市妇联举行会议，抗议美军在台湾的暴行，声援台湾人民的正义斗争。民革妇女代表包稚颐说："这次台湾同胞的反美斗争不是偶然的。台湾在美帝侵占下，人民所受苦难一天天地加深，愤怒已到了忍无可忍的程度，这次是一个大爆发。"同时，她表示要以实际行动来支援台湾人民的正义斗争，为早日解放台湾而努力。基督教代表戚伟英说："美国侵略者的暴行使我恨之入骨。今日台湾的同胞真是生活在水深火热之中。"[1] 她觉得只有把美帝国主义赶出台湾，才能保证台湾人民的幸福。九三学社代表纽增琳说："这一事件使我想起了解放前美国兵在中国实施的暴行，今天同样的惨剧又发生在台湾，我们全国人民一定要团结起来，解放台湾，为死难者报仇。"她表示九三学社的全体妇女同志会在完成自己的本职工作之外，决心拿出一切力量来为解放台湾而斗争。天主教代表钟尚超表示，会尽一切能力帮助台湾妇女脱离苦海。归国华侨陈笑兰说："我们会和台湾同胞在一起，为解放台湾而奋斗。"职工家属郑彦说："虽然今天是六一儿童节，但是台湾儿童们的生活不堪想象。"

1962 年，杭州市妇女联合会开始发动社区妇女组织建立基层妇女代表会。基层妇代会的主要工作对象是家庭妇女和民办的生产、福利、服务组织中的妇女，它是党广泛联系妇女群众的纽带，是妇女联合会的基层组织。基层妇代会首先在皇诰巷进行试点，基层妇代会在提高妇女觉悟、关心妇女利益等方面，作出了一定的成绩，妇女们都把它称为"娘家"，后来有什么事都希望找基层妇代会商量。基层妇代会受到了广大妇女群众的欢迎。之后，基层妇代会在全市推广组建，主动解决妇女群众迫切需要解决的一些切身问题。基层妇代会的主任、委员经常通过上门访问、谈家常的办法，和妇女群众交朋友，了解妇女群众的需要。[2]

1964 年越南战争爆发后，杭州市妇联积极分批向干部群众进行抗美援越的宣传教育工作，广大基层妇女干部和群众对当时越南的局势非常关心，当她们听说抗美援越，都积极前来参加，有一点文化的妇女常常给大家读报纸，及时了解

1　《杭市各界妇女声援台胞斗争》，《杭州日报》1957 年 6 月 3 日。

2　《加强基层妇代会的工作》，《杭州日报》1962 年 8 月 11 日。

越南局势的发展。[1]

1966 年"文革"开始后杭州市妇联的对外交流活动基本停顿。

二、杭州市妇联接待各国来访妇女团体

1953 年 7 月，出席世界妇女大会后应邀来我国访问的印尼、缅甸、日本、澳大利亚和拉丁美洲的巴西、玻利维亚、哥伦比亚、危地马拉、厄瓜多尔等国妇女代表 23 人，在杭州参观访问。其中缅甸和澳大利亚的代表各一人 23 日晚去广州，其余代表在 24 日离开杭州回北京。代表们在杭州游览了西湖、灵隐寺、玉泉寺、孤山、黄龙洞等风景区，参观了浙江麻纺织厂。浙江省和杭州市民主妇女联合会联合设宴招待。[2]

1954 年，应中华全国民主妇女联合会邀请前来我国参加国庆观礼的各国妇女代表团及妇女代表于 10 月 20 日到达杭州。来杭州访问的各国妇女代表团及妇女代表有：以安穆·斯瓦米纳坦夫人为首的印度妇女代表团 9 人，以沙阿·纳瓦兹夫人为首的巴基斯坦妇女代表团 7 人，以神近市子为首的日本妇女代表团 10 人，泰国妇女代表 2 人，以玛丽·杰拉马尔为首的法国妇女代表团 5 人，以阿达·戈贝蒂为首的意大利妇女代表团 5 人，南非妇女代表 1 人，以色列妇女代表 2 人，黎巴嫩妇女代表 1 人。[3] 此外，以阮氏淑媛为首的越南妇女代表团 5 人，蒙古妇女代表 2 人，也在此期间来到杭州参观游览。

1956 年 5 月 7 日，参加国际民主妇女联合会理事会北京会议的苏联代表团团长丽佳·波得罗娃、团员吉纳伊达·卡加林娜、卓娅·伊万诺娃等人和波兰代表团团长阿丽齐雅·穆霞洛娃等 11 人乘车抵达杭州。[4] 同日，阿尔巴尼亚、阿根廷、保加利亚、哥斯达黎加、捷克斯洛伐克、芬兰、法国、德国、匈牙利、伊朗、意大利、尼日利亚、罗马尼亚、西班牙、瑞典、瑞士、泰国、英国、美国等 22 个国家的理事和特邀妇女代表共计 56 人，在国际民主妇女联合会副主席、埃

1 杭州妇女联合会编：《思想动态》1965 年 5 月 17 日。
2 《来我国访问的各国妇女代表》，《当代日报》1953 年 7 月 26 日。
3 《各国妇女代表团及代表到杭》，《当代日报》1954 年 10 月 21 日。
4 《苏联、波兰妇女贵宾来杭》，《杭州日报》1956 年 5 月 8 日。

及的西萨·纳巴拉奥维、尼日利亚的兰索姆·古蒂夫人带领下，来杭州进行友好访问。[1] 浙江省民主妇女联合会代主任文芸、副主任刘天香，杭州市民主妇女联合会主任陈碧如、副主任李竹坪、徐钊、钟雯娟等人在车站热烈欢迎。在 2 天的时间内，代表团分别游览了西湖、灵隐等杭州景点。

第二天，苏联代表团团长丽佳·彼得罗娃，团员吉纳伊达·卡加林娜、卓娅·伊万诺娃和波兰代表团团长阿丽齐亚·穆霞洛娃等一行人在市妇联人员的陪同下泛舟西湖。这些客人被美丽的西湖景色深深吸引，不时地发出"好极了""美极了"的赞美声。当大家上岸到达"三潭印月"的时候，苏联代表团团长丽佳·彼得罗娃久久没有起身，她说："我真愿意在这里休养一个月。"贵宾们游玩了"三潭印月"，又不顾身体疲劳，继续登上了孤山的最高点，俯视西湖全貌。她们怀着羡慕的心情说："这里真是天堂，你们住在这里真是幸福！"贵宾们后来还以极大的兴趣观看了浙江省博物馆的"喷水鱼洗"。

下午，代表团一行人在灵隐寺看到伟大的建筑和精细的雕刻，对我国劳动人民的艺术成就称赞不已。在游览了玉泉后，又访问、参观了都锦生丝织厂，详尽地了解了该厂新中国成立前后及公私合营前后的情况，最后她们对都锦生丝织厂厂长的热情、详尽的解答表示极为满意和感谢。晚上，代表团应邀出席了浙江省及杭州市妇女联合会举行的便宴会。

第三天，代表团团员冒着大雨到梅家坞访问了杭州市十月农业生产合作社，不少团员对该社逐步从互助组发展到高级形式的合作社的成长过程有很大兴趣。在听了有关该社的情况介绍之后，又撑着从社员们那里借来的雨伞，到炒茶工场参观了炒茶的操作过程。合作社主任怀着极其兴奋的心情，领着代表团团员们参观了即将安装的炒茶机器。

在欢送会上，国际民主妇女联合会副主席、埃及的西萨·纳巴拉奥维和工商界家属陈瀛初，认识不过一天多的时间，但是像老朋友那样，相互在本子上签上了通信地址，她们说：我们会加强我们的友谊！在车站的另一头，国际民主妇女联合会副主席、尼日利亚的兰索姆·古蒂夫人，正和一位青年姑娘热烈地拥抱、

---

1 《22 个国家的妇女嘉宾昨晚来杭》，《杭州日报》1956 年 5 月 9 日。

保加利亚、匈牙利代表访问杭州　　　　匈牙利妇女代表团成员在梅家坞采茶

亲吻，这位妈妈热情地跟姑娘说："我希望你也能到尼日利亚来。"贵宾们热烈地和每一个欢送的主人握手、拥抱，她们用刚刚学会的中国话说："再见！再见！"下午2时，苏联代表团乘火车离开了杭州。

1959年5月，应全国妇女联合会邀请来我国参加五一国际劳动节观礼和访问的阿尔巴尼亚、保加利亚、捷克斯洛伐克、德意志民主共和国、匈牙利、蒙古、罗马尼亚、朝鲜民主主义人民共和国、越南民主共和国和波兰等10个社会主义国家的妇女代表团31人，在全国妇联书记处书记杨蕴玉陪同下，于17日下午乘车来杭参观访问。浙江省暨杭州市妇女联合会的负责人和工作人员以及各界妇女代表等前往车站迎接。[1]

阿尔巴尼亚、捷克斯洛伐克、德意志民主共和国、匈牙利、蒙古、罗马尼亚、朝鲜民主主义人民共和国和波兰等8个社会主义国家的妇女代表团在杭游览了西湖名胜古迹，参观了梅家坞、都锦生丝织厂后，乘车离杭去沪。保加利亚、越南民主共和国妇女代表团结束了在杭的游览访问后，对杭州妇联代表热情招待表示感谢之后，乘车离杭去粤。浙江省妇联和杭州市妇联的负责同志及各界妇女代表、妇女工作者前往车站欢送。

1960年3月，为了庆祝国际三八妇女节50周年，苏联、越南、柬埔寨等社会主义国家的妇女代表们来杭州参观游览。当晚市妇联举行宴会，招待在杭的国际友人。

1　《十个兄弟国家妇女代表来杭》，《杭州日报》1959年5月18日。

市妇联主任崔波在会上讲话，她向大家致以节日的热烈祝贺。她说：今天，我们能和苏联、越南、柬埔寨的姊妹们欢聚一堂，共庆妇女自己的节日——三八国际劳动妇女节，感到非常高兴。崔波接着叙述了新中国成立十年来，杭州市广大妇女在党的领导下，在各方面取得伟大的成就。最后她说：让我们继承和发扬三八国际劳动妇女节的革命传统，高高举起和平、民主、社会主义的旗帜，向着世界和平、人类进步和妇女彻底解放的伟大目标胜利前进。[1]

1963 年夏天，印度尼西亚妇女代表团和尼泊尔妇女代表来杭州进行友好访问。时任杭州市市长的王子达举行宴会表示欢迎，在宴会上，王子达和两国的代表先后讲了话。王子达热烈欢迎两国贵宾来杭州访问，并祝贺亚洲、非洲、拉丁美洲各国妇女和人民在反对帝国主义，特别在反对美帝国主义的斗争中进一步团结起来，争取更大的胜利。他说：中国人民坚决支持亚洲、非洲和拉丁美洲各国民族解放运动和人民革命运动。[2]

印度尼西亚妇女代表团团长和尼泊尔妇女代表在讲话中，祝贺各国妇女和全体人民在反对美帝国主义和新老殖民主义的共同斗争中，取得新的胜利。

同年，应全国妇联邀请来我国参加国庆活动并进行友好访问的来自非洲、拉丁美洲的妇女代表团和妇女代表，在全国妇联书记处书记郭建等的陪同下，来杭参观游览。浙江省妇女联合会副主任厉矞华、杭州市妇女联合会主任崔波、副主任李竹坪，中国作家协会浙江省分会主席、浙江省文学艺术工作者联合会主席方令孺，《浙江日报》副总编辑丁菲等人前往车站迎接。同时，杭州市的妇女干部向外宾们献了鲜花。代表团成员分别有：巴西总统府新闻秘书的夫人比·邦戴拉、《最后一点钟报》副社长的夫人若·埃切维里和路·普拉达夫人等巴西妇女代表，以米·罗·卡尔德隆夫人为首的古巴妇女代表团；以娜·柯裘夫人为首的加纳妇女代表团，葡属几内亚和佛得角非洲独立党妇女代表玛·达·昂特拉特夫人和芳·卡玛拉夫人。[3]

1965 年 5 月 3 日，罗马尼亚妇女代表团来杭州参观游览。在杭州，代表团

1　《市妇联设宴招待在杭国际友人》，《杭州日报》1960 年 3 月 9 日。
2　《王市长欢宴印尼、尼泊尔妇女代表》，《杭州日报》1963 年 7 月 23 日。
3　《一批妇女代表团和妇女代表到杭》，《杭州日报》1963 年 10 月 13 日。

日本妇女代表团访问杭州　　　　　坦桑尼亚妇女代表团访问杭州

一行参观了都锦生丝织厂、梅家坞茶叶生产大队，游览了三潭印月、西山公园、虎跑、灵隐寺、黄龙洞等著名景点。代表团团长米亚说，通过访问中国，我看到了中国妇女的强大，觉得那些劳动的妇女同志很幸福。在梅家坞，她们参观了杭州妇女同志炒茶时的场景，代表团一行人很感兴趣，想要参与进来。[1] 1966 年，日中友好协会（正统）妇女访华代表团来杭州游览参观，在杭州期间，参观了东方红丝织厂、十月茶叶生茶大队、新安江水力发电站等景点。在参观新安江水电站之后，代表团表示水电站建设的工人是作为国家主人来从事建设的，而日本的工人则只是资产阶级的工具而已。代表团对杭州的丝绸也是赞不绝口，对丝织厂和工人问了许多问题。[2]

此后，受到国内政治环境的影响，来杭的妇女代表团开始减少，直到改革开放后才恢复正常。

　　1　杭州妇女联合会编：《罗马尼亚妇女代表团在杭活动简报》，1965年，杭州市档案馆馆藏，馆藏号：J127-1-145.
　　2　杭州妇女联合会编：《日中友好协会（正统）妇女访华代表团在杭简报》，1967年，杭州市档案馆馆藏，档案号：J127-1-161。

第四章　发展：改革开放后的杭州妇联
（1978—2002）

  1978 年党的十一届三中全会召开，中国社会迈向改革开放新阶段。杭州市妇联于 1979 年召开第八次妇女代表大会，将市妇联的工作重心转移到为实现四个现代化服务上来。"学先进、干四化""为振兴繁荣杭州而奋斗""紧扣改革旋律，激励巾帼建功"等工作口号的变迁，折射出杭州市妇联工作的转型发展。1978—2002 年间，杭州市妇联在农村妇女中，继续广泛深入开展"双学双比"活动；在城镇广大女干部、女知识分子和女职工中，开展"争当能手、争做巧手、创优质产品、优良服务"的"巾帼建功"活动。此外，杭州市妇联积极维护妇女权益、保障儿童发展，开展"五好"家庭评选；深化妇女友好交流合作、服务外省来杭务工妇女、接待海外妇女来杭交流经验、参与香港、澳门回归等重大庆祝活动。

⌒ 第一节　推动妇女组织转型发展 ⌒

一、"学先进、干四化"

"四化建设"一词出自 1965 年 1 月 4 日第三届全国人大第一次会议，周恩来总理在大会上所作的《政府工作报告》中第一次提出四个现代化。他在报告中号召全国人民"在不用很长的历史时期内，把中国建设成为一个具有现代农业、现代工业、现代国防和现代科学技术的社会主义强国"。但由于在十年探索时期，我们陷入错误的斗争当中，而忽视了正确的四化建设道路，直到 1978 年十一届三中全会之后将党的中心任务重新转移到经济建设上来，才开始轰轰烈烈的"四化运动"。

1979 年，杭州市召开第八次妇女代表大会，市妇联主席姚莲娟在大会中反思和总结从 1973 年杭州市第七次妇女代表大会以来的工作。她指出，全市妇女在党的领导下，经历了同"四人帮"及其帮派体系尖锐激烈的斗争，抓纲治国、拨乱反正，为实现安定团结，恢复和发展国民经济而奋斗，在三大革命运动中作出了重要的贡献，显示出妇女是一支伟大的革命力量。在十年探索时期的前几年，杭州妇女在市委的领导下，认真执行了党的路线、方针、政策，各级妇联组织也

1979 年杭州市妇联第八届执行委员合影

做了大量工作，广大妇女干部勤勤恳恳全心全意为人民服务，在社会主义革命和建设中立下了功劳。即使是后来面对"四人帮"对杭州妇联工作的干扰，对妇女干部的污蔑与迫害，杭州妇联及各级妇女组织依旧坚守岗位，坚持做好本职工作。

粉碎"四人帮"之后，党的十一届三中全会明确了妇女工作的方向和任务，此后，整个妇女战线出现了生气勃勃的景象。杭州市妇联高举毛泽东思想伟大旗帜，在中共杭州市委的直接领导下，进一步贯彻十一届三中全会的精神，坚持四项基本原则，积极投入增产节约的运动，为顺利完成国民经济调查任务、实现四个现代化以及自身的彻底解放而确立了奋斗目标。

第一，努力学习，使妇女的思想、工作和业务技术适应四化建设的需要。

实现四个现代化，是一场前所未有的伟大革命，必然会遭遇到许多新情况、新问题。长期以来，由于林彪、"四人帮"设置的重重禁区，以及封建思想残余和小生产的习惯势力的影响，部分妇女思想仍受禁锢。因此为解放妇女思想，市妇联要组织广大妇女认真学习马列和毛主席著作，准确、完整地领会毛主席思想的科学体系，继续学习十一届三中全会公报和中央工作会议的精神，坚持社会主义道路，坚持无产阶级专政，坚持党的领导，坚持马列主义、毛泽东思想这四项基本原则，以肃清林彪、"四人帮"对妇女工作的恶意影响。同时也要密切联系妇女工作的实际，批判"妇女落后""妇女无用"等谬论，扫除妇女自卑感，振奋革命精神，充分发挥她们的积极性和创造性。[1]

华国锋说过，"一定要极大地提高整个中华民族的科学文化水平"。因此，妇女们除了要学习马列主义、毛泽东思想之外，还要努力学习经济管理、科学技术，学习一切先进经验，以精通业务。市妇联要积极协调开展扫盲工作，尤其要扫除女青壮年、女党团员和妇女干部中的文盲。各级妇女组织，要把组织妇女学习文化科学技术，作为一项重要任务来抓。要帮助妇女安排好家务，为她们学习创造条件。要采取夜校、识字班、午读班，以及各类业余学校等多种形式，组织妇女学习。

第二，以主人翁姿态，积极投入增产节约运动。

1　姚莲娟：《杭州市第八次妇女代表大会上的工作报告》，1979 年 6 月 16 日，杭州市档案馆馆藏，档案号：J127-005-024-036。

为贯彻落实国民经济调整的方针政策，杭州市委决定要掀起增产节约群众运动，并确定了生产目标，"粮食总产量要在去年丰收的基础上再增产三亿元，单产增加一百到一百五十斤，各种经济作物和林、牧、副、渔要有一个新的发展，工业要求在调整中稳步前进，在前两年大幅度增长的基础上，今年的总产值应比去年增长百分之十，全面完成各项经济技术指标"。而妇女作为劳动大军的"半边天"，应以主人翁的姿态，积极投入增产节约运动中。

市妇联要动员好农村妇女与城镇工厂女职工，在农村方面，帮助农妇们贯彻执行中央关于农业问题的两个重要文件，开展科学种田、农田基本建设，提高粮食产量，发展多种经营和工副业生产。在城镇工厂企业中，要帮助广大女职工，在企业现有的改革基础上，想办法降低燃料、动力和原材料消耗，提高产品质量，增加品种，降低成本，增加利润。同时引导财贸部门的广大女职工配合好工农业生产，提高经营管理水平，并要求其他各条战线的妇女，围绕增产节约，做好本职工作。

第三，当好新长征的后勤兵，努力做好后勤服务工作。

后勤服务工作是四化建设的一个重要组成部分，这一工作做好，可以使战斗在三大革命第一线的男女职工解除后顾之忧，集中精力做好生产工作。

妇女在后勤工作中占了很大的比例，但人们经常不重视后勤工作，且常常产生后勤工作低人一等的错误想法，所以市妇联要引导她们正确认识后勤工作，使妇女们摆脱后勤工作不重要的错误认知，增强妇女们在后勤工作中的光荣感和责任感。

市妇联及各级组织除了引导妇女们正确认知之外，还应积极解决后勤职工们的实际问题。比如幼托问题，幼托不仅涉及后勤职工的工作效率也涉及在三大革命第一线的职工们，因此市妇联要大力发展幼托事业，办好托儿所、幼儿园、哺乳室，解决家中无人照料孩子的问题，同时要配合有关部门，调查研究解决幼托事业规划和领导问题，幼儿园的经费、保教人员的工资福利，以及培养师资、提高保教质量等问题。

其次要办好饮食服务业。配合相关部门，办好公共食堂和生活服务站，比如"下城区天水街道妇联，在党委的领导和支持下，开办红医站、七星灶、托儿所、幼儿园、代销店、缝补组、点心店等三十三个生活服务组"[1]，在方便人们生活的同时也扩大了就业，因此各妇联组织要认真做好饮食服务业。

后勤工作是其他工作的重要保障，因此必须重视后勤工作人员的情况，了解她们的合理诉求，解决她们的问题，同时也要鼓励后勤工作人员立足本行，热爱自己的工作，把全部精力和心血献给这一行业。

第四，处理好婚姻、家庭关系，教育好下一代。

正确处理婚姻问题，对于调动广大群众特别是妇女的社会主义积极性，加速实现四化，影响较大。由于"四人帮"的干扰破坏，杭州城乡曾出现严重的买卖、包办婚姻及铺张浪费的歪风邪气，造成贫下中农发愁、干部职工困难的问题，严重影响到人民的生产、工作和学习。为一改奢侈堕落风气，市妇联及各级妇女组织经常宣传婚姻自由、鼓励晚婚，提倡节约办婚事，反对买卖、包办婚姻。比如西湖区红卫公在各大队妇代会，做深入细致的思想工作和组织工作，几年来坚持集体举行婚礼，既节约省钱，又气氛热烈。

家庭是社会的细胞，建立起和睦的新家庭，是社会正常运行的重要基础。因此，市妇联除了关心妇女的婚姻状况外，还关注妇女们的家庭生活，大力提倡家庭成员在工作上、生活上互相关心，互相帮助，互相照顾，实行男女平等，合理分配承担家务，尊重体贴老人，共同抚育子女。

在儿童问题上，市妇联努力使社会达成对于儿童有着重要地位的共识，尤其重视发挥女性在培育儿童中的力量。儿童是祖国的未来，精心培养下一代社会主义接班人，是党和国家的一项战略任务，关系到四化实现与否的问题，也是妇女的崇高责任之一。母亲是幼儿的第一任教师，对儿童往往产生不可磨灭的影响，因此在儿童培养的过程中，各级妇女组织，要配合团委，抓好青少年教育，发挥女性力量。比如湖滨街道邮电路居民区妇代会，自觉承担起校外青少年和待业青年的教育工作，以正面教育为主，做耐心细致的工作，挽救了失足青年。[2]

第五，坚持实行计划生育政策，严格控制人口增长。

　　1　姚莲娟：《杭州市第八次妇女代表大会上的工作报告》，1979后6月16日，杭州市档案馆馆藏，档案号：J127-005-024-048。

　　2　姚莲娟：《杭州市第八次妇女代表大会上的工作报告》，1979年6月16日，杭州市档案馆馆藏，档案号：J127-005-024-040。

计划生育是国家倡导的一项伟大事业，它关系到调整国民经济和四个现代化的实现，关系到中华民族的健康、科学文化水平的提高和国家的繁荣富强。在党和政府的统一领导下，杭州市一直坚持计划生育的工作，并取得较大的成果。比如 1978 年杭州市人口自然增长率下降到 8.67%，余杭县从 1970 年的 18.5%，下降到 1978 年的 5.31%，拱墅区 1978 年的人口增长率下降到 3.36%。继续坚持计划生育工作，有利于将广大妇女从子女家庭中解放出来，把更多精力投入到学习和生产劳动中去，因此妇女干部应响应国家号召，起到先锋模范作用。[1]

第六，做好妇女统一战线工作。

"杭州解放以来，妇女界的统一战线工作有很大成绩，在社会主义革命和社会主义建设新的发展时期，市妇联要进一步做好各界妇女的统战工作，团结一切可以团结的妇女，调动一切积极因素，组织起浩浩荡荡的妇女大军，努力向四个现代化方向进取。杭州又是世界闻名的风景城市，是国家发展旅游事业的重点城市之一，因此杭州市各级妇联组织也应认真做好外宾接待工作，增进同各国妇女的了解和友谊。"[2]

第七，妇联要不断完善自身工作。

妇女是劳动大军中的"半边天"，而妇联组织是调动引导妇女生产积极性的专门机构，是党联系妇女群众的桥梁，是党进行妇女工作的助手，因此在新历史背景下妇联的工作必须与时俱进。

（1）妇联要继续加强思想政治工作。华国锋曾强调："在新的历史条件下，在实现四个现代化新长征的道路上，党的思想政治工作不仅不能有丝毫的削弱，而且应当大大地加强。"不能因为工作重点以生产建设为中心，就忽视政治思想工作，因此妇联要始终将思想建设作为一项重要工作，不仅加强对广大妇女的思想教育，更要解决妇女干部的思想。

（2）妇联要恢复和发扬妇女工作的优良传统和作风。几十年来，杭州市的妇女工作已经形成了一套良好的工作作风和工作方法，但在新的历史条件下，随

1　姚莲娟：《杭州市第八次妇女代表大会上的工作报告》，1979 年 6 月 16 日，杭州市档案馆馆藏，档案号：J127-005-024-040。
2　姚莲娟：《杭州市第八次妇女代表大会上的工作报告》，1979 年 6 月 16 日，杭州市档案馆馆藏，档案号：J127-005-024-041。

着社会主义建设中心的转移，妇女工作需要探索出新的工作方法以适应这一变化。其中最重要的路径是密切联系群众，充分走群众路线，从广大妇女的实践中，得出未来妇女工作努力方向。因此妇联工作要继续深入基层，到群众中去，倾听妇女的呼声，反映她们的要求，关心妇女的疾苦，帮助妇女们解决困难。同时，对党的中心工作，要做到"跟得紧，跟得好，跟得及时"。

"此外妇联的工作，还要特别重视抓两头，带中间，大力表扬好人好事，培养先进典型，总结推广先进经验，发挥榜样的力量，切实抓好后进的转化工作，以推动妇联的工作前进。"[1]

（3）妇联要引导加强各级妇女组织的建设。近年来，虽然许多基层妇女组织已进行过整顿并调整充实了领导班子，但是从妇女组织的现状来看，同目前形势的要求还不适应。因此，"各县、区妇联要按照规定的干部编制数，尽快配齐，做到专职专用。公社、街道妇女干部，兼职过多的状况要迅速改变。生产大队、居民区的妇女组织，要及时充实调整。工矿企事业单位，要按照中华全国妇女联合会章程的规定做好妇女工作。各级妇联组织的领导干部，需要以身作则，严以律己，加强组

1979年杭州市第八次妇女代表大会
代表证、胸签

1　姚莲娟：《杭州市第八次妇女代表大会上的工作报告》，1979年6月16日，杭州市档案馆馆藏，档案号：J127-005-024-043。

织性、纪律性，做妇女群众的表率。"[1]

经过一年多的时间，到 1979 年的下半年，杭州市妇女工作已经取得一定的成绩。比如在妇女的思想建设和组织建设方面，克服了"与己无关""学不学无所谓"的思想；正确认识了毛泽东思想，区分真高举与假高举的问题，坚持实事求是的思想路线并正确认识我国目前阶级状况和阶级斗争的问题，一改之前习惯于把阶级斗争当作推动一切工作的动力，初步划清了科学社会主义和林彪、"四人帮"的假社会主义的界线。妇女们还认识到，家庭副业是社会主义集体经济的必要补充，而非"四人帮"所称的造成国内资本主义横行的措施，政治工作应与物质鼓励相结合。

在生产建设方面，发挥了妇女的劳动特长，进一步明确了妇女工作的重点，从阶级斗争转向生产建设上来，走农工商联合经营道路。而各县妇女组织也在党委的领导下，广开生产门路，促进农、林、牧、副、渔、手工业和其他各项生产的发展；城区广泛开展了"五市一储"的活动；工厂围绕增产节约运动，进一步调动了女职工大干四化的积极性，使广大妇女在生产建设中施展才能，迸发热情，并取得多项成果。

在法制教育方面，不仅加强对广大妇女干部和群众的法制教育，同时加强对家长和青少年的教育。在法制宣传月中，市妇联和各级妇女组织积极参与宣传教育活动，市妇联派人参加市法制学习班的学习，同时向各级妇联发出学习通知，并举办了《刑法》《刑诉法》两场辅导报告会。总的来说，经过市妇联和各级妇联的努力，克服了原来存在的"法律与妇女不搭界"的错误思想，懂得了民主与法制的重要意义，增强了法制观念，进一步调动妇女的生产积极性，有利于和谐的社会风气的形成。

在对家长的教育工作中，市妇联到基层妇代会调查、了解家庭教育问题；在浙报、杭报刊登较好的家庭教育事迹；开办经验交流会，教育家长重视对子女的教育，改进家庭教育方法。不少妇女组织也召开了不同类型的家长座谈会、经验交流会，用现身说法动员家长的工作；许多妇代会还会深入家庭、个别访问，不

---

[1]　姚莲娟：《杭州市第八次妇女代表大会上的工作报告》，1979 年 6 月 16 日，杭州市档案馆馆藏，档案号：J127-005-024-043。

厌其烦地做家长工作；甚至妇代会会配合学校、社会运用各种形式，组织青少年学习。

总之，自 1978 年十一届三中全会和杭州市妇女代表大会召开之后，杭州市妇联便以"学先进，干四化"为中心，积极开展组织建设工作，做好思想、增产节约、法制建设、幼托及后勤等各方面工作，完善妇联组织工作，调动妇女生产积极性。虽已取得一定的成就，但此时仍处在杭州市妇联工作的恢复和建设时期，市妇联需进一步实践、探索，以更好地发挥基层妇代组织的优势。

二、"为繁荣振兴杭州而奋斗"

自 1978 年十一届三中全会以来，杭州市妇女运动始终围绕国家建设方针而奋斗，积极投身改革，在改革中探索前进。在这一时期内，市妇联不仅加强各级妇联的组织建设，动员广大妇女投入建设杭州的运动中去，还取得了不少成绩。因此，1988 年，市妇联提出"为繁荣振兴杭州而奋斗"，将市各级妇联组织的工作推向新阶段。

1983 年至 1988 年，杭州市妇女已成为四化建设中当之无愧的"半边天"。在城市，充满活力的女职工队伍成为杭州市各行业举足轻重的生产主力军，她们不仅踊跃参加社会主义劳动竞赛，在"双增双节"运动中大显身手，她们还为提高企业经济效益和社会效益积极建言献策，有力推动杭州市物质文明建设。在农村，广大妇女摆脱小农经济的束缚，积极从事商品经济建设，据统计，"全杭州市有 92 万农村女劳动力活跃在种植、养殖、加工、传统工艺、服务业等广阔领域，她们充分发挥妇女的优势和特长，甚至在大规模商品经济的舞台上，出现了以妇女为主的专业户、重点户和联合体 26000 余个，此时农村妇女为国家、集体、家庭创造的财富超过了建国以来的任何时期"。[1]

此外，杭州市妇女也在努力提高自己的思想政治素质，积极学习科学文化技术，比如城镇女职工在新型用工制度的刺激下，通过"双补"学习，达到初、高

1　孙丽云：《杭州市第十次妇女代表大会上的工作报告》，杭州市档案馆馆藏，档案号：J127-005-226-016。

1986 年 1 月 7—10 日杭州市妇联九届四次执委会
扩大会议

中文化程度，或参加电大、业大、函大、夜大和工大的学习，以顽强的毅力走自学成才的道路，成为各行各业的宝贵人才资源。而此时，妇女的自主意识也在不断增强，大批优秀妇女脱颖而出，她们不仅在工作上以优异的成绩涤荡"男尊女卑"的封建风气，她们还推动了杭州新型家庭的建设发展。如余杭县临平绸厂厂长高春花、杭州笕桥绸厂厂长沈爱琴、杭州化纤厂厂长唐湄媞、萧山市宁围乡妇联主任孙秀娟等，她们克服了长期以来妇女易产生的自卑依附心理，寻找自我社会价值，逐渐从依附型、被动型向自主型、开拓型转化，为杭州市妇女意识的再次觉醒起到榜样作用。

随着我国进入全面改革的新阶段，杭州市经济建设也跨入 90 年代的振兴和繁荣的重要时期，社会的发展对杭州市妇女提出了新的要求，因此要动员全市妇女以更热情积极的态度投身改革建设，并进一步加快妇联自身的改革步伐，发挥妇女在社会经济文明建设的独特作用，推动杭州市外向型经济发展，把杭州市打造成中外闻名的开放、旅游的新型城市。

第一，学习贯彻落实十三大精神，进一步开阔眼界，解放思想。十三大中，党中央提出建设有中国特色社会主义基本路线，即领导和团结各族人民，以经济建设为中心，坚持四项基本原则，坚持改革开放，自力更生，艰苦奋斗，为把我国建设成富强、民主、文明的社会主义现代化国家而奋斗。学习十三大文件最重要的就是学习党在社会主义初级阶段的基本路线，首先重点应当放在进一步解放思想上。因此在学习过程中，各级妇联、妇女组织要引导妇女充分认识改革和解放思想的重要意义，要克服谨小慎微无所作为的观望思想，敢于破除旧思想、旧观念，又要增强改革意识，认识到改革的长期性、复杂性、艰巨性，树立改革主人翁责任感，最后要敢于在改革浪潮中激流勇进，树立正确的价值观念、信息观念、竞争观念和成才观念等。

第二，积极投身改革，为杭州市发展外向型经济和"七五"计划的胜利完成作出新的贡献。十三大确立了我国经济发展的战略目标，规划了全面改革的蓝图，因此在新改革蓝图的指导下，杭州市要转变经济发展理念，加快发展杭州的外向型经济，这需要广大妇女的积极投入。比如杭州的丝绸手工业中外驰名，为了让更多的丝绸、棉纺、手工艺传统产品占领国际市场，广大妇女既需要发挥自己的智力优势，攻克一些技术性难题，了解国内外市场科研信息，又要将劳动密集型与技术密集型特色相结合，打造杭州市特有的手工产品。

第三，全面提高自身素质，在改革实践中增强自我的竞争力。全面提高妇女自身素质，既是一项系统工程，又是一项社会工程。从整体来看，近年来杭州市妇女素质已经有很大的提高，但是与整个社会的进步并未完全适应，依然面临被社会淘汰的危机，而十三大报告也指出，我国科技的发展，经济的振兴，社会的进步，都取决于劳动者素质的提高和大量合格人才的培养，因此必须重视妇女素质的提高。妇联要大力宣传，提倡妇女除了提高自身的思想政治素质之外，也要树立远大理想，不断提高自己的文化科技素质，孜孜不倦地学习进步；同时也需要呼吁和推动全社会树立正确的妇女人才观，消除轻视妇女的社会偏见，鼓励妇女自学成才，关心女知识分子的知识更新等。

第四，加强妇女的法制观念，并依法切实维护妇女儿童的合法权益。广大妇女要积极参加普法教育，认真学法、懂法、守法，维护宪法和法律赋予妇女的合法权益，对侵犯女性尊严、歧视、侮辱、压迫和残害妇女的种种表现和行为要敢于斗争。同时，广大妇女也要树立自主意识、民主意识和参政意识，充分认识到妇女参政议政是社会主义优越性和妇女解放程度的重要标志。而各级妇女组织也要针对社会上存在的妇女问题，进行调查、反映、呼吁，督促相关部门采取必要措施，也要积极培养、主动推荐德才兼备的女性干部，保证妇女的参政权。在保障妇女权益的同时，各级妇女组织也应致力于爱护儿童、教育儿童、关心儿童，丰富儿童的物质和精神生活。

第五，引导妇女梳理正确的恋爱观、家庭观、婚姻观，促进社会精神文明的形成。人类社会发展历史证明，妇女的文明程度是衡量社会文明程度的尺度，妇女既是社会文明的实践者和传播者，又是家庭文明的创造者，还是祖国未来的培养者，因此我们需要培养具有高尚的道德情操和"四有"理想且具有现代民主法制观念的妇女，移风易俗，自觉抵制封建残余思想的侵蚀。同时，妇联等各级妇女组织要继续认真做好妇女统战工作，广泛团结海内外各界爱国妇女，密切同妇女界知名人士、女台胞、女侨胞、去台人员家属以及来大陆探亲人员的联络，欢迎她们到杭州参观访问、寻根问祖，加深海峡两岸的感情。也要团结全市妇女，为振兴、繁荣杭州经济而共同奋斗。

三、"紧扣改革旋律、激励巾帼建功"

1991 年，是实施国民经济和社会发展十年规划以及"八五"计划的第一年。全党和全国人民在以江泽民同志为核心的党中央领导下，同心同德、艰苦奋斗，取得了改革和建设的优异成绩。杭州市的妇女工作，也在市委、市政府的关心和领导下，紧紧围绕党的中心任务，为实现"八五"计划，促进大局稳定发挥了重要作用，并创造性地提出妇女工作要"紧扣经济建设，充分发挥妇女积极作用，激励巾帼建功"。

"紧扣经济建设，激励巾帼建功"，这就要求杭州市各级妇联组织不仅能够上下协调步伐一致，在能够以经济建设为工作中心的同时，也要维护妇女权益，以激发妇女的积极性和创造性。

首先，市妇联紧扣经济建设这个中心，在农村继续推进"双学双比"活动向纵深发展，在城镇开展"巾帼建功"活动推动城镇商品经济的繁荣。

1991 年农村妇女中开展"双学双比"竞赛活动已成为一项具有广泛社会影响的活动。杭州市妇联为了加强"双学双比"活动，率先制订了杭州市"双学双比"竞赛活动的三年规划（1991—1993），促使全市各县（市）区、乡、村层层制订了计划和奋斗目标，保证了活动向纵深发展。同时为了提高工作水平，拓宽工作思路，6月，市妇联组织带领各县妇联负责人到"双学双比"全国先进地市学习取经。经过各县区妇联的牵头协调，宣传动员，组织培训等各方面的努力，杭州市"双学双比"竞赛在达标参赛率、竞赛项目、参赛范围、妇女文化技术素质方面有了新的突破，比如竞赛项目上，由单一种植业养殖业发展到有各类竞赛项目近百种。"双学双比"竞赛活动有力推动了以妇女为主的生产基地建设，充分发挥了妇女在农业生产、多种经营方面的特殊作用，大批生产女能手也在这次活动中脱颖而出。

这一年，杭州市妇联在国家统一要求下开展"巾帼建功"活动，但是由于杭州市城镇党政机关、科教文卫妇委会建立不多，关系不顺，所以活动开展得并不顺利。但是各级妇联克服困难，最初，市妇联为调动城市各界妇女投入"巾帼建功"和"质量、品种效益年"活动的积极性，通过部分三八红旗手向全市妇女发出"争当巧手、争做巧手、创优质产品、优良服务"的"巾帼建功"的倡议。6月，市妇联与市总工会联合发出了评选 90 年代最佳新女性的通知，旨在推动"巾帼建功"活动的开展；下半年，市妇联经过多方协调，联合 23 家市级单位向市政府打了在全市城镇妇女中开展"巾帼建功"竞赛活动的报告。为了尽快推动活动的开展，市妇联牵头召开了两次协调小组工作会议，并举办全市"巾帼建功"演讲比赛，落实市工商银行等 4 个试点单位，组织协调小组成员和试点单位、城区妇联的负责人外出学习取经。[1] 经过各县区妇联的宣传以及各领导和有关单位的支持，"巾帼建功"活动如火如荼地开展起来。该活动代表妇女为"八五"计划贡献力量的心愿要求，围绕经济建设这一中心，得到了各级领导的支持和重视，也引起了社会各界的关注；在活动开展中，显示出强大的生命力，也彰显了妇女的优势和自信心。

其次，为了动员广大妇女积极投身社会主义建设，市妇联通过开展丰富多彩的宣传教育活动，加强对妇女的思想建设，帮助杭州市妇女树立坚定的社会主义信念，培育新时期的道德素养。

（1）市妇联始终贯彻落实党的领导精神，学习党的领导思想。1991 年各级妇联结合纪念三八节和建党 70 周年，组织了妇女干部和妇女群众认真学习七中全会文件和江泽民总书记的"七一讲话"，并通过座谈会、演唱会、报告会、培训班等形式，农村还通过社会主义思想教育开展了相应的活动，把党的路线、方

1　杭州市妇女联合会文件〔1992〕2 号，杭州市档案馆馆藏，档案号：J127-005-310-003。

针、政策传达到妇女中去，使广大妇女认清形势，坚定了在党的领导下走社会主义道路的决心。

（2）妇联积极推动家庭文化建设活动。市妇联和市精神文明指导委员会在西湖区联合召开"杭州市家庭文化活动现场会"，总结并推广适应居民生活特点的家庭文化建设活动经验，各城区也在此之后，相继举办"家庭文化周"，把精神文明建设和群众有机结合，并积极进行思想政治宣传工作，争创"五好"家庭。在农村，各级妇联积极配合党政机关，把"双学双比"、移风易俗、禁赌、计划生育、尊老爱幼等工作与创"五好"家庭、双文明家庭，倡导文明新风有机结合，促进农村的精神文明建设，引导妇女爱党、爱国、爱社会主义。

（3）妇联推进"四有""四自"教育，并借助大众媒体，向社会广泛宣传妇女积极优秀的形象。如三八节电视台报道的"巾帼英姿"和"巾帼风采"专题片，以及电视台"伴您一刻钟""喜迎'六一'"等专题节目的播出，这些都在社会上引起较好的反响。各县区妇联还利用有线广播，开辟"妇女之声""妇女之友"等专题节目，甚至召开新闻发布会，充分利用舆论，宣传妇女的工作，扩大了妇联的影响力。为保证妇联能够及时沟通妇女问题，市妇联还刊出《妇运情况》12期、《妇女信息》24期，健全了信息员队伍。[1]

再次，加强基层组织建设和干部队伍建设，增强基层活力。

需要与时俱进的不只有妇女工作，市妇联各级组织也要不断加强队伍建设，提高妇女干部的工作水平。中国妇联组织在建立之初的目的就是为维护妇女权益而努力，无论是妇女参政还是经济利益抑或是维护妇女的法律权益。但是随着社会主义市场经济的发展，妇联的工作定位越来越模糊，甚至在妇女群众的目光中渐渐消失，因此有必要加强妇联组织建设，寻找妇联的角色定位，以期在社会中产生更多影响，并更好地帮助广大妇女群众加入到社会生产中来。

1991年初，杭州市妇联在全市发出开展创百家"五好"妇代会活动的号召，又制定了《1991年杭州市妇女工作目标管理细则》，各级妇联积极响应，落实了目标考核制和争创"五好"规则。在农村，基层妇代会还利用村级组织配套建

1　杭州市妇女联合会文件〔1992〕2号，杭州市档案馆馆藏，档案号：J127-005-310-006。

设和农村社会主义思想教育的机会，进行组织思想整顿，提高妇女干部的工作水平。到年中时，杭州市妇联贯彻中共中央召开的工、青、妇工作座谈会和全国城市妇女工作会议精神，促进城市妇女积极工作，明确工作关系，推动党政机关、科教文卫妇委会的建设，吸纳新鲜血液，更好地发挥组织的作用。[1]

同时，市妇联还积极创办妇女之家、妇女学校、妇女活动中心（户）等活动场所，又创建各类经费基地 40 多个，实现零的突破，有的经费基地在短时间内创利万元以上。在此基础之上，妇联加紧对妇女干部队伍的建设，不仅在政治业务上严格要求，还在生活待遇上主动关心。据统计，1991 年各级妇联举办妇女干部政治业务培训班 637 期，有 39179 人次受训，并为 85% 的村级妇代会主任争取解决了报酬，还为 974 名村妇代会主任落实了养老保险。值得一提的是有 26 名妇联招聘干部，在市、县妇联的共同努力下转为正式国家干部，基本达到了招聘妇女干部的自然比例。[2] 另外，市妇联也加强了统战工作。不仅平时注重与民主党派妇委会的联络，还为基督教会女青年的复会做了筹备工作，1991 年下半年还参加了市委统战部组织的宗教调查工作，加深了对宗教界妇女情况的认识。

最后，采取多种形式，从根本上维护妇女的合法权益，并将儿童少年工作继续落到实处。

维护妇女的合法权益，是使妇女心无旁骛投入社会主义建设的重要方式，也是提高妇女社会地位，实现男女平等的重要途径。杭州市妇联维护妇女合法权益主要是通过促进妇女参政、参与社会治安综合治理、做好妇女信访工作等各方面进行的。在促进妇女参政方面，各级妇联根据市委组织部和妇联关于培养选拔女干部会议精神，积极推荐并举办女领导干部培训班，建立妇女人才信息库，收集人才档案材料。经过各级妇联的努力，取得一定的成效。1991 年全市有 116 名乡镇妇联专职干部进入党政领导班子，有 3228 名村级妇代会主任进入村党政两套班子，妇女入党比例也不断提高。[3] 在促进社会治安方面，市妇联着重抓了卖淫妇女的帮教并加强对外来妇女的管理工作。"针对近年来杭州市卖淫妇女人数

1　杭州市妇女联合会文件〔1992〕2 号，杭州市档案馆馆藏，档案号：J127-005-310-008。
2　杭州市妇女联合会文件〔1992〕2 号，杭州市档案馆馆藏，档案号：J127-005-310-009。
3　杭州市妇女联合会文件〔1992〕2 号，杭州市档案馆馆藏，档案号：J127-005-310-0010。

不断上升的情况，市妇联通过深入有关单位调查摸底，请公安局通报情况，召开帮教经验交流会等工作，促使基层妇联对失足妇女落实了帮教措施。全市已落实帮教小组 297 个，帮教卖淫妇女 600 人。"[1] 此后，市妇联在已有经验的基础上，于 1991 年 11 月在余杭县召开外来妇女管理现场经验交流会，把卓有成效的管理方式推广到余杭、萧山等地区。在信访工作方面，妇联注重从"实处"维权，发挥维权网络作用，进行归线归口管理，积极配合有关部门，齐抓共管，同时调查处理重大案件，做好受害妇女的代理人。该行动卓有成效，一年时间内，全市各级妇女组织受理来访信件 3545 件，结案率达 98%。

儿童与妇女的命运始终紧密相连，解决好与儿童相关的一系列问题，也是将妇女从传统家庭关系束缚中解放出来的重要途径。自然，儿童的健康成长一直是全社会共同关注的问题，杭州市妇联为了给青少年儿童打造一个舒适健康的社会环境，全市各县区建立了儿少协调组织，并推动儿少工作向社会化、系统化、整体化发展。市妇联还牵头举行了"杭州市儿童少年小发明成果发布会"，安排了小科技爱好者与科学家见面，在会上发布获奖成果 1500 件，又与浙江中国文化研究会联合举办了首届西湖儿童文化节，在节日中又组织有关领导慰问儿少工作者和看望儿童青少年。

除此之外，家庭教育也是妇联儿童工作的重点，为了加强杭州市对家庭教育的重视，市妇联和市教委联合发出举办系列家长学校，加强家庭教育工作意见的通知，把家教工作列入各级妇联的办事日程。市妇联还充分发挥市家教促进会的作用，编写了《杭州市系列家长学校教育纲要》，发至基层中学、小学、幼儿园，先后组织家教咨询服务 5 次，有 2000 多人接受咨询，还与市儿童图书馆联合举办了一期家长学校骨干培训班。各地妇联也以多种形式、多种渠道开展了家教工作，其中有 5 个县（市）区建立了家教领导小组，加强了对家教工作的领导。

1991 年，杭州市妇联首次提出"紧扣改革旋律、激励巾帼建功"的口号，并以此为中心组织开展"双学双比""巾帼建功"等一系列活动，在社会上引起广泛的关注，受到妇女群众的欢迎。这些活动展现出妇女的奉献精神和社会价值，

1　杭州市妇女联合会文件〔1992〕2 号，杭州市档案馆馆藏，档案号：J127-005-310-0010。

激发妇女群众的积极性和创造性，体现了妇女在经济建设中不可或缺的地位和作用，同时也为日后市妇联和各级妇女组织活动的开展奠定了基础。

到 1995 年，杭州市乃至全国妇女运动都取得新的发展，杭州市妇联的工作也得到肯定。譬如，市妇联在 1994 年荣获国务院妇女儿童工作委员会授予的"维权工作先进集体"称号，1995 年三八节又被评为"全国妇联系统先进集体"。在荣誉面前，市妇联保持积极进取的精神状态，正确处理改革、发展、稳定的关系，配合大局抓大事，积极维护妇女的合法权益，产生了较好的社会效益、人才效益和经济效益。"1995 年是全党、全国人民在以江泽民同志为核心的党中央领导下，继续推进改革开放和社会主义现代化建设的关键一年，也是我国妇女运动取得重大进展的一年。9 月在北京成功地举行了联合国第四次世界妇女大会及 1995 年北京非政府组织妇女论坛。这次妇女大会，将作为全球提高妇女地位，推动和平与发展的一个重要里程碑而载入史册。"[1] 杭州市各级妇联组织抓住世界妇女代表大会在中国召开的机会，在市委、市政府的领导下，努力开创妇女工作新局面，在宣传优秀妇女事迹、教育妇女、提高妇女素质、团结妇女积极投身改革开放和社会主义现代化建设中作出了新的成绩。

1996 年，我国全面实施"九五"计划并提出了 15 年的奋斗目标，根据这一转变，杭州市委召开七届七次全会，提出今后 15 年新的发展目标："显著提高国民经济整体素质和人民生活质量，经济社会主要指标达到目前中等发达国家和地区的水平，使杭州成为经济繁荣、科教发达、社会安定、环境优美的国际风景旅游城市，到 2010 年基本实现现

1995 年 3 月 2 日，杭州市妇联举办女基层干部带领群众奔小康经验交流会

1　孙丽云：《市妇联十一届四次执委会上的工作报告》，1996 年 1 月 4 日，杭州市档案馆馆藏，档案号：J127-005-411-007。

代化。"¹新的形势、新的任务，对市妇联的工作提出了更高的要求。孙丽云指出："1996年全市妇联工作要在新形势下，增创新优势，紧紧围绕全局、服务全局，促进全局，在全局下行动，在改革中发展，总的指导思想是：全面贯彻党的十四届五中全会精神和市委七届七次全会精神，团结、动员全市妇女为'九五'计划和2010年远景目标建功立业、多作贡献，协助政府协定和实施《杭州市妇女发展规划》，坚持不懈地提高妇女素质，维护妇女权益，妇联的工作要突出重点，注重实效，深入基层，服务妇女，发挥优势，扩大影响，推动妇女工作上新台阶。"²

孙丽云在杭州市妇联十一届四次执委会上做工作报告时，展望了1996—2010年妇女工作，她提到"1996年全市妇女工作的任务是十分繁重的，做好今年的工作，对促进大局，加快妇女事业的发展，都有十分重要的意义"。³因此在这一期间，在邓小平建设有中国特色社会主义的理论引导之下，在市委、市政府的正确领导下，市妇联认真贯彻党的领导精神，进一步统一思想，统一行动，紧紧围绕两个根本性转变，积极动员广大妇女投身社会主义建设中去。

---

1 孙丽云：《市妇联十一届四次执委会上的工作报告》，1996年1月4日，杭州市档案馆馆藏，档案号：J127-005-411-0015。

2 孙丽云：《市妇联十一届四次执委会上的工作报告》，1996年1月4日，杭州市档案馆馆藏，档案号：J127-005-411-0015

3 孙丽云：《市妇联十一届四次执委会上的工作报告》，1996年1月4日，杭州市档案馆馆藏，档案号：J127-005-411-0021。

第二节　在经济建设中建功立业

1978 年，党的十一届三中全会决定，全党的工作重心转移到社会主义现代化建设上来，之后党中央又召开相关的中央工作会议，确定要用三年时间对国民经济进行调整、改革、整顿、提高，把国民经济纳入持久、按比例、高速发展的轨道。这是实现党的工作重心转移的重要一步，是为实现四化打下坚实基础的正确方针。因此，杭州市妇联在市委的领导下，将妇联工作与社会经济发展紧密联系在一起，贯彻党的十一届三中全会精神，加速完成国民经济调整任务。其中，在农村妇女中，继续广泛深入开展"双学双比"活动；在城镇广大女干部、女知识分子和女职工中，开展"争当能手、争做巧手，创优质产品、优良服务"的"巾帼建功"活动。这一时期，涌现了一大批优秀女企业家代表和农村致富能手，她们成为杭州妇女在经济建设中建功立业的代表。

一、农村继续"双学双比"

农村的"双学双比"竞赛活动是针对广大农村妇女开展的具有建设性意义的活动，它不仅是为了动员广大妇女在唤醒农村经济中发挥重要作用，更是为了进一步解放农村妇女，将她们从残留的小农经济思想下解放出来，加强对农村妇女的思想文化建设，帮助她们学习先进生产技术，使她们能够游刃有余地应对市场经济的不断发展给妇女带来的压力。

自 1989 年全国妇联等 12 个单位联合发出通知，要求在全国农村妇女中开展"学文化、学技术，比成绩、比贡献"的"双学双比"竞赛活动[1]之后，杭州市各级妇联就以经济建设为中心，贯彻党的战略部署，带领广大妇女积极投入治理整顿、深化改革工作中。在农村，为引领妇女为经济建设作贡献，在全市农村妇女中开展了"双学双比"竞赛活动。7 月，杭州市妇联会同市农经发等 16 家单

1　孙承芝：《浅谈"双学双比"与妇女解放》，《黑河月刊》1992 年第 2 期，第 84 页。

位成立了杭州市"双学双比"竞赛活动协调小组，研究制定了竞赛活动的意见，此次活动紧紧围绕发展农业这一中心任务，回应了农村妇女的迫切愿望，争取到了各级领导的重视和社会有关方面的大力支持，深受广大妇女的欢迎。全市七县三区组成了协调组织，形成上下配套、机构完整的组织领导系统，各级妇联也在宣传发动、组织协调、培训服务、推广试点经验等方面做了大量工作。杭州市的"双学双比"活动和全国各地步调一致，基本围绕扫除农村女文盲、提高妇女科学文化技术水平、利用多种形式发展农村经济等几方面进行。

第一，各级妇联组织农村妇女"学文化、学技术"，提升农村妇女致富能力与素养。在科技迅速发展、教育不断普及的时代里，"知识是人类进步的阶梯"依然掷地有声。缺乏知识框架支撑的经济，它的发展将始终"瘸腿"。因此，杭州市妇联在全国妇联组织的领导下，非常重视提高农村妇女文化素质，帮助她们学会使用先进生产机器。

1990年是国际扫盲年也是农业科技推广年，杭州市各级妇联带领妇女学文化、学技术，努力提高妇女素质，为参赛妇女举办多层次、多门类的各种实用技术培训班，做到了学技术与学文化相结合。据统计，1990年，杭州市各级妇联举办各类农村实用技术培训班达4104期，受训人次达157464人，各类扫盲文化补习班836期，有26340人参加文化学习。[1]经过层层培训，农村妇女既提高了文化素养，又了解到了农业科技的重要性，为日后将学识应用到实处打下了基础。在这一年内杭州市的"双学双比"竞赛活动中，"在全市106万农村妇女劳力中，宣传发动面达到了92%，参赛妇女已达到30万，参赛率达到了27.7%，比去年增加了1.7倍，有50%以上的参赛妇女受到了培训，有98.9%的乡镇和84.1%的村分别建立了协调组织，竞赛活动收到了明显的效果"。[2]杭州市的"双学双比"协调小组受到省人民政府的表彰，被评为省"双学双比"先进集体。

之后，随着杭州市农村产业结构调整、建立市场农业等新要求，对农村妇女的培训、服务等也产生了新变化。培训的方法比较注重分层次、上档次，主要是因材施教，抓急需实用的普及性培训、比较系统的专业性培训，市妇联利用农函

1 杭州市妇女联合会文件〔1991〕3号，杭州市档案馆馆藏，档案号：J127-005-300-026。
2 杭州市妇女联合会文件〔1991〕3号，杭州市档案馆馆藏，档案号：J127-005-300-025。

大、农广校的提高性培训，形成系列化培训体系，加快提高农村妇女科学素质。协调服务的重点放在培养、总结、推广一批率先进入市场的妇女典型上，发挥妇女排头兵作用，逐步把参赛妇女大军推向市场。为此实施了"三千三百"工程，即建立千个名优特稀早产品基地，营造千个"三八"绿色工程，培养千名农函大女学员；创办百个服务、经营实体，推广百项新实用技术，树立百名走向市场致富的农家女能手。1994年"双学双比"活动进入第二个五年，杭州市各级妇联仍抓住改革开放以及农村加速发展的机会，根据现代农业和市场经济的要求，推动"双学双比"活动深入发展。这一时期继续坚持提高农村妇女文化科技素质，促进农村经济发展过程中增加妇女的经济收入，提高农村妇女生活水平。市妇联完善培训体系，抓扫盲、抓实用技术培训、抓农函大系统学习，分类分层提高农村妇女素质。经市妇联的努力，1994年有6321名妇女摘去文盲帽子，2838名妇女进入农函大学习，553人从农函大毕业，312人获得农民技术员职称。[1] 1995年，市妇联继续加强对妇女的培训，通过组织妇女积极参加农函大女子班和大专专业证书班，进行实用技术培训，着力扫除女性文盲以提升农村妇女的文化素质。另外，这一年内，对妇女的教育培训工作，最突出的一点是"农函大女子班办学不局限于经济发达、交通便利地区，在一些边远贫困山区也开始办班，学员也从1994年的839人增加到2752人。举办实用技术班共2123期，受训人数达20万，有738人还获得农民技术员称号；在扫盲教育中，全年共举办女子扫盲班263期，文化提高班322期，扫除女性

1994年3月4日庆"三八"迎"九五"妇女事业发展恳谈会上农民女画家发言

1　孙丽云：《市妇联十一届三次执委会上的工作报告》，1995年1月4日，杭州市档案馆馆藏，档案号：J127-005-389-008。

文盲 10544 名，取得明显成效"。¹

从 1996 年开始，我国经济建设便进入"九五"计划。在新的目标要求下，杭州市的"双学双比"活动也产生了新的变化和要求，主要围绕农村妇女脱贫致富和农村妇女文化科技素质提高，增强其积极参与农村经济建设的能力。在提高妇女文化技术素质方面，各级妇联牢牢把握"四个坚持"加大培训力度，帮助妇女们实现科技兴农。1996 年，杭州市、县（市）区、乡镇妇联集中了大量人力财力，因地制宜，结合当地生产实际和妇女实际，举办了各类培训班，满足了不同层次妇女的生产、生活需要。据统计，全市妇女系统共举办扫盲班 223 期，扫除妇女文盲 7645 人；举办文化提高班 223 期，学员 8201 人；举办实用技术培训班 1837 期，学员 144624 人（次）；开办女子农函大班 64 个，学员 4200 人，其中 2915 人获得毕业证书。在培训的基础上，市妇联还举办了"万名农村妇女农业科普知识大竞赛"活动，扩大了农业科技知识的普及面。²

除此之外，在全国妇联实施"巾帼脱贫行动"的号召下，杭州市各级妇联也意识到"脱贫致富是农村妇女争取进步发展的先决条件，作为代表和维护妇女利益的妇联组织，帮助妇女脱贫致富责无旁贷"。³因此，杭州市各级妇联抓住实施《国家八七扶贫攻坚计划》的有利时机，把扶贫工作落到实处，建立扶贫联系点，落实扶贫责任制，做到联系到户、责任到人；把扶贫重点放在边远的贫困山区，组织发动农家女能手、女厂长、女经理、女科技示范户与当地贫困妇女结成帮扶对子；实施"春蕾计划"，动员城区妇联、市女企协、统战系统妇委会成员以及社会方方面面面向贫困失学女童献爱心，帮助她们完成小学学业；组织劳务输出，开展技术指导，发动妇女劈山造林营建"绿色银行"，组织劳力为贫困妇女帮工帮急等。

此后，一直到 21 世纪初期，杭州市妇联在原有的基础上，牢牢跟随党和国家的方针政策，把握好时代旋律，通过"双学双比"活动，不断加强对农村妇女的文化科技培训，帮助她们实现从脱贫到致富。

1 孙丽云：《市妇联十一届四次执委会上的工作报告》，1996 年 1 月 9 日，杭州市档案馆馆藏，档案号：J127-005-411-009。

2 孙丽云：《市妇联十一届五次执委会上的工作报告》，1996 年 1 月 9 日，杭州市档案馆馆藏，档案号：J127-005-412-009。

3 孙丽云：《市妇联十一届五次执委会上的工作报告》，1996 年 1 月 9 日，杭州市档案馆馆藏，档案号：J127-005-412-008。

第二，各级妇联组织农村妇女"比成绩、比贡献"，引导农村为社会主义建设作新的贡献。从1988年到1993年，随着十四大的召开以及我国的经济建设和改革开放不断深入，杭州市农村"双比"活动也逐步壮大。

1990年，市妇联创新了多种竞赛形式，鼓励各地妇女积极参与，比如为发展"菜篮子工程"开展的多养鸡、多养猪、多产蛋等竞赛形式，为开发农业，发展多种经营蚕桑、茶叶、柑橘、干果的形式，为绿化荒山、开荒种地，开展"三八绿色"工程竞赛，为科学产棉夺高产开展的"金华杯"竞赛等等。经过多种

1991年建德县妇女欧阳冬云因植树造林获全国三八绿色勋章

竞赛活动，大力推动了农村建设，收到良好的经济效益和社会效益。1991年在参赛达标率、竞赛项目、参赛范围、参赛妇女的文化技术素养方面，都有较大的提升，有力地推动了以妇女为主的生产基地建设。据记录，"全市建立棉花、蔬菜基地5299个，面积达33472亩，营造'三八'绿色工程458个，面积达9488亩，'三八'吨粮田工程749个，面积达21190亩"。[1] 充分发挥了妇女在农业生产、多种经营方面的作用，1991年获乡镇以上农家妇女能手称号的有4415人。

之后根据市农村产业结构调整，发展"一优二高"农业，并逐步建立市场农业的新要求，倡导竞赛要从种养业、乡镇企业向开发性、创汇性农业延伸，向农村第三产业拓展，妇女不仅在粮棉麻生产、"菜篮子"工程和乡镇企业等方面发挥作用，而且在发展大粮食、大农业、大市场上有所作为。因此这段时间内，经

---

1 杭州市妇女联合会文件〔1991〕3号，杭州市档案馆馆藏，档案号：J127-005-300-025。

市妇联的鼓励和支持,有 40 多万妇女掌握 1—2 门新实用技术,2900 多人成为科技专业户,724 人进入农函大、农广校深造,642 人获得了农技员职称。在以"三千四百"工程为目标的情况下,全市已确定优质粮、蚕桑、畜牧、名茶、轻纺加工等一村一品基地 1438 个;营造"三八"林和建"三八"绿色工程林 17671 亩,30 多万乡镇企业女职工投入竞赛,开展了岗位练兵、技术比武活动。同时各妇联和协调小组积极进行基地建设,她们建立了草莓、雷笋、蔬菜、苗木等生产服务基地共 251 个,基地为推广新品种,满足农户产前、产中、产后需求提供了一定的服务。妇联还积极抓典型引路,全市在种养殖业树立了产、供、销一条龙"双十朵金花",在流通领域树立起 10 名女能人,在科技致富户中树立起 10 名女"状元",通过典型来引导广大农村妇女树立起与社会主义市场经济相适应的新理念,鼓起进入大市场、大流通的勇气。

从 1994 年开始,"双学双比"活动进入第 2 个五年。市妇联将竞赛规模化,重视发展规模经营、专业生产和特色经济,"双学双比"活动又有了新发展。如市妇联"在粮棉主产区开展了'三八'吨良田、银花赛、蔬菜示范专业竞赛;在山区开展'三八'绿色工程,开辟黄山,绿化造林 7322 亩;在经济发达地区,把活动引向乡镇企业,在女职工中开展'三八'劳动竞赛等"。[1]同时又强化服务功能,各地争取到政府的政策、资金和物质支持。"仅市农行系统去年一年为支持妇女参赛,落实借贷资金达 9374 万元,市县妇联也将筹到的资金投到农家女能手发展经济和绿化、水利建设上。"[2]

之后一年的"双学双比"活动围绕小康目标,组织开展"五大"系列竞赛活动特别是围绕稳定粮食生产开展"家家种好责任田,户户多售爱国粮"竞赛,受到社会一致欢迎。市妇联到余杭、萧山、富阳等主要产粮区调查了解妇女在粮食生产中遇到的困难,并上报市委、市政府,同时各地也发出倡议、召开座谈会、举办插秧赛等,利用多种形式调动妇女的种粮积极性,完成粮食任务。以"共同奔小康"为中心,开展"一帮一姐妹共同致富"的竞赛活动,带动双百贫困户脱

1　孙丽云:《市妇联十一届三次执委会上的工作报告》,1996 年 1 月 9 日,杭州市档案馆馆藏,档案号:J127-005-389-008。
2　孙丽云:《市妇联十一届三次执委会上的工作报告》,1996 年 1 月 9 日,杭州市档案馆馆藏,档案号:J127-005-389-008。

贫致富，全市共确立扶贫联系户 2914 户，扶贫结对子 2739 户，已帮助脱贫 1486 户。继续开展的"三八"水利工程、"三八"绿色工程竞赛和乡镇企业女职工劳动竞赛，也在市委、市政府的支持下，在各级妇联的努力下，做得有声有色，不断开拓创新。还发挥妇联的协调优势，积

2000 年杭州市农村妇女"双学双比"协调会议

极争取协调单位的资金、智力支持，为基层、为农妇提供服务。1995 年，市妇联争取市林水局支持，落实水利经费 10 万元，下拨 10 个县（市）区用于兴修水利，市妇联还与协调小组成员单位联合检查、指导工作，形成合力，推动竞赛活动深入开展。[1] 1999 年是贯彻落实中国妇女"八大"精神和市第八次党代会精神的开局之年，在邓小平理论指导下，杭州市各级妇联紧紧围绕市委提出的"经济保领先、文明创一流"目标，在农业和农村现代化目标方面，引导农村妇女走产业化经营之路，并以"双学双比"活动十周年为契机，突出"科技"和"素质"两活动，而各级妇联组织也继续抓协调、重培训，努力引导妇女走农业产业经营之路。

总的来说，农村"双学双比"活动的开展效果显著，且一举两得，既解决农村妇女文化程度低无法适应现代化建设的问题，又动员了广大妇女投入到农村经济复苏与发展中去，使得杭州市农村地区的建设和城市一样火热，一切都朝着美好的未来前进。

新旧世纪交替之时，杭州市各级妇女组织自觉实践"三个代表"的重要思想，围绕市委中心工作，认真贯彻落实市委八届五次全委会提出的各项任务，在"双学双比"活动中围绕农业和农村工作中心，积极实施"巾帼科技致富工程"，并将妇女工作更好地服从服务于现代化建设大局的接力棒，递交到 21 世纪。

1　孙丽云：《市妇联十一届四次执委会上的工作报告》，1996 年 1 月 9 日，杭州市档案馆馆藏，档案号：J127-005-411-010。

二、城市推进"巾帼建功"

以广大农村妇女为中心的"双学双比"活动开展后，收到良好的反馈，农村经济呈现出一片欣欣向荣之景，而城市建设虽然自十一届三中全会以来渐渐恢复正轨，但城镇里的职工妇女难免在经济快速发展中乏力甚至掉队。因此，为充分发挥职工妇女的创造性，在党和政府的指导下，城市的"巾帼建功"活动也蓬勃开展。

尽管从十一届三中全会到20世纪90年代，杭州市在10年左右的时间内获得快速发展，但仍存在一些问题，因此顺利推行新活动有一定阻力。1991年杭州市开始部署发动城镇妇女开展"巾帼建功"活动时，就由于本市城镇党政机关、科教文卫妇委会建立不多，关系不顺，给活动的开展带来一定的困难。但是，"市妇联为调动城市各界妇女投入'巾帼建功'和'质量、品种效益年'活动的积极性，通过部分'三八'红旗手向全市妇女发出'争当能手、争做巧手，创优质产品、优良服务'的倡议。5月份，市妇联与市总工会联合发出了评选20世纪90年代最佳新女性的通知，旨在推动'巾帼建功'活动的开展。在下半年，市妇联经过多方协调，联合了23家市级单位向市政府打了在全市城镇妇女中开展'巾帼建功'竞赛活动的报告。经市协办批转并以市政办〔1991〕12号文件下发，为全市开展这一活动奠定了良好的基础。为了尽快打开局面，市妇联牵头召开两次协调小组工作会议，做了三件事：一是搞了全市'巾帼建功'演讲比赛；二是落实了市工商银行等四个试点单位；三是组织了协调小组成员和试点单位、城区妇联负责人外出学习取经"。[1]

经过各县（市）区妇联的宣传，最终打响了"巾帼建功"的口号，获得了党政领导和有关部门的支持。由此"巾帼建功"活动得以顺利开展，各级妇女组织在女职工、女干部、女知识分子、女个体劳动者中开展多种形式的竞赛活动，市女职工委员会、女企业家协会、女知识分子联谊会、民主党派妇委会把"巾帼建功"活动与发动妇女争先创优、立足本职、多作贡献结合起来。据统计，全市女职工提合理化建议25540条，有9857条被采纳，技术攻关1226项，增收9054万元，

1　杭州市妇女联合会文件〔1992〕2号，杭州市档案馆馆藏，档案号：J127-005-310-004。

为深化企业措施作出了贡献。"巾帼建功"活动虽然刚起步，但它始终坚持以经济建设为中心，在推动城市经济发展中，彰显出妇女为"八五"计划贡献力量的心愿，也显示了妇女们的顽强拼搏的精神。

总体来说，杭州市的城镇"巾帼建功"活动，相较于农村的"双学双比"活动，更易于推行，因为城镇妇女受教育水平总体高于农村，所以尽管"巾帼建功"也注重对妇女文化技术素养的提高，但更多偏重于在各行各业充分发挥城镇妇女的才干，推动城镇经济的转型。

1992年杭州市妇联继续在城镇开展"巾帼建功"活动，主要引导妇女在经济建设的主战场上建功立业，相继涌现出大批科技英才、业务能手、行业标兵、岗位明星等。1993年继续推行"巾帼建功"活动时，市妇联争取各级党政领导和社会各方面的支持，将活动推向城镇各行各业。推出的竞赛活动也紧密结合改革实际、突出岗位建功。比如，此时市委、市政府已决定，加快钱江投资区、高新技术产业开发区、之江国家旅游度假区的建设，还要全面推行转换企业经营机制、转变政府职能的改革等。面对这些改革和建设措施，广大妇女也积极参与，工业战线的妇女应以调整产品结构、提高产品质量、促进外资嫁接等为重点开展活动，科技战线的妇女以科技攻关、科技开发、科技应用为重点开展活动，促使"科技兴市"战略落到实处，党政机关妇女则要勤政高效，增强服务意识，当好人民公仆等。

1994年我国全面推进改革、社会主义市场经济快速发展，市场经济的发展，促进了城乡产业结构调整，为妇女发挥自己的才能提供了广阔的空间。因此1994年的"巾帼建功"活动以城市为重点，围绕"岗位建功"和"广泛联络"两个问题，在活动内容方面强调从行业的特点出发，以提高生产、工作技能，推动整体素质的

1992年杭州市妇联妇女工作目标考核优胜单位

提高为目的，倡导岗位成才、岗位建功、争创一流成绩，促进本单位的工作，又结合企业转换经营机制的情况，协助有关方面开办各类文化技术培训班，帮助女职工提高素质，开拓就业新门路。在改革精神的指引下，1994 年的"巾帼建功"活动取得新的进展，体现在以下三个方面：第一，竞赛内容紧扣形势，使活动的规模和声势有新的突破。市妇联在全市范围开展了三项具有较大规模和声势的竞赛活动，一是围绕财税体制改革，在新税法出台后，市妇联与财税局、电视台联合举行"巾帼杯"新税法和财务会计知识竞赛，有 2000 余名女财会人员积极参与，并通过电视转播竞赛活动情况，产生了较好影响，促进了新税制的贯彻实施。二是围绕金融体制改革，在工行系统举行了新业务知识竞赛，工行系统的女职工被组织了起来，有效地促进了业务素质的提高。三是在全市 9 万名女个体劳动者中开展了"文明经营在杭州"的竞赛活动，引导她们守法经营、诚实致富，争当"五好"经营户。[1] 第二，抓"百佳"示范岗竞赛活动，倡导窗口行业的优质服务和职业道德。其中旅游、卫生、金融、市交、财贸等系统的女职工都积极参加，涌现出一批行业标兵和岗位明星。第三，加强妇女的素质培训。各级妇女组织和协调组织，结合本地妇女的实际情况，举办各种类型的报告会、培训班，教导党的方针政策、市场经济知识和法律常识等，从政治上、观念上、心理上和业务技术上帮助妇女提高素质，加快适应社会主义市场经济的竞争局面。

之后，随着我国社会主义市场经济建设的持续推进，以及党的十四届四中全会和全国妇联两次研讨会都持续注重提高妇女素质和建功立业的成果，从战略和全局的高度充分认识提高妇女素质的重要性和紧迫性，因此，1995 年杭州市的"巾帼建功"活动，主要以加强城镇妇女经济素质为主。

比如，这一时期继续抓好"五学"（学理论、学文化、学科学、学技术、学管理），鼓励妇女岗位成才、岗位建功，继续开展"百佳示范岗（柜、员）"竞赛活动，巩固和发展行业标兵。同时，在城乡妇女中进行广泛的爱国主义教育、社会主义教育、"四自"精神教育、法制教育，反对拜金主义、享乐主义和极端个人主义思想，大力提倡社会主义职业道德和文明新风，努力促进文明城市建设。

1　孙丽云：《市妇联十一届三次执委会上的工作报告》，1996 年 1 月 9 日，杭州市档案馆馆藏，档案号：J127-005-389-009。

在这一年中，各级领导还认识到"巾帼建功"示范岗竞赛活动对经济建设的重要性，加强了对该活动的检查，出思路，出点子，对全市的"巾帼建功"活动提出指导性意见，并将活动与职工思想政治教育、业务素质教育有机结合纳入工作规划之内。除了各级领导对活动的重视，此时"示范岗"竞赛活动也创造出更多有效的竞赛方式，如"示范岗"流动竞赛，定期评议"示范岗"，再如引进激励机制、精神奖励和物质奖励，调动女职工参与活动的积极性。据统计，1995年，全市各级女职委共举办各类技术比武2087场，参赛女职工达90239人。女职工提出合理化建议18921项，被采纳5021项，创经济效益8708.19万元，全市增收节支4419.3万元，技术攻关425项，创价值1612.7万元。市女职委还组织富余、待岗女职工进行转岗培训，为企业提供信息。全市约3307名待业女工中，1211名得到安排。[1]

杭州的"巾帼建功"活动最大特点就是与时俱进，尤其在我国城镇经济进入快速发展时期之后，这种与时俱进的特点更加突出。市妇联以前一年的总结为基础，展望下一年的工作，如此循序渐进，有计划地将"巾帼建功"活动开展下去，也能更好地培养城镇职工妇女，使她们更好地面对市场经济给女性带来的巨大压力，发挥城镇女职工的独特优势。

1996年杭州市各级妇联组织以"巾帼展英姿，建功在杭州"为目标，将示范岗（员）竞赛活动深入发展作为重要的工作任务。首先，在窗口服务行业围绕优质服务、承诺服务、行风建设，开展各具特色的"巾帼建功"示范岗活动，引导广大妇女爱岗敬业，积极奉献，以自身的行动树立"四有""四自"女性新形象，为促进职业道德建设和行风建设做出努力。其次，围绕企业改革与发展，在女职工中开展立足岗位、献计献策活动，组织发动企业女职工爱厂、爱岗，以主人翁精神参与企业改革，为企业提高经济效益而贡献自己的力量。最后，以岗位为依托，以学习和竞赛为基点，努力提高职业妇女的综合素质。1997年，各级妇联组织以推动下岗女工的再就业为目标，提供培训、咨询和职业介绍等服务。在这期间，市妇联联合省妇联和市劳动部门，在三八节举办了杭州下岗女工劳动

1　孙丽云：《市妇联十一届四次执委会上的工作报告》，1996年1月9日，杭州市档案馆馆藏，档案号：J127-005-411-012。

力交流大会，约5000名下岗女工参加交流，1200多人报名应聘，为下岗女工再就业提供了机会。[1] 各县（市）区妇联也努力为下岗女工介绍国有企业改革形势，引导她们树立正确的择业观，开展职业培训，提高下岗女工们的技能素质，增强她们就业竞争力。另外，在城镇职业妇女中开展的"巾帼建功"示范岗竞赛活动也与行风建设有机结合，强化职业道德教育，提高职业女性的业务技能和服务质量，促进行业树新风。

1999年是中华人民共和国建国50周年，是杭州市妇联建会50周年，也是贯彻落实中国妇女"八大"精神和市第八次党代会精神的开局之年。杭州市各级妇联紧紧围绕市委提出的"经济保领先、文明创一流"目标，按照"巾帼创新业"的总要求，结合市妇联系统"六大工程"的实施，将深化"巾帼建功"活动作为这一年的总目标。"其中，为了充分发挥'巾帼文明示范岗'在创建活动中的作用，杭州市召开市'巾帼文明示范岗'负责人会议，并向全市女职工发出了'争创文明市、争做文明人'的倡议。为鼓励先进、树立榜样，'三八'期间，表彰了62个市'巾帼示范岗''巾帼建功'先进个人和集体，并上门为获市'巾帼文明示范岗'荣誉称号的岗位授牌。"[2] 除此之外，为了加大"巾帼建功"活动在个私经济领域开展活动的力度，市妇联与市工商局、市个私妇工委联合，召开个私经济女厂长（经理）座谈会、女个私经营者庆"三八"联谊会，举行个私美容美发行业技术操作比武等活动，增强女性个私经营者参与"巾帼建功"活动的积极性。

到20世纪末，我国已完成"九五"计划，杭州市城市运转良好，经济发展迅速，社会文化生活也得到了极大的丰富。市妇联在党的统一领导下，加强了对农村、城镇妇女的权益保护，并帮助她们在新时期寻找到女性的社会定位。

进入21世纪，杭州市妇联在近30年妇女运动建设经验的基础上，继续坚持邓小平理论和党的基本路线，以经济建设为中心，以提高女性素质为主线，全面推进"六大工程"，对于农村妇女工作和城市妇女工作，齐头并进，既抓发展又

1　许永芬：《杭州市妇联常委（扩大）会议上的讲话》，1998年1月7日，杭州市档案馆馆藏，档案号：J127-005-463-007。

2　许永芬：《市妇联第十二届三次执委（扩大）会议上的工作报告》，杭州市档案馆馆藏，档案号：J127-005-537-015。

重维权，全面推进杭州市妇女事业的发展。在城镇"巾帼建功"活动中，各级妇联努力发挥广大女职工在国有企业改革和发展中的作用，推动城市妇女工作上一个新台阶。比如在妇女参与经济建设方面，各级妇联进一步激发城镇妇女的创业热情，拓宽活动领域，广泛开展岗位培训和行业竞赛，提高女职工岗位竞争能力和技术水平。在实施"巾帼社区服务工程"时，加强妇女思想政治工作，明确发展社区服务的意义，为居民提供法律咨询、医疗保健、家庭教育、家政服务等，大力开发服务型的社区和家政服务新项目，帮助下岗女工转变择业观念，对其进行多门类、多层次的职业技能培训，建立一支以妇女为主体的社区服务骨干队伍，发挥城镇妇女不可或缺的作用。

三、女杭商一枝独秀

商业领域有这样一个群体，"巾帼不让须眉"是对她们最常见的赞扬。浙江大地，巾帼风姿随处可见，她们奋斗的故事，展现出时代变革的波澜壮阔；她们拼搏的精神，书写着浙江经济的风云际会。她们成为推动浙江经济社会发展的重要力量——她们是女企业家。1978年党的十一届三中全会之后，党的工作重心转移到经济建设上来，面对新的时代要求，杭州市妇女也不遑多让，积极展现自己在企业建设中的独特优势。

从1983年至1988年，杭州市妇女克服自卑依赖心理，由被动走向主动，积极开拓未来，打破了过去对女性某些污名化的认识。在这过程中，逐渐形成自我对婚姻、家庭、人生的新理解，赋予传统女性形象以新的内容，体现了当代女性崭新的精神风貌，在企业建设中发挥了更大的力量。

虽然历史最终见证了杭州女性在商业建设上的能力，但是在改革开放初期，这对于女性来说并不是一件简单的事情。首先，女性难以完全摆脱"四人帮"对女性的错误定位，认为妇女不能参与商业活动。其次，女性的整体受教育水平低于男性，因此也更容易受传统封建思想的束缚。加之许多女性早已适应计划经济体制下工作分配的形式，导致她们无法适应经济体制的转变。

杭州市妇联针对改革开放初期妇女在商业建设中面对的一些问题，协调各部门积极开展系列活动，帮助妇女克服困难，比如提高妇女的文化素质，加紧对妇女的技术培训，解决妇女职工的小孩入托等后顾之忧。经过各方的努力，杭州市各地区的妇女积极参与到城镇企业建设中去，在各项商业活动中，以女性的耐心、细心以及顽强的拼搏精神，推动了杭州市城镇企业的发展。为了更好地帮助女性从事商业活动，杭州市各级妇女组织还成立了各地区的企业妇代会，比如1986年成立了萧山乡镇企业妇代会，通过妇代会协调各地妇联组织、政府部门，有利于将妇女在萧山乡镇企业发展中遇到的状况、难题上报，并在解决中创新妇女参与企业建设的方式。

1988年的"三八"妇女节，浙江省隆重表彰了21位优秀女企业家。以此为契机，与会者发起成立女企业家组织的倡议并迅速得到响应，同年8月，由省妇联牵头的全国首个省级女企业家协会在浙江成立，协会的宗旨是面向企业、服务会员，充分发挥桥梁和纽带作用，切实维护女企业家的合法权益，并全力打造"四个一"的服务目标，即："一座桥"，为党委、政府、妇联组织与广大女企业家之间架起诉求沟通、信息传达的桥梁；"一所校"，为女企业的发展提供学习提高、交流合作平台；"一个家"，为全省创业女性营造家的温暖、关怀的港湾；"一面旗"，为浙江的"创业富民、创新强省"战略，团结引领更多的优秀女性作出新的更大贡献。

同年，市女企业家协会举办形势对话会，近百名女企业家就治理、整顿中企业遇到的新情况、新问题与市领导进行了对话，从而沟通思想，坚定了改革的信心。为稳定市场、平抑物价，新春伊始，市妇联与省妇联、省市女企业家协会联合举办了"浙江省首届妇女儿童用品迎春展览会"，杭州市各级妇联积极组织货源，为展销会提供了几百种产品。

1988年3月8日杭州市妇联向优秀女企业家代表颁奖

市妇联也将"四自"教育和宣传表彰优秀妇女人才结合起来，比如在杭州市妇联的各类评选活动，着重推荐、表彰了一批活跃在改革第一线的企业界、科技界先进妇女。"三八"期间，先后推荐全国优秀女企业家 3 名，省优秀女企业家、女厂长（经理）5 名，并与市经委等 9 家单位联合评选表彰了杭州市十大优秀女企业家和十大优秀女厂长（经理）。市妇代大会以后，又推荐了省先进女科技工作者 4 名。杭州市妇联抓住这些先进典型，运用现代化工具广为宣传，如与电视台合拍《杭州丝绸三朵花》，宣传高春花、沈爱琴、潘素芳 3 位优秀女企业家的事迹；与市总工会联合举办"改革送春风，巾帼展新姿"图片展览等，展示先进妇女的精神风貌。

以沈爱琴为例。在改革开放初期，像沈爱琴这样的一大批当代浙江企业家，用满腔热血，奋不顾身地融化时代坚冰，蹚开一条血路。作为一名女企业家，沈爱琴身上有着敢闯敢冒、坚韧不拔、永不服输的精神。刚满 30 岁就接手笕桥绸厂，为了笕桥绸厂的发展，她到全国各地寻找材料，火车站票一连十几个小时对她来说是常有的事。除此之外，她还经常遇到绸厂设备差、无原料、无市场、无政策支持等一系列困难。没钱请师傅，她就拿丝绸去抵工资，为了引进喷水织机、印花机，她想尽一切办法，找领导、跑银行，一定要把事情办好。为了找到原料和销售渠道，沈爱琴说尽千言万语，到处赔笑脸、说好话求人。比如，为了得到市场销售"准生证"，她一级一级去跑政府，使尽浑身解数一个一个走程序、盖公章，为了让流程更加顺利，说尽好话。为了拉订单、送货、回款，她走遍千山万水，全国大部分地方都去过。最终功夫不负有心人，1993 年，沈爱琴将原本小小的一个笕桥绸厂发展成浙江万事利轻纺工贸集团公司，如今的万事利已成为中外闻名的丝绸企业。

杭州市第十次妇女代表大会从召开到 1993 年为止，已有 5 年时间。杭州市经济建设和改革开放取得巨大的成绩，杭州市的妇女运动也充满生机，这五年、是蓬勃发展的五年。市妇联和各级妇女组织在市委和各级党组织的领导下，坚持以经济建设为中心，在深化改革中积极奉献，推进了杭州市两个文明建设，妇女运动和妇女工作也取得了重大进展，尤其是在城乡企业建设中，妇女作出突出贡献。

1993年沈爱琴创办的浙江万事利轻纺工贸集团公司成立

改革开放的深入，为妇女提供了施展聪明才智的新天地和发挥自身优势的新机遇，广大妇女也以极大的热情和气魄，投身社会变革，跻身社会生产各个领域，成为经济建设和改革开放的一支伟大力量。在农村，妇女们挑起建设社会主义新农村的历史重任，在农村经济发展中发挥了主力军作用。进入乡镇企业的农家妇女，以社会主义一代新农民的崭新姿态，忘我劳动，为国家和集体创造了巨大的物质财富。随着农村商品经济的迅猛发展，大批农村妇女从生产领域向流通领域进军，跑市场、做销售，她们不仅创造了可观的经济效益，而且对发展农村第三产业，建立社会主义市场农业起了积极作用。

在城镇，女职工们立足本职踊跃参加社会主义劳动竞赛，开展技术革新、"双增双节"和合理化建议活动，为提高企业经济效益，推动技术进步，促进经营机制转换，作出了重要贡献。

从1989年到1992年，女职工提出的合理化建议渐渐受到重视并被采纳，这些建议创造出1.76亿元的经济效益，还涌现出万名女操作能手、革新能手、节约能手和质量标兵。更可喜的是有120名女职工荣获了全国、省、市劳动模范称号。民主党派女成员和各界爱国妇女，在加强海外联谊，引进外资、项目，促进祖国建设方面做了大量的有益工作。一批敢担风险的女性进入个体经济、私营经济领域，在全市20多万个体劳动者中，妇女占60%。在改革大潮中的一大批女厂长、女经理脱颖而出，她们的开拓精神、创造活力、竞争意识代表了当今职业女性的主流。在激烈的市场竞争中，女企业家们锐意改革，不负众望，不少由她们主政的厂家发展成为我市的创汇大户和骨干企业。1993年前后，"杭州市先后有25名女厂长、女经理被评为全国、省、市优秀女企业家"。[1]

1　孙丽云：《杭州市第十一次妇女代表大会上的报告》，1993年4月25日，杭州市档案馆馆藏，档案号：J127-005-346-068。

第三节　推动妇女儿童权益维护

　　1978 年改革开放以后，社会主义市场经济的发展加速了社会分化，计划经济体制下不明显的妇女问题突显出来，"先是婚姻家庭问题，继而是妇女回家、女干部落选、女大学生就业难。一些农村妇女丧失土地使用权、妇女的身体和精神健康等问题相继出现"。[1] 也因此，20 世纪 80 年代左右开始，妇联等各级妇女组织逐渐重视维护妇女的权益。

一、维护妇女权益

　　党的十一届三中全会确立了把党和国家工作重点转移到经济建设上来、实行改革开放之后，在党和政府的统一领导下，杭州市妇女积极参与到生产建设中去。在农业战线上，她们以"愚公移山，改造中国"的英雄气魄进行农田基本建设，挑起采茶、养蚕、饲养禽畜、编织等多种经营和工副业生产的重担；在工交建战线上，妇女们以大庆人为榜样，自力更生，大搞技术革新和技术革命，积极投入社会主义劳动竞赛；奋斗在财贸、科技、文教、卫生、体育、政法等战线上的妇女，为发展经济，保障供给，增强人民体质，保障人民身体健康，加强法制建设，稳定社会治安都作出了重要贡献。在妇女们从事经济建设过程中，妇联组织认识到解决妇女问题、维护妇女权益对发挥妇女生产积极性的重要意义。

　　尽管妇女在"前线"为建设社会主义而奋斗，却依旧没能得到彻底的解放，对于她们的基本保障也始终迟缓一步。杭州市妇联认识到，只有妇女彻底解放，不断提高她们的政治和经济地位，维护和关心妇女的切身利益，才能充分调动妇女的积极性。因此，市妇联加强思想教育、法制教育、健全信访制度、宣传妇幼卫生保健常识、兴办方便生活的各种生活服务事业，关心保障妇女的利益。

　　市妇联首先注重加强对妇女的思想教育。"组织广大妇女认真学习马列著作

　　1　转引自魏开琼选编：《中国：与女性主义亲密接触》，北京：九州出版社，2004 年，第 109 页。

和毛主席著作，促使妇女们系统完整地理解毛泽东思想的科学体系，继续学习三中全会公报和最近召开的中央工作会议精神。坚持社会主义道路，坚持无产阶级专政，坚持党的领导，坚持马列主义毛泽东思想这四项基本原则。"[1]尤其是在有关真理标准问题的讨论中，初步弄清楚四个涉及妇女的问题：一是克服了"于己无关""学不学无所谓"的思想，开始认识到真理标准问题讨论的重大含义。二是初步弄清了什么是毛泽东思想，怎样区分真高举与假高举的问题，不少妇女以前以为，毛主席讲过的话，一定要照办，而对现行政策中离开过去本本上的某些条文不理解，甚至反对。经过学习讨论，妇女们认识到毛泽东思想是个完整的科学体系，毛主席是"人"而不是"神"，实事求是是毛泽东思想的根本。三是对目前我国阶级状况和阶级斗争问题有了新的认识，过去部分妇女干部习惯于把阶级斗争当作推动一切工作的动力，忽视了实事求是地分析问题，而现在认识到对待阶级斗争不能扩大化，要一切为实现四化而服务。四是划清科学社会主义与"四人帮"假社会主义的界线。

改革开放初期，由于很多问题面临拨乱反正，这一时期对妇女思想建设的要求，主要是解放思想、实事求是，到后来随着社会主义市场经济体制的逐步确立，对妇女思想建设也产生了新的要求。在计划经济体制时，妇女群体在政府政策的保护下，比如统包统分等就业政策和分配政策等平均主义政策，短暂实现了市场中的男女平等，"政府以父亲的身份保护她们以对抗来自男性的有力的竞争"[2]，但是这一种所谓"男女都一样"的"平等"状态被市场经济体制打破。市场体制下社会资源的配置原则是效率，而且每个活跃在市场的经济组织都以利润最大化为目的，因此在这种条件下，他们获得的劳工皆以利益衡量，而不论男女，此外，政府也不再"以普遍就业作为社会主义制度优越性的体现"[3]，撤销了计划体制时对妇女发展的保护和推动。这就决定了在思想建设上，妇联务必以提高妇女自主性为重要目标。

1　姚莲娟：《杭州市第八次妇女代表大会上的工作报告》，杭州市档案馆馆藏，档案号：J127-005-024-036。
2　李宏伟：《妇女发展的当代转型——从政府保护到自主参与》，《浙江学刊（双月刊）》1998年第5期，第72页。
3　李宏伟：《妇女发展的当代转型——从政府保护到自主参与》，《浙江学刊（双月刊）》1998年第5期，第73页。

维护妇女的权益是我国妇女组织的重要工作，此外加强妇女的思想教育，从根本上帮助妇女改进不当的行为作风，帮助她们更好地立足于社会，也是重中之重。

为贯彻党中央的思想精神，提高妇女的自主性以及她们在市场经济中的竞争力，1985年市妇

1985年杭州市妇联法律顾问组正在接待妇女群众咨询

联多次组织各界妇女座谈会，并邀请市委副书记许行贯等领导参加，他们同妇女直接对话、宣扬中央精神，加深妇女们对中央现行政策的理解，对改革和开放形势的认识。改革中知识界妇女对妇女心理状况进行调查，帮助农村妇女扩大生产领域，帮助知识妇女解决后顾之忧。同时，通过大力宣传表彰先进妇女，树立80年代新型妇女典型，对广大妇女进行"四自"教育、理想纪律教育，以榜样的力量推动妇女们积极投身改革。市妇联就曾在三八节前推荐了16名城乡改革中成绩突出的妇女先进人物；八一节前后，组织了慰问老山前线归来的女战士茶话会、英模报告会、慰问烈军属等活动；教师节前后，总结优秀女教师事迹，开展尊师宣传；9月在全市妇女中开展"学英模、学先进、树理想、比贡献"活动，树立陈晓云等6位"四自"典型人物；运用现代化宣传工具，大力宣传妇女先进人物，各级妇女组织有典型，各个妇女阶层有标兵。

1988年，杭州市妇联对妇女进行思想教育时，已经不再将目标单纯聚焦在妇女思想解放、唤醒妇女自主性方面，除了将党的十三大精神贯穿始终，加强对妇女的政治教育，以及在"四有"教育中发挥妇女的榜样作用，最主要是将"四有"教育与传播科学技术知识结合。随着我国社会经济发展，工业化进程也大大加快，单一劳动生产方式早已不能满足我国发展现状，因此为适应时代变化的要求，推动我国社会主义更上一层，妇女们必须不断提高自身素质，学习科学技术，增强自我在时代洪流中的竞争力。比如在1988年，"市妇联对农村妇女进行实用技术培训，培训内容由浅入深逐步向加工技术、经营管理、财会业务、外向型知识

等领域扩展，帮助妇女把资源优势转变为产品优势、经营优势"。[1]确定1995年的工作任务时也提到，要继续号召广大妇女，推动她们积极投入"六个一"活动，并注重提高妇女素质问题，"在农村要做好妇女扫盲、实用技术培训、农函大系统学习等层面工作"[2]；"在城市'巾帼建功'活动中要继续抓好'五学'（学理论、学文化、学科学、学技术、学管理），鼓励妇女岗位成才，岗位建功"[3]。

市场经济蓬勃发展下的每一个个体，他们都是推动时代发展的工具，在这个过程中，为了确保自己能够参与其中，重视自我素质的提高是维护自己生存权益最简单且有效的途径，为此杭州市妇联不遗余力地推动妇女成长。

其次，市妇联注重开展宣传法制教育、健全信访制度。胡耀邦在党的十二大中曾提到："妇女不仅是我国经济建设中的重要力量，而且在社会主义精神文明建设中具有特殊重要的作用。"关于这一点是毋庸置疑的，但是要最大限度地发挥妇女的优势，仅靠妇女自我素质提高，牢牢掌握科技知识能力是不够的，必须要一劳永逸地解决困扰妇女生存的问题，其中最有效最直接的方式便是法律保护与妇女整体工作环境的改变，杭州市为此也进行了一系列普法维权、加强信访、改善妇女工作环境、扩大妇女工作岗位等行动。

1982年，各级妇联组织广泛宣传新宪法、新婚姻法和其他有关法律条文，坚决同买卖婚姻和包办婚姻、摧残迫害妇女儿童，以及虐待老人、溺弃女婴的歪风邪气作斗争，并在招工、招生问题上为维护党的男女平等政策尽了努力。建立健全信访制度，仅市、县、区妇联就受理了群众来信来访2300多件（次），其中有关婚姻家庭问题的占53.5%，结案率达91.3%。市各级妇联配合有关部门加强了妇女劳力的特殊保护，改善了劳动条件；大力宣传妇幼卫生保健常识，提倡优生优育、推广新法接生、建立妇科病普查普治制度；兴办方便生活、减轻家务负担、有利生产的缝纫、洗衣、翻棉衣等各种生活服务事业，深受群众的欢迎。

随着妇女在社会生产活动中的作用日益显著，其社会家庭地位也相应提高。

1　孙丽云：《杭州市妇联十届二次执委扩大会议上的工作报告》，杭州市档案馆馆藏，档案号：J127-005-250-011。

2　孙丽云：《市妇联十一届三次执委会上的工作报告》，杭州市档案馆馆藏，档案号：J127-005-389-021。

3　孙丽云：《市妇联十一届三次执委会上的工作报告》，杭州市档案馆馆藏，档案号：J127-005-389-022。

特别是通过法制宣传和维权教育。譬如，1984 年全市各地开展"维护妇女儿童合法权益宣传月"活动，全民普法教育中大力宣传《婚姻法》《继承法》等法制宣传活动，以及广泛深入地宣传省人大颁布的《浙江省维护妇女儿童合法权益的若干规定》等。在信访方面，各级妇联始终把依法维护妇女儿童合法权益作为一项重要工作，1984 年市妇联自上而下建立了信访队伍，形成市、县（市、区）、乡（镇）三级信访网，市妇联和七县（市）二区成立了法律顾问机构，积极开展各种咨询活动，为受害妇女提供法律帮助。仅市、县（市、区）两级妇联就接待来信来访 11785 件（次），结案率达 91.3%。全市维权专职干部在实践中不断提高法律知识水平和依法办事能力，有的获得了律师工作者的称号。这也有力地冲击了封建主义的陈规陋习和资产阶级的腐朽思想，保护、解救了一批受害妇女和儿童，使广大群众受到了生动具体的法制教育，从而出现全党全社会关心维护妇女儿童合法权益的可喜局面，广大妇女在各方面的权益得到进一步保障。

最后，在改善妇女劳动环境方面，市妇联配合市总工会等 6 家单位，于 1986 年发出《关于进一步加强女工保护工作的通知》，又于 1987 年对《通知》执行情况进行检查，促使改善女工的劳动环境和条件，在城乡加强了对妇女群众的卫生保健、"五期"保护和安全生产的宣传教育。为解除广大妇女后顾之忧，杭州市家政服务业越办越兴旺，仅妇联配合有关部门建立的以妇女为主的家政服务组织就有 2285 个，服务项目 70 余个，服务 1196 万人次。[1]

总的来说，从 1949 年中国妇联组织成立开始，妇联始终是代表中国妇女发声的重要渠道，也是维护妇女利益的重要组织，在全国妇联的统一组织和领导下，杭州市妇联也做到了贴合妇女群众生活，从妇女基本的家庭权益到法律权益的维护，少不了妇联在背后的支持与努力。

在当代，维护妇女利益的一个重要体现，便是对妇女参政议政的支持。为了弥补和促进妇女的政治参与度，市妇联也做出了积极努力。譬如，1980 年 3 月，市选举办公室在上城区、萧山县举行选举工作的试点，市妇联和上城区妇联均有妇女干部参加。上城区、萧山县妇联摸索总结了在选举工作中妇联发挥的组织作

1　孙丽云：《杭州市第十次妇女代表大会上的工作报告》，杭州市档案馆馆藏，档案号：J127-005-226-021。

用经验，并加以推广，对全市发动组织广大妇女积极参加选举起到一定的推动作用。1984 年，从参政议政上看，市一级女领导不断增加，妇女市人大代表比例比上届提高 1.2%。2001 年，市妇联在促进妇女参政议政时，在全市干部工作会议上，出台了一些有利于女干部脱颖而出的政策，提出市级机关部门中处级女干部在同级干部中的数量要逐步增加，乡（镇）街道党政领导班子中至少配有 1 名女干部。区县（市）和市级部门在公开选拔领导干部时，要安排部分职位定向选拔女干部，要从后备干部中列出一批近、中期可以提拔任用的女干部进行定人、定向、定位培养，在同等条件下优先培养选拔女干部等，这对杭州市培养选拔女干部工作起到了积极的推动作用。[1]

二、保障儿童发展

毛泽东同志将青少年比作"早晨八九点钟的太阳"，梁启超也曾讲过"少年强，则国强；少年富，则国富"。儿童是社会建设的后备力量，是未来的中坚力量，他们的价值取向决定了整个社会未来的价值取向，因此在青少年时期，加强对少年儿童的教育与关注，对于国家、社会与家庭成长的稳定与繁荣都有长远意义。而杭州市妇联始终不忘初心跟党走，关心儿童成长问题，尤其是党的十一届三中全会之后，将关乎儿童利益问题提上日程，在具体问题的解决方面，杭州市妇联不仅关心幼儿、青少年自身，她们也关注幼托问题、青少年的家庭教育、入学等一系列问题。

1978 年，姚莲娟在杭州市第八次妇女代表大会上提到："儿童是祖国的未来，革命的希望。毛主席、周总理和朱委员长等老一辈无产阶级革命家，历来十分关怀儿童的成长，精心培养下一代成为可靠的接班人，是党和国家的一项战略任务，是关系到四化能不能实现的问题，也是妇女的崇高责任之一。"在党和政府的号召下，杭州市妇联提出要大力发展托幼事业，积极办好托儿所、幼儿园、哺乳室，解决家中无人照顾的小孩的入托问题，并配合有关部门，调查研究解决托幼事业

1　陈建华:《在市妇联第十二届五次执委（扩大）会议上的工作报告》,杭州市档案馆馆藏,档案号:J127-2002- 永久 -00050-01。

规划和领导问题，幼儿园的经费和保教人员的工资福利，以及培养师资、提高保教质量等问题。

托幼政策既是一项家庭政策，又是对儿童的保护政策。这一政策的实施，有利于解决妇女参与社会建设时的后顾之忧，同时为培育祖国下一代奠定良好的社会基础，展现党和政府对儿童问题的重视，也反映了妇女地位的提高以及社会上对妇女作用的认可，因此，"托幼政策是与推动女性发展和社会性别主流化的政策相联系的。"[1]杭州市妇联自然也双管齐下，既主动解决儿童问题，又推动女性在新时期建功立业，维护妇女儿童的权益，尽管事业的开展并非一帆风顺，但自改革开放以来，杭州市委、市政府以及妇联等组织从未停止对这些问题的关注。

譬如在 1981 年杭州市各部门继续做好托幼工作。杭州市政府和相关部门为了发展托幼职业，从财力、物力上都给予支持，1980 年拨款 132 万元用于翻建、维修及新建托幼用房，市妇联也协助监督、检查计划的落实情况。在各方努力之下，到了 1982 年，仅市区厂办、民办托幼园所就扩班 73 个，增收幼儿 1868 人。农村实行生产责任制后，有些地方由于多种原因，托幼组织曾一度解散，因此各级妇女组织深入基层调查研究，召开会议总结与宣传经验，帮助保教人员落实经济报酬，采取常年办、农忙办、大队办、联合办等多种形式解决孩子入托问题。据统计，1981 年市区入托率为 61%，比 1980 年同期增加 1.3%，七县二区（江干、西湖农村）入托率为 29.9%，比 80 年同期增加 6.8%。[2]

此外，杭州市各级妇联还联合托幼办、工会、教育、卫生等部门，通过开展培训工作、训练保教人员，打造一支专业的保教队伍，以提高保教质量。同时部分地方为了加强对幼儿园的管理，还建立了幼儿教学辅导网、办起中心辅导站；定期开展教研活动；利用扫盲、夜校干部及小学教师的力量、抓保教队伍的建设；采取考核录用的办法选拔保教人员。这些措施的实行都收到了明显的成效。保教人员的质量逐步提高，一支年轻、有文化、有专业基本知识的保教队伍正在形成。

除了对幼儿的关注，此一时期也加强了对青少年儿童的关注，不仅是针对在校的青少年，还包括对某些失足青年的拯救。1978 年十一届三中全会召开以后，

1　任远：《关于完善托育托幼政策的几点思考》，《中国人口报》2020 年，第 3 版，第 1 页。
2　杭州市妇女联合文件〔1982〕13 号，杭州市档案馆馆藏，档案号：J127-005-074-009。

儿 童 少 年 工 作 简 报

第 一 期

杭州市妇女联合会综合整理　　　　一九八二年三月

杭州市儿童少年活动基金会成立简报

培养下一代是历史赋予我们的任务，是一项社会事业，不仅要依倡党和政府的关怀，还必须依倡群众，依倡全社会的支持。当前，社会上许多单位和个人都愿为培育下一代出钱、出力、做贡献。为统筹安排，推动少儿工作的开展，更好地为本市儿童少年办好事，谋福利，经市领导批准，杭州市儿童少年活动基金会已于今年年初成立。一月十五日召开了第一次委员会（基金会成员名单另附），着手开展工作。

基金会已在杭州市人民银行湖滨分理处正式立户，账号是89 44708。

基金会的办公机构暂设在市妇联。

1982年杭州儿童少年活动基金会成立

全国自上而下的焦点由阶级斗争转移到生产建设上来。面对时代的要求，各级妇女组织认识到既要发挥女性以及各妇联组织在经济建设中不可缺少的作用，又要切实维护好社会安定，其中一项重要的工作便是抓好青少年教育。比如当时湖滨街道邮电路居民区妇代会，自觉担负起校外青少年和待业青年的教育工作，以正面教育为主，用"一把钥匙开一把锁"的办法，做耐心细致的工作，挽救了一些失足青年。又比如，1981年下半年开始，杭州市妇联在进行了细致调研之后，经市委批准成立了"杭州市儿童少年活动基金会""杭州市儿童少年生活用品委员会"，成立后的将近一年时间内，收到集体、个人捐款共19.6万元。基金会将这笔资金用于资助市少年宫、市部分民办托幼园所等单位添置设备和购买画具、图书，促进了杭州市儿少工作的开展。生活用品委员会成立以来，主要协调有关部门解决好儿童生活用品的生产、供应问题。除此之外，杭州市妇联还为广大儿童免费放映电影，免费开放公园，举办读物展销会，组织各种有意义的科技活动，设立儿童专柜，开设生活用品商场，举办展销会，进行体检等。

苏联的H.杜布罗文娜在谈及青少年和家庭教育之间的关系问题对曾说："家庭的心理气候和家庭成员之间的关系对生产活动、履行社会义务、发挥各种年龄的人的创造力都有直接影响。家庭对儿童个性的形成有特殊意义。儿童都是从小通过家庭进入生活，了解世界，理解社会道德、社会准则和文化传统的。"[1]家庭教育对于青少年的成长，甚至社会风气的养成，都有重要影响，所以要"系好第一粒扣子"，从建设好个人到建设好家庭，再到建设好社会，长此以往，建设良好社会风气。因此，杭州市各级妇女组织的青少年教育工作中，不仅注重对青少年的培育，也注重对每一位家长的培训。

1980年，市妇联和各级妇女组织对家庭教育存在的问题做了调查，召开一系列经验分享会，总结介绍邮电路、中天竺妇代会及省农业局家属委员会等开展青少年教育的经验，布置了青少年暑假校外教育的工作。市妇联、总工会、省幼儿教育研究会还联合举办了独生子女教育的讲座。各级妇女组织都不同程度地加强了对家长的教育，召开了不同类型的家长座谈会、经验交流会，请教育子女有方的家长现身说法。到了1982年家庭教育已开始列入议事日程，市妇联注意抓了少儿的早期教育和科学育儿知识的宣传。

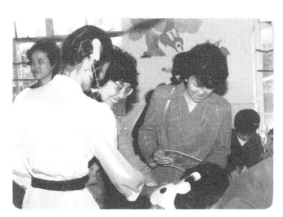

1988年5月30日阅览幼儿图书

1984年4月，市妇联还牵头成立了市家庭教育研究促进会，进行了从青年犯罪到家庭教育重要性的调查，印发了讲座材料6讲，漫画1套，《关心孩子》小册子共14400份，并选择向阳中学、天长小学作宣传试点，还举办了

1997年9月5日省市妇联资助的淳安春蕾小学落成

1　[苏]H·杜布罗文娜：《对青年人进行家庭生活的心理教育问题》，常文译，《苏联心理学问题》1981年第4期，第43页。

家庭教育报告会。此外，还与教育、卫生部门联合举办"六一"育儿知识咨询活动，2天咨询服务663人次；与新闻单位合作，每月播送家庭教育知识讲座1期。各级妇联通过开展"五好"家庭、"合格家长"等活动，利用六一节举行的各类型会议，大力宣传科学教养知识。下城、半山、萧山等区、县妇联向本地区家长发出"争做合格家长"的倡议书，西湖区西溪街道妇联采取学校推荐的方法，表彰了百名好家长，萧山县有8个乡妇联举办了科学育儿知识广播讲座。到1988年，对少年儿童的家庭教育问题，已引起全社会的重视。全市办了800余所家长学校，向60000余名家长系统地传授科学育儿知识和教子成才的方法，深受社会、家长好评。在开展"争当合格家长"活动中，有百余名优秀家长受到全国、省、市妇联的表彰。

三、开展"五好"家庭评选

家庭是社会的细胞，党和政府在社会主义建设过程中，一向重视发挥家庭的积极作用，"妇联组织历来将家庭建设和培育社会主义良好家风作为重要工作内容，从20世纪50年代首次在全国范围内开展'五好'家庭活动"，到1978年改革开放以来再次提倡"建立起革命的民主的和睦的新家庭，有利于促进生产的发展，因此我们要大力提倡家庭成员在政治上、工作上、生活上互相关心，互相帮助，互相照顾。要实行男女平等，合理分担家务，尊敬体贴老人"。

"五好文明家庭"创建活动是群众性精神文明建设的基础工程，也是家庭美德建设的有效载体。创建五好家庭，不仅要求个人品行素养的提高，各自小家的和睦温馨，还要求以小家到邻里，再到社会这个大家庭和谐友善。每一个小家构成社会这一"大家"，因此"五好"家庭的建设，实际也是社会良好风气形成的基础。

为响应党和政府重新开启"五好家庭"建设的号召，1980年，杭州市各级妇联首先广泛宣传开展"五好"家庭活动对家庭和睦、邻里团结、社会安定、四化建设的重要意义，争取社会各方的支持，把思想政治工作做到千家万户，根据不同地段、不同对象、不同问题，有重点地定出切实可行、群众拥护的"五好"

公约。并动员家家户户行动起来，争当"五好"家庭，同时有计划、有步骤地调查研究，总结经验，典型引路，推广铺开，还定期检查评比，表彰先进家庭，不断提高"五好"家庭的建设水平和人民群众重视程度。

因为"五好"家庭主要由妇联进行组织开展，所以最初"五好"家庭的建设，尤其注重对妇女素质的建设。1981年，杭州市妇联执委扩大会议提出，要把深入开展"五好"家庭活动作为加强妇女干部和群众的思想政治工作。1982年，市妇联把该活动推动到一个新的高度。尤其是把"五好"家庭活动与"五讲四美"活动紧密结合，一个时期侧重抓一个重点，市妇联重视对妇女的恋爱、婚姻、家庭观的重塑，极力抵制资产阶级腐朽思想和封建残余思想的侵蚀，并指出妇女作为妻子、母亲和主妇，在家庭领域中起着任何人都取代不了的特殊作用。因此每个妇女都要做到夫妻间互敬互爱，教育子女时要以身作则，对待父母时要从精神和物质上关心他（她）们，这其实就是妇联对于提高妇女素质的要求。在这年元旦、春节，市妇联突出宣传婚姻法和婚姻道德，教育妇女正确处理恋爱婚姻家庭问题。"六一"前后，重点抓"教育革命后代好"。在"文明礼貌月"活动中，市妇联专门发了通知，号召广大妇女大搞清洁卫生，植树绿化；做好事，送温暖；带头遵守公共秩序，自觉维护社会治安，使"五好"内容更具体、更丰富。妇联亦将"五讲四美"活动的要求、内容纳入争做"五好"家庭中去，临安等县妇联还把"五好"活动与制定"乡规民约"结合起来抓。

所以在"五好"家庭活动重新启动的初始阶段，妇女素质的提高、妇女为家庭或社会作出的贡献往往被当作评选"五好"家庭的重要标准，尤其是在部分"五好"家庭的宣传报道中，存在有关"媳妇如何孝顺年迈的婆婆；妻子如何牺牲自己的追求、爱好，为了丈夫的事业和幸福"[1]的内容，这虽然宣传了妇女的传统美德，但是却从另一角度加重了对妇女的道德绑架。这类宣传一直持续了多年，可见破除封建道德观对女性的压迫需要长期的努力。在之后的时间里，随着改革开放的深入，社会主义市场经济的发展，"五好"家庭中对妇女评选的标准，由单纯的道德素质转向全方位的考评，文化程度、科学技术掌握程度等都至关重要。

1　吴良蓉、戴小云：《"五好"家庭活动要赶上时代潮流》，《社会》1985年第1期，第21页

1986 年 11 月 1 日杭州市"五好"家庭活动座谈会

如在 1986 年妇联总结大会中提到更新"五好"家庭形式内容，引导妇女建立与社会主义商品生产相适应的新观念和新的生活方式，帮助"五好"户成为专业户，发展专业户为"五好"户，提高双文明户的比例。且以临安县这一年的"五好"工作开展为例。临安县妇联具体分析了全县"五好"家庭现状，结合技术培训、普法教育、家长学校等工作，把重点放在提高全体家庭成员的素质上，倡导健康文明的生活方式。由此也可看出，此时不仅是妇女的道德素质、科学技术、法律、文化水平都在培养提高妇女素养的范围内，而且也能看出，虽然"五好"活动是妇联组织开展的活动，但是已经不再局限于妇女，"五好"家庭的培养已经从专注妇女转向家庭的每位成员，再以建设好每一个小家庭为目标，影响辐射周围环境，最终建设好社会这个"大家庭"。

这种建设眼光在 1982 年甚至更早之前就已显现。当时市妇联在 6 月中旬组织 6 个城区分三组进行了对口检查。各区在开展"五好"活动中，基本按省妇联提出的 6 个环节做的，但又因地制宜，各有千秋，创造了不少好办法。有的由党委提出统一布置"五好"活动，统一检查"五好"活动，统一使用外刊和文化站干部的"三统一"方法；有的从实际出发，把"五好"重点放在婚姻家庭和教育子女上；有的从抓"五好"家庭发展到"五好"墙门、"五好"楼群；等等。部分县、社妇联也对"五好"活动进行了自查和互查。检查是互相交流，取长补短，促进"五好"活动深入开展的行之有效的方法之一。检查后，"五好"活动更引起各级党委和有关部门的重视。不少县、区公社、党委已把"五好"家庭活动纳入党委议事日程，加强了领导。至 6 月底，城区 431 个居民区中，已有 396 个对"五好"活动进行了宣传发动，占 91.8%，有 150 个居民区经常开展活动，占 36%；7 个县和江干区农村 4819 个妇代会中，有 3672 个开展了"五好"活动，占 76%。[1]"五好"家庭的建设，从长远来看本就是一个由小及大，由浅及深的活动，但是因为该活动遭到"四人帮"的错误引导，十一届三中全会后彻底肃清"某些错误指示"仍需要时间，因此该活动重整之初，难免遇到些阻碍。所以市妇联积极进行这一系列的宣传活动，动员广大居民重新回到"五好"家庭的建设上来，意识到"五好"家庭建设的重要性。

20 世纪 90 年代，杭州市妇联的"五好"家庭建设由懵懂渐渐走向成熟，市妇联探索更多的形式丰富"五好"家庭建设内容。比如，1991 年为了加强精神文明建设，市妇联对传统的"五好"家庭活动进行了积极的探索，各地妇联组织有的开展评比"特色墙门"，有的评选"最佳家庭"，有的开展了"双文明"厂居共建楼群，还有的开展"家庭道德系列教育""忘年交运动会""全家同乐演唱会"等，为优化社会环境，提高家庭成员素质，做出了积极的尝试。[2] 1992 年，市妇联与市精神文明指导委员会联合在西湖区召开了"杭州市家庭文化活动现场会"，总结推广适应居民生活特点的家庭文化建设活动经验，之后各城区纷纷举办了别开生面的"家庭文化周（节）"，把精神文明建设和市民兴趣所在有机结合，把思想政治工作通过有声有色的活动辐射到千家万户，把传统的争创"五好"家庭活动落到了实处。通过各级妇联组织的努力，杭州市涌现出一大批"爱国之家""尊老之家""文体之家"等特色家庭，优化了社会细胞，也适应了广大妇女追求文明健康科学的生活方式的要求。在农村，各级妇联还积极配合党政开展刹、评、创活动，并自觉地把"双学双比"、移风易俗、禁赌、计划生育、尊老爱幼等工作与创"五好"家庭、双文明家庭、倡导文明新风有机结合起来，教育妇女售爱国粮、爱国棉、爱国茧、爱国猪，从而引导妇女爱党、爱国、爱社会主义。据统计，全市农村已有 87 万户家庭评为"五好"家庭，较好地促进了农村的精神文明建设。[3] 1994 年是联合国发动的"国际家庭年"，杭州市各级妇联以此为契机，促进家庭文化建设活动提高水平。不少县（市、区）开展了"家庭亲

1　杭州市妇女联合文件〔1982〕13 号，杭州市档案馆馆藏，档案号：J127-005-074-013。
2　杭州妇女联合会文件〔1991〕3 号，杭州市档案馆馆藏，档案号：J127-005-300-020。
3　杭州妇女联合会文件〔1992〕2 号，杭州市档案馆馆藏，档案号：J127-005-310-001。

情"系列宣传活动，有的举办"美好家庭"巡回报告团，有的推出"家庭文化节"，有的组织"巧当家博览会""楼群运动会""文明新风在楼群"等。这些活动力求做到"思想道德进家庭、科学技术进家庭、文化艺术进家庭、法制教育进家庭"，并且从倡导家庭和睦引申到邻里团结。"国际家庭年"活动拓宽了家庭文化建设新思略，也使传统的"五好"家庭有了新发展。[1]

21世纪初，中国进入社会主义发展新阶段。在这新的历史时期，杭州市"五好"家庭活动的内容也更加丰富。各级妇联围绕"以德治市"的主线，以"五好文明家庭"创建活动为抓手，以家庭环保、科学健身为主要内容，加强和改进妇女思想政治工作，推动公民道德建设，具体以2002年杭州市的"五好"家庭活动为例。

首先，创建有关"五好"家庭活动的系列工作制度。因年初市两办转发了《市"五好文明家庭"创建活动协调小组关于贯彻〈公民道德建设实施纲要〉、深化"五好文明家庭"创建活动的意见》，市协调小组为贯彻两办的文件精神，从制度创新入手，建立了"五好文明家庭"创建活动的申报评审制度、公示制度、复评摘牌制度、通报反馈制度、档案管理制度，规范了"五好文明家庭"创建活动，并制定了全市统一的"五好文明家庭"创建活动台账、工作制度，编印了《杭州市"五好文明家庭"创建活动规范化试点工作》，努力做到硬件建设、评审程序、管理制度3个规范化。[2]通过一年的努力、城乡家庭的争创热情更加高涨，创建氛围更加浓厚，新评出"五好文明家庭"137453户。

其次，市妇联更加注重创建活动的实效。围绕全市"清洁杭城、美化天堂"的中心工作，开展了"家庭与环保"系列活动，万户"五好文明家庭"扫一室更扫天下的举动，赢得了市领导和全社会的赞誉。在创建学习型社会的过程中，市妇联广泛开展家庭读书活动，成功举行了"家庭读书活动"经验交流会及成果展示活动，展现出杭州市紧跟时代步伐，在创建学习型家庭中取得的丰硕成果。同时，市妇联还组织开展"知心家庭"实话实说现场会、"家教知识进社区"、送家教知识下乡的活动，营造科学、文明、健康家庭氛围。动员万户"五好文明家

1　孙丽云：《市妇联十一届三次执委会上的工作报》，杭州市档案馆馆藏，档案号：J127-005-389-007。

2　陈建华：《市妇联第十二届六次执委（扩大）会议上的工作报告》，杭州市档案馆馆藏，档案号：J127-2003- 永久 -00070-006。

庭"与困难妇女家庭结对，向暂时处于困境的下岗失业家庭伸出援助之手，并为50多名特困学生解决了助学资金3万多元。

再次，丰富创建活动内容。为深入贯彻《公民道德建设实施纲要》，加强家庭美德建设，市妇联组织广大妇女和家庭成员参与省"公民道德建设知识竞赛"，同时为贯彻落实"小公民道德建设计划"，还开展演讲赛等寓教于乐的活动，让公民道德教育走进千家万户。拱墅、高新区（滨江）、萧山、桐庐等地妇联结合各自实际，分别以"德沐运河人家"、"小手牵大手，你我同遵守"家庭道德教育规范宣传教育、"签万人名、送万本书、促万人行"、"最佳道德公民"、"最差道德行为"公民道德评议、开设报纸专栏等形式，将道德建设的宣传教育工作推向了高潮。[1]

1　陈建华：《市妇联第十二届六次执委（扩大）会议上的工作报告》，杭州市档案馆馆藏，档案号：J127-2003- 永久 -00070-006。

∽ 第四节 深化妇女友好交流合作 ∽

全世界妇女命运始终是一体的，每一个个体都不是孤立存在的。中国的妇女运动也离不开世界各国的支持与帮助，因此，加强与不同种族之间，抑或是与同胞之间交流，都使我们更加融合于世界妇女运动的发展潮流中。

一、服务外省来杭务工妇女

改革开放以来，经济体制发展不断深化，不仅促进了中国特色社会主义市场经济的发展，还对中国社会和人口结构产生了一个重要影响，那便是人口流动。20 世纪 50 年代后期至 20 世纪 80 年代初期，由于国内实行严格的计划经济管理，加上严格的户籍管理，全国流动人口为数很少，大概几百万人。根据三普数据估算，1982 年我国流动人口的数量仅为 657 万人，只占全国总人口的 0.66%。20 世纪 80 年代中期以后，我国的流动人口经历了一个迅速增长的过程。1984 年，以国务院《关于农民进入集镇落户问题的通知》为标志，国家在一定程度上放松了对农村人口进入中小城镇的控制，并由此带来对整个人口流动控制的松动……1987 年，全国的流动人口就猛增到 1810 万人。[1]

而在 20 世纪八九十年代，由于这一阶段以婚姻、随迁、投靠亲友等原因迁出居多，所以妇女的流动性高于男性，杭州也是如此。因此为了更好地维护流入杭州地区妇女的权益，加强社会稳定性，杭州市妇联对这部分群体展开调查，并尽量解决她们遇到的一些问题，以对萧山义蓬区的调查为例。

1987 年 6 月，萧山义蓬区及所属 16 个乡的妇联，对流入该区的外省妇女情况进行了调查。调查结果表明，近三年来，已有 333 个外省妇女流入该区，她们来自湖南、四川、贵州、安徽、陕西、云南、江西等 14 个省，其中 180 人已与当地男青年结婚，141 人正处在恋爱阶段，12 人从男方手中骗得钱财后出走（所

1　段成荣、杨舸、张斐、卢雪和：《改革开放以来我国流动人口变动的九大趋势》，《人口研究》2008 年第 6 期，第 30 页。

骗金额数最少 750 元，最高达 4000 余元）。

萧山区各级妇联的研究，认为造成这种现象主要有两个原因：一是当地一部分男青年文化程度低，信息不灵，缺乏致富本领，造成经济紧张，难以成家，因此一旦听说有合适的女青年，便不假思索，千方百计予以求成；二是外省女青年渴望摆脱家乡的贫困生活，向往杭州这个鱼米之乡，因此大多数自愿到这儿安家。

针对这种情况，萧山区各乡妇联首先向乡政府汇报了这一情况，并在乡政府的指导下配合有关部门采取相应的措施。比如，对外省妇女逐个进行走访，听取男女双方意见，了解他们的恋爱动机和现状；发信、发函到女方所在地，询问、了解有关情况；为已结婚的妇女落实户口，帮助做好其父母的思想工作，解决她们的后顾之忧（其中 180 人的户口迁入该区，其余的因年龄尚小和思想波动较大，当地政府暂不办理迁入户口）；帮助被骗男性追回钱财；教育外省妇女，树立勤劳致富的观念，并优先安排表现良好的妇女进企业做工。除此之外，外省妇女与杭州市妇女几乎具有同等权利与义务，有的县妇联在外来妇女较多的乡开展了法制教育试点，建立了联络员制度，做到了超前教育，可能出现的问题得到防治。

女性流动人口是城市社区的特殊群体，对我国的生育率和结婚率都有极大影响，如若放任不管，势必造成不可挽回的恶劣态势，"强化对她们婚育的科学管理乃是流动人口管理的一个重点，也是社区精神文明建设的重要组成部分，特别是户籍制度改革以后，必然有更多女性以婚配、打工、经商等形式流入城市。作为管理部门不仅应该全面落实流动人口劳动保护措施，而且应该关心她们的婚姻和生殖健康，切实保护外来女的合法权益"。[1]因此，杭州市妇联始终跟随党的政策，加强对外省妇女的关心，落实一系列保护政策，以促进社会秩序的稳定。

二、接待海外妇女来杭交流经验

全球化进程的加速，使中国与世界越来越紧密地联系在一起，你中有我，我中有你，每个国家和地区的发展都不再是孤立的、片面的，而是"牵一发而动全

1　黄润龙、杨来胜、潘全洪、尹勤：《女性流动人口婚姻状况及其影响因素研究》，《南京人口管理干部学院学报》2000 年 3 月第 1 期，第 42 页。

身"，加之 1978 年中国开始实行改革开放政策，与全球发展更趋于一体。全球化的趋势不仅改变了世界经济格局，也改变了世界政治、文化格局，时代的变化发展对妇女也提出了新的要求，这既是机遇又是挑战。而在改革开放的新时期，市场经济的发展打破了计划经济下的"大锅饭"式发展道路，造成女性社会定位的模糊，为摆脱"大锅饭"式发展给妇女造成的社会依赖性，妇女们必须解放思想，接受技术训练提高自我素质，根本解决阻碍妇女发展的因素。各个妇女组织也要在协助提高妇女地位的同时，巩固妇女统一战线，加强与海外妇女联系，增进彼此间的友谊，发挥中国妇女的国际影响力。

因此，从 1978 年十一届三中全会到 21 世纪初期，杭州市妇联始终在党和政府的领导下，积极投身改革与建设事业，在全球化浪潮里，加强了同各民主党派以及海外妇女的联系，使杭州市的妇女工作更上一层楼，也推动了杭州市妇女解放自我，寻找自己更准确的社会定位。

杭州市妇联主席姚莲娟在杭州市第八次妇代会上总结到："在社会主义革命和社会主义建设新的发展时期，我们要进一步做好各界妇女的统战工作，团结一切可以团结的妇女，调动一切积极因素，组织起浩浩荡荡的妇女大军，向四个现代化进军。杭州是世界闻名的风景城市，是国家发展旅游事业的重点城市之一。我们要认真做好外宾接待工作，增进各国妇女的了解和友谊。"[1]十一届三中全会之后，市妇联在全国妇联组织的号召下，确立与各民主党派、侨胞及海外妇女组织加强联系的新任务，在做好统战工作加强妇联自身建设的同时，通过海外妇女来杭，积极与她们进行交流分享经验，促进了我国妇女事业的新发展。

邓小平曾指出："新时期的统一战线范围很广，包括旅居在国外的侨胞，他们热爱祖国。"做好妇女界的统战工作，也是更好地与海外进行友好交流的基础。由于历史原因，杭州有大批的侨眷和去台人员家属，有相当数量的"三胞"（台胞、侨胞、港澳同胞）和原国民党起义投诚人员，因此，做好妇女统战工作、加强与她们的联系对于增强海内外对祖国的认同感、稳定杭州市社会秩序具有重要意义。在党的爱国统一战线政策的指导下，杭州市妇联加强各方面的爱国妇女、

1　姚莲娟：《杭州市第八次妇女代表大会上的工作报告》，杭州市档案馆馆藏，档案号：J127-005-024-029。

进步女士的团结，主动配合有关部门做好对台工作，进一步密切与统战妇女的联系，帮助她们提高爱国主义和社会主义觉悟，鼓励她们积极参加三八红旗手和"五好"家庭活动，倾听她们的意见和要求，帮助解决她们的实际困难，充分调动她们为"两个文明"建设、为统一祖国大业出力的积极性。[1]

1979 年市妇代大会后，市妇联还召开了各界妇女座谈会，动员各界妇女向自卫反击战英雄学习；参加了对台工作会议、统战工作会议、工商联会议等。出席了省政协大会；调查了"文化大革命"前杭州市女青年会的情况，讨论了目前有无可能和必要恢复女青年会的问题，并向全国妇联写了汇报。同年，市妇联还接待内宾 11 批，其中本省的 6 批，外省的 5 批，共 83 人；共接待外宾 7 批，来自 8 个国家，共 29 人。

1980 年，市妇联继续做好妇女界统一战线工作，加强与各民主党派、工商联妇女组织联系，经常了解她们的思想情况，关怀支持她们的工作，且重点做好"三胞"工作。1981 年，市妇联着重做了对台工作，对 60 多个单位和个人调查、访问达 100 多人次，做到了基本情况心中有数。还通过集体活动和个别访问做思想工作，并配合有关部门帮助她们落实政策，协同统战部、团市委为女青年会的恢复活动作了准备工作。同年，市妇联在展望工作时提到，要继续提高各级妇联干部对妇女统战工作重要意义的认识，深入进行党的统战政策的再教育。市妇联要协助有关部门积极开展对台工作，为妇女统战人士切实地落实政策；协同统战部，团市委筹建女青年会；配合政协、"两会"妇女工作组及民主党派女干部进行工作，鼓励和支持各界妇女统战人士为建设"两个文明"多作贡献，进一步发展和扩大妇女界的爱国统一战线。[2]

此外，市妇联除了注重与"三胞"加强交流外，1986 年开始也逐渐重视与各地妇联的横向联系、交流经验、开阔眼界。市及部分县、区组织妇联干部经常外出参观学习，并多次接待外地妇联，仅市妇联就接待了 30 批，还与不少外地妇联建立了信息联系。在此基础上，市妇联协助有关部门接待 6 批外宾，外事讲

1　姚莲娟：《杭州市第九次妇女代表大会上的工作报告》，杭州市档案馆馆藏，档案号：J127-005-105-114。

2　姚莲娟：《市妇联常委会在第八届第五次执行委员会上的汇报》，杭州市档案馆馆藏，档案号：J127-005-074-021。

课9次，向外国朋友介绍我国妇女的社会地位和作用，交流有关妇女儿童的情况，促进市妇联更充分了解世界妇女儿童问题的发展状况。

1987年，杭州市完成了"六五"计划，并大步向"七五"计划迈进，市妇女运动在这期间取得新的进展，不仅为杭州社会主义建设事业培养了先进优秀妇女，她们的锐意进取，也促使各民主党派女成员及各界爱国妇女参加社会主义建设的积极性空前高涨，市妇联还密切同妇女界知名人士、女台胞、女侨胞、去台人员家属以及来大陆探亲人员的联络，欢迎她们来杭州参观访问、寻根拜祖，加深海峡两岸妇女的姐妹之情，共图祖国繁荣和统一。孙丽云在市第十次妇代大会中提到"市妇联充分发挥在人才、智力、技术方面的优势，面向社会开展智力支持、咨询服务活动，兴办各类职业培训和妇女儿童福利事业，并且利用与国内外的广泛联系，为实现'一国两制'构想竭智尽力，成为振兴杭州、统一祖国的一支不可忽视的队伍"。[1]

1988年3月，面对国务院将杭州列入沿海经济开放区这一举措，市妇联意识到提高服务质量对杭州市实行对外开放、扩大旅游事业十分重要。因此，她们倡议从事交通、商业、旅游等事业的广大女职工，要努力做到微笑服务，认真改善服务态度，不断提高自身政治、业务素质，以适应当前外向型经济和旅游事业迅速发展的需要，做到更热情、礼貌地对待中外游客。

所以1988年，杭州市妇联在加强与外界妇女联系的工作上有了明显的进步，扩大了同爱国妇女的联谊交往，通过组织统战系统妇女代表外出学习，开展各种联谊活动，力所能及地帮助她们解决实际问题，平时注重经常性的联系交往、沟通思想等方法，进一步加强了同民主党派、宗教界妇女组织的团结协作。市妇联还积极在港澳台同胞的亲属及侨眷中开展工作，发挥她们在统一祖国，发展外向型经济中的作用。如市妇联主任孙丽云等6位市妇联干部在华侨饭店宴请香港华南电影工作联合会理事、妇女部副主任，香港中华总商会会员、妇女部委员白荻女士，其间双方进行了亲切的交流，孙丽云主任热情邀请白女士参加市妇联组织的活动，白荻也表示要为杭州的经济建设出一份力。市妇联还举办各民主党派、

1　孙丽云：《杭州市第十次妇女代表大会上的工作报告》，杭州市档案馆馆藏，档案号：J127-005-226-017。

接待来访的外国友人

工商联妇委会、市女青年会成员迎新联谊会及大型台胞、台属联谊舞会，密切与她们的友情。此外，各民主党派、工商联的妇女成员还积极鼓励台胞来大陆投资，热情为海峡两岸亲人牵线搭桥等，此举为杭州市经济发展不断增添新的活力。

　　1989年，妇联统战性的特点得到进一步发挥，扩大了同爱国妇女的团结协作，加强了同港澳台妇女的友好往来。上半年，召开了各民主党派妇委会工作会议，交流经验，沟通思想。在中秋节，邀请"三胞"亲属与美国来杭的旅游团队搞联谊活动，共度佳节。同时，市妇联还加强了走访联络工作，力所能及地帮助她们解决实际问题。[1]此外，市妇联为了加强同港澳台地区及国际妇女间的友好往来，

　　1　杭州市妇女联合会文件〔1990〕1号，杭州市档案馆馆藏，档案号：J127-005-265-009。

充分发挥旅游城市的优势，积极兴办旅游事业。经过大量的筹建工作，杭州妇女旅游社正式成立，目前（1990 年）为止已接待了 36 批外宾和"三胞"旅游团队，收到了一定的成效[1]。到 1990 年在方方面面地支持下，市妇联的旅游事业迅速发展，共接待 208 个旅游团体，接待台胞、侨胞、港胞、外宾 5000 多人次，取得了良好的经济效益，受到有关方面的好评。[2]

妇联一直是各族各界妇女的联合会，她们能够通过灵活多样的组织形式，加强同广大妇女的联系，形成多层次、多渠道的组织网络。杭州市妇联不仅能加强同民主党派、宗教界及其他各界妇女组织的团结协作，树立"求大同存大异"的统一战线新观念，还针对我国台胞多的特点，利用妇女的特长和优势，积极开展各种联络乡情、亲情、友情的活动。充分发挥已成立的女企业家协会、女知识分子联谊会的作用，开辟一条联系不同界别、不同行业、不同阶层妇女的新渠道。并号召各地也建立妇女协会、妇女之家、各类联谊会、俱乐部等开展一些群众喜闻乐见、丰富多彩的活动；在全国十二城市妇联旅游工作联席会议的基础上，加强与旅游、开放城市之间妇女工作的横向信息交流，扩大联系交往。杭州市妇联做到了"立足本市，放眼世界，扩大与来杭观光游览的外国妇女的友好往来，努力沟通不同国家、不同种族妇女之间的联系"[3]。

在与国际妇女的交流中，由于改革开放的不断深入，我们与世界逐渐接轨，传统的国际问题"退居"次位，新的国际问题不断凸显，这些问题随着全球化在各国都有或多或少的呈现，女性问题便是其中重要一项。为应对全球化趋势下我国妇女运动中不断出现的新问题，市妇联除了加强组织建设，与民主党派、海外侨胞等建立妇女统一战线，还积极接待海外妇女来杭，因为国际妇女运动的经验对于我们来说，是解决当前妇女问题的重要一环，也是我国妇女运动主动与国际接轨的表现。

在这期间，市妇联就妇女建设的不同方面与各国进行了交流。譬如 1986 年日本并川华芳子等一行 3 人应浙江省国际信托投资公司的邀请，来杭分享婴幼儿

1　杭州市妇女联合会文件〔1990〕1 号，杭州市档案馆馆藏，档案号：J127-005-265-010。
2　杭州市妇女联合会文件〔1991〕3 号，杭州市档案馆馆藏，档案号：J127-005-300-032。
3　孙丽云：《杭州市第十次妇女代表大会上的工作报告》，杭州市档案馆馆藏，档案号：J127-005-250-023。

养育经验。并川华芳子是日本光商株式会社驻北京联络事务处代表，长期从事中日贸易，是一位热爱中国的友好人士。她喜爱小孩，并对科学养育婴幼儿颇有研究，所以 6 月 3 日上午在省人民大会堂举办了"婴幼儿食品营养及养育交流会"，她在会议上介绍了日本有关育儿的知识，播放了录像，展示了日本的婴儿衣服、视频、尿裤、玩具、书籍等物品。参会的市妇联、市卫生局组织的区、街妇联干部及幼儿园负责人、妇女保健医生、食品厂、童装厂、医药公司技术科、新闻单位等有关人员受到很大的启发，认为日本婴幼儿养育方法有可取之处。会后，省国际信托投资公司、市妇联以及市卫生局的组织人员还陪同并川华芳子等人参观了杭州市红会医院妇产科，并川称赞了医院的婴儿蜡烛包包的松紧程度比上海好，但也指出蜡烛包的颜色太深，不利于孩子健康，还希望杭州的婴儿尽快从蜡烛包中解放出来，并赠送了日本婴儿尿裤、尿布。[1]

1988 年 6 月 28 日，杭州市钟伯熙市长、俞剑明副市长接见了美国女企业家访华代表团，双方就城市管理、企业管理、妇女在经济建设中的作用等方面的问题进行了交流。一同参与交流的还有市妇联副主任孙玉珍、杭州市女企业家协会筹备小组组长、市轻工业局副局长韦文姣、筹备小组成员、全国优秀女企业家、杭州化纤厂厂长唐湄媞、临平绸厂厂长高春花和市优秀女企业家、杭州家具厂厂长谢玉蓉等。这些优秀的女性代表，通过与美国女企业家的交谈，丰富了建设企业的经验，了解到如何更好地在企业中发挥女性的力量，使每位女性都成为新时代的代言人。

同年，日本福井市副市长山本务为名誉团长、教育长池田健吾为团长的日本福井市民之翼访华团一行 52 人于 10 月 7 日到杭州，并在杭州的中日友好饭店就家庭教育、妇女的组织、活动、就业以及老人生活等问题进行了友好交流座谈。通过这次座谈，两市妇女增进对彼此的了解，加强了友谊，为日后两市妇女的友好交往奠定了基础。

1989 年，由于杭州市妇联关于妇女工作领域不断拓宽，她们加强了与国内各妇女组织的联系，以及世界各国妇女的友好往来，还扩大同"三胞"的联系，

1　《杭州市妇女联合会文件，情况反映（十二）》，第 1—2 页。

范围，做好女职工工作的重要保证。不少基层领导干部根据女职工存在的特殊问题和女职工的素质，希望妇联过去建立组织，加强女职工工作。有的同志还希望上面能统一发文件，解决基层妇女工作的经费问题。

·市妇办·

钟伯熙副市长接见美国女企业家访华代表团

六月二十八日上午，钟伯熙副市长、俞剑明副市长接见了美国女企业家访华代表团，双方就城市管理、企业管理、妇女在经济建设中的作用等方面的问题进行了广泛的交流。同时在应的还有市妇联副主任许玉珍，杭州市女企业家协会筹备小组组长、市经工业局刘局长单大炳，筹备小组成员、全国优秀女企业家、杭州化纤厂厂长应环棣，临平锅厂厂长高秀花和优秀女企业家、杭州家具厂厂长诸玉珍。

·权益部·

市妇联领导赴请香港白葆女士

为了进一步拓宽妇女工作领域，本月二十三日，市妇联主任丽云等六位同志在华侨领涉宾博香港彩电工作者联合会开会，妇女调主任，很恩机海有限公司电影、原装设计部，香港中华总商会会员、妇女调委员白葆女士。其间，双方进行了亲切的交谈。白葆女士表示要为杭州经济建设出力。

·市妇办·

妇工信息

第十七期（总第71期）

杭州市妇女联合会办公室　　一九八八年十月十三日

福井——杭州两市妇女友好座谈

应杭州市人民政府邀请，以日本福井市副市长山本务为名誉团长，教育长池田健吾为团长的日本88福井市民之旅访华团一行5人，于10月7日晚八时抵杭。8日下午两市妇女在中日友好饭店就妇联组织、活动、就业、老人生活等问题进行了友好交流座谈。妇女座谈会分组进行，双方共有45人参加。日本福井市副市长山本务和连合妇人会会长成野淑子分别作了发言，市妇联领导也出席了座谈并致了欢迎词。参加座谈的有我市各界妇女代表。座谈会开得坦诚、恳切、友好。通过座谈和交流，增进了两市妇女的彼此了解和友谊，为今后两市妇女的友好往来奠定了良好基础。

当天晚上，市妇联主任龚丽云副主任吴月华陪他们观看了许运精剧。

1988 年美国女企业家代表团来杭州交流　　1988 年福井—杭州两市妇女友好座谈

所以中共杭州市妇女联合会党组为了更好地开展市妇联的工作，向市人事局请示"对本会的组织联络部实行一套班子二块牌子，即，对内'组织联络部'，对外'国际联络部'"。[1]

1992 年以后，改革开放和经济建设进入新时期。面对党的十四大提出的新要求，杭州市委、市政府确立杭州发展的战略目标："从现在开始，在 20—25 年之间基本实现现代化，将杭州市打造成长三角南部重要的经济、旅游、科技、文化中心，并成为经济繁荣、科技发达、社会安定、环境优美的国际旅游名城。"面对这一新的战略目标，特别是以经济建设为中心，妇联传统的单线组织形式不能适应改革开放新形势下妇女工作的需要，且妇联长期存在组织体系问题和角色定位问题，所以市妇联先后引导建立了女企业家协会、女知识分子联谊会等各种妇女横向组织，在党政机关、科教文卫等事业单位发展了 44 个妇委会，建立了各类妇女儿童工作协调组织和研究机构，进一步加强了与民主党派妇女的联系，

1　《杭州市妇女联合会文件，关于市妇联组织联络部对外称"国际联络部"的报告〔1989〕15 号》。

逐步形成了纵横交错的工作网络，延伸了妇联的肢臂，使妇联组织既能做基层妇女群众的工作，又能与较高层次妇女加强联系，与女领导干部、女知识分子、女企业家等妇女界的优秀代表人物打交道，为她们施展才能提供服务，从而增强了妇联在社会上的影响力和辐射力。[1]

在此基础上，各级妇联紧紧抓住当前经济发展的有利时机，创办一批经济实体，并"争取建造杭州妇女期盼多年的妇女活动中心，为杭州妇女提供学习、休息、娱乐的场所，为培养女性管理人才提供实践舞台，为联系海内外妇女架起友谊桥梁"[2]。1993年，各级妇联在探索社会主义市场经济体制下，利用经济创建，搞活横向联谊工作的新路子，以新颖多样的活动，努力为女企业家、女知识分子在社会主义各项事业中建功立业提供条件，推动杭州市的女企业家与国际女企业家们接轨。譬如这一年中，"市女企协创办了杭州深奥贸易公司，走出了一条以会养会的好路子。各协会通过编印大型画册、组织商务出国考察、举办市场经济系列讲座，并召开中、美女企业家座谈会和优秀科技人员经验交流会等活动，为会员走向国际市场、迈入高科技领域加油助力"[3]。

1994年是联合国发动的"国际家庭年"，这对于加强杭州市妇联与海内外各界妇女的联系具有重要意义。这一年里市妇联接待了日本福冈电视台人员，他们在杭拍摄的2部凡人家庭电视片，将杭州家庭的进步和发展情况通过电视向日本人民作了介绍，加强了日本民众对杭州生活的认识，也引发了一波日本民众来杭旅游潮。

1995年，世界妇女大会在中国召开，这为妇联组织的发展提供了前所未有的机会。杭州市妇联大力宣传世妇会，充分展示杭州妇女的时代风采，各级妇联多渠道、多层面、多形式广泛深入开展宣传，在全市范围营造了迎接世妇会的热烈氛围。宣传动员工作有2个县（市）区妇联组织开展的"通向北京"象征性长跑、女子木兰拳比赛、女子风采大检阅、妇女运动会等大型宣传活动，展示了改

1　孙丽云：《杭州市第十一次妇女代表大会上的报告》，杭州市档案馆馆藏，档案号：J127-005-346-076。

2　孙丽云：《杭州市第十一次妇女代表大会上的报告》，杭州市档案馆馆藏，档案号：J127-005-346-085。

3　孙丽云：《市妇联十一届二次执委会上的报告》，杭州市档案馆馆藏，档案号：J127-005-374-014。

革之年杭州妇女奋发进取，积极向上的精神风貌。同时，还通过举办橱窗展览、印发图文并茂、中英文对照的《前进中的杭州妇女》宣传折页，组织开展妇女健身赛、妇女书画展、当代女性风采摄影展等形式多样、丰富多彩的宣传活动，大力宣传杭州妇女的成就、作用和贡献。据统计，各级妇联共举办迎"九五"报告会、演讲会、座谈会809场。[1]

除宣传以外，市妇联还做好外宾接待工作，增进与世界妇女的相互了解和友谊。世妇会前后，共有20多个代表团来杭州旅游观光，交流座谈，她们分别来自29个国家和地区。市妇联认真做好接待准备工作，分别参加了有关部门举办的外事工作培训班，并协助上级妇联和外事部门考察落实外宾参观点和接待点。大会前后，市妇联直接接待了来自美国、日本等国家的6个妇女代表团，双方就教育、劳动、妇女地位等问题进行了友好交流，通过交流，增进了世界妇女对杭州和杭州妇女的了解，促进了杭州的对外开放[2]。

三、参与香港、澳门回归等重大活动庆祝

1978年十一届三中全会之后，杭州市妇联紧紧跟随党和国家的方针政策行动，不仅能够加强自身组织的建设，密切与海外、侨胞妇女组织的联系，引领杭州市妇女在急剧变化的新时代打造女性专属天地，还具有时代目光，能牢牢抓住每一件与国民命运相关的大事，并积极参与，彰显杭州市妇联和妇女们的勇气与力量。

比如1994年为庆祝和参与联合国发动的"国际家庭年"这一活动，杭州市各级妇联加强了对"国际家庭年"的宣传，并以此为契机，促进家庭文化建设活动提高水平。不少县（市）区开展了"家庭亲情"系列宣传活动，有的举办"美好家庭"巡回报告团，有的推出"家庭文化节"，有的组织"巧当家博览会""楼群运动会""文明新风在楼群"等。这些活动力求做到"思想道德进家庭、科学

1　孙丽云：《市妇联十一届四次执委会上的工作报告》，杭州市档案馆馆藏，档案号：J127-005-411-008。

2　孙丽云：《市妇联十一届四次执委会上的工作报告》，杭州市档案馆馆藏，档案号：J127-005-411-009。

技术进家庭、文化艺术进家庭、法制教育进家庭"，并且从倡导家庭和睦引申到邻里团结。"国际家庭年"活动拓宽了家庭文化建设新思路，也使传统的"五好家庭"有了新发展。

1997 年杭州市妇联主办杭州市各界妇女喜迎香港回归活动

1997 年迎接香港回归时，市妇联按照市委的部署，把握迎香港回归这件大事，在妇女儿童中开展了一系列爱国主义教育活动。市妇联举办了杭州市"各界妇女喜迎香港回归"大型活动、市儿童少年"爱祖国、迎回归"文艺汇演。市女企业家协会、女知识分子联谊会分别举办了"笑迎香港回归、共创美好未来"专题讲座暨联谊活

1999 年喜迎澳门回归座谈会

动和香港回归报告会，各级妇联也组织开展了一系列丰富多彩的庆祝活动。

1999 年是中华人民共和国建国 50 周年，也是杭州市妇联成立 50 周年，市妇联精心组织了开展"杭州市各界妇女庆祝建国 50 周年联欢会"和杭州市妇联建会 50 周年"回顾与展望"座谈会等丰富多彩的庆祝活动，认真总结回顾了新中国成立 50 年来杭州市妇女运动、妇女工作的基本经验，展示了杭州妇女良好的精神面貌。在这一年中杭州市妇联还参与迎接澳门回归，并召开喜迎澳门回归座谈会，强调要在党和政府的领导下，加强同澳门妇联的联系，共同为推进社会主义建设而奋斗。

第五章　扬帆：杭州妇联领导巾帼建功新时代
（2003—2019）

2003年，时任中共浙江省委书记习近平提出浙江未来发展的"八八战略"，确立了浙江省"干在实处、走在前列、勇立潮头"发展的总纲领。杭州市妇联在"八八战略"和习近平新时代中国特色社会主义思想指引下，开展党建引领工程，突出政治引领，如开展主题教育和主题活动、打造女性红色文化教育品牌、重视榜样的引领作用，以三八红旗手、巾帼文明岗、巾帼建功标兵、创新社会化推优机制、新时代优秀女性领军人物群体、巾帼先进模范事迹巡讲、杭州"最美女性"等典型宣传以促进妇女的奋斗和努力。她们开启组织提升工程，不断加强组织内部和外部、集体和个人的培养和教育；通过宣传队伍建设，加强队伍的团结教育，提高妇联组织凝聚力；织好妇联组织建设一张网，提高妇联组织号召力；创新"社会化、项目化、专业化"妇女工作运行模式，打造"实体化、网络化、智慧化"服务阵地；重视妇女儿童的权益保护等，绘好机制创新一张图，提高妇联组织战斗力。她们开展巾帼建功工程，重视培育杭州市优秀的女性人才，包括知识型、技能型、创新型的高素质女性人才队伍建设，提升妇联组织中的女干部、女党员、女主任等女性领导的专业素质；重点培养一批乡村振兴女领头以及民宿女主人、返乡女创客、突出贡献来料加工女经纪人等；不断地完善"伊创"系列女性创业品牌（伊创荟、伊创联盟、伊创基金、创新创业大赛、女大学生专场招聘会）和巾帼建功品牌（巾帼文明岗和女企业家）。她们开展家庭幸福工程，开展"美丽庭院"创建活动、寻找"最美家庭"活动、"家庭公益一小时"活动、家庭生活垃圾分类、"五水共治、三改一拆"行动等，传承优良家风践行文明；推进社会治理家庭志愿者工作品牌建设；推动乡村社会治理"村事"整治机制和杭州城市管理"市事"协助机制建设；实施家庭教育五年规划、信息化服务平台、家长学校、家庭亲子阅读指导、智慧家庭教育大讲堂、家庭教育专家服务点、家庭心理健康体验中心、"星级家长"执照工作等，塑造最美家庭教育，凝练最美家风。通过"四大工程"，努力将杭州打造为中国妇女"半边天"思想的重要创新地和重要实践地。

第一节　实施党建引领工程

2004 年 3 月 3 日，习近平在《中国妇女报》上发表文章《充分发挥妇女"半边天"作用——中共浙江省委书记、省人大常委会主任习近平谈贯彻男女平等基本国策》，提出："坚决贯彻男女平等基本国策，深入实施妇女发展规划，更加注重妇女人力资源开发，进一步加强妇女组织建设，在加快全面建设小康社会、提前基本实现现代化进程中，不断推进男女平等和妇女的进步与发展，更好地发挥妇女'半边天'的作用。"2013 年 10 月，习近平指出，妇联组织、妇女工作要坚持党的领导，各级党委和政府要领导、组织、带领各级妇联为妇女谋福利。他说："坚持党的领导，紧紧围绕党和国家工作大局谋划和开展工作，这是妇联组织发挥作用的根本遵循，是妇联工作不断前进的重要保障。""要通过立体化、多层面的组织体系最广泛地把广大妇女吸引过来、凝聚过来，让广大妇女在身边

2004 年，时任浙江省委书记习近平谈充分发挥妇女"半边天"作用

就能找到妇联组织、得到及时帮助,把妇联组织当做可以信赖和依靠的地方。""各级党委和政府要充分认识发展妇女事业、做好妇女工作的重大意义,加大重视、关心、支持力度。"[1] 2015 年 7 月,习近平出席了党中央召开的首次党的群团工作会议,他在会议中强调,要"加强和改进党的群团工作,把工人阶级主力军、青年生力军、妇女半边天作用和人才第一资源作用充分发挥出来"。[2] 这再一次强调了妇女在现今国家发展、社会进步中至关重要的作用。

一、党建带妇建

2003 年以来,杭州市委一直高度重视妇女工作,相继出台《关于加强和改善党对新时期工会、共青团、妇联工作领导的意见》《关于进一步加强新形势下工会、共青团、妇联工作的意见》等文件,[3] 不断加强和改善党对妇女工作的领导。在市委的领导下,市妇联自觉担负起团结引导广大妇女听党话、跟党走的政治任务。进入新时代后,在中央和省市党的群团工作会议精神指引下,市妇联积极推进群团改革工作,通过"争当新时代党的好女儿,争创高水平巾帼新业绩"等主题教育,扎实做好组织、宣传、教育、引导妇女群众工作。

2010 年,杭州市妇联在市委的高度重视下,召开了杭州市党建带妇建暨培养选拔女干部工作会议,出台了《关于进一步加强和改进党建带妇建工作的意见》,明确了"党建带思想建设,进一步加强党对妇女组织的思想政治领导;党建带组织建设,进一步健全妇联组织网络体系;党建带班子建设,进一步配齐配强各级妇联领导班子;党建带队伍建设,进一步提高妇联干部整体素质;党建带阵地建设,进一步夯实妇联组织基础"的党建带妇建这"五个带"要求。各妇联组织相继贯彻落实会议精神,如西湖区迅速召开党建带妇建暨基层"妇女之家"工作会议,提出进一步解决有人干事、有阵地做事、有钱办事的具体措施。在党委重视、

---

1 习近平:《坚持男女平等基本国策 发挥我国妇女伟大作用》,《妇女研究论丛》2014 年第 1 期。
2 李源潮:《认真贯彻落实中央党的群团工作会议精神 大力推进妇联工作改革创新——在全国妇联十一届三次执委会议上的讲话》,《中国妇运》2015 年第 8 期。
3 陈建华:《做好"服务,联合,能力"三篇文章 把杭州妇女事业不断推向前进——在市妇联第十三届三次执委(扩大)会议上的工作报告》,2004 年 1 月 15 日,杭州市档案馆馆藏,档案号:J127-2004-358。

党建带动下，一方面，杭州市党妇共建"同研究、同部署、同考核"三同机制的进一步形成。另一方面，全市妇联系统开展了以"党群共建，创先争优"为主题的"巾帼先锋"创先争优活动，各级妇联组织围绕组织妇女、引导妇女、服务妇女和维护妇女合法权益的工作职责，以建设学习型、服务型、创新型的妇联组织和提高妇联干部"五个能力"为目标，努力提高服务、推动发展，服务妇女、凝聚人心、服务社会、促进和谐的能力，努力把妇联组织建设成为党开展群众工作的坚强阵地和深受广大妇女信赖和热爱的温暖之家。[1]

2011年，杭州市妇联把学习贯彻党的十八大精神与落实市第十一次党代会精神结合起来，与实施杭州市"十二五"经济社会发展规划的战略目标和工作重点结合起来，与做好新形势下妇女工作结合起来，与创建学习型、服务型、创新型妇联组织结合起来，找准妇联工作与中心工作的结合点、突破点和切入点，把学习贯彻党的十八大精神转化为做好妇女儿童工作、推进"三城三区"建设的强大动力，推动创新型城市和城乡统筹示范区建设，把妇女的智慧凝聚到加快转变经济发展方式的生动实践上。推动学习型城市、生态型城市建设，把妇女的幸福指数提升到社会主义文化强国和美丽中国建设上；推动安居乐业示范区、人文法治示范区建设，把妇联组织参与社会管理创新的重点落实到保障民生上；推动妇联组织自身建设，把妇女工作和妇女干部的素质提高到新水平上。[2]

2014年，杭州市妇联认真开展以"为民务实清廉"为主要内容的党的群众路线教育实践活动。把学习教育贯穿始终，采取集中学、专题学、交流学和自学相结合的方式，提高党员干部的思想认识。把开门搞活动作为基本要求，通过基层走亲、上门走访、谈心谈话和召开座谈会等形式听取意见，梳理意见建议三大类18条。领导带队深入开展"进村企、访妇情、办实事、促发展"基层走亲活动19次，帮助基层妇联落实"按照妇女人均一元钱标准给妇联增拨专项工作经费"政策。把开好专题民主生活会作为关键环节，认真开展批评与自我批评，围绕"四风"问题进行对照检查并提出整改措施。把整改落实作为具体目标，针对查摆出

1　陈建华：《建设坚强阵地、营造温暖之家，努力开创杭州妇女事业科学发展新局面——在市妇联十四届四次执委（扩大）会议上的讲话》，2011年2月28日。
2　魏颖：《全面学习贯彻党的十八大精神、再创杭州妇女事业新辉煌——在市妇联十四届七次执委（扩大）会议上的报告》，2012年12月28日。

2014年杭州市妇联召开区、县（市）妇女活动阵地建设和政府妇儿工委办自身建设情况督查会议

来的问题制定出9项具体整改举措，以抓好24项规章制度的修订完善为基础，促进妇联机关作风建设的长效化。[1]

2015年，杭州市妇联在妇女干部培训工作中认真开展"三严三实"专题教育，围绕修身、用权、律己、谋事、创业、做人六个方面开展专题研讨学习，开展党章党规党纪和《中国共产党廉洁自律准则》《中国共产党纪律处分条例》学习，不断地强化妇女干部们严守党章、党规、党纪意识，促进机关干部自觉正心修身，积极干事创业，力求在巩固和拓展群众路线教育实践活动成果上见实效，在守纪律讲规矩、营造良好政治生态上见实效，在真抓实干、推动改革发展稳定上见实效。为了更好地落实这项工作，使得各级妇联干部的综合素质在新时代得到质的提高，还制定了《杭州妇联干部培训三年规划（2015年—2017年）》，对未来三年的妇联干部培训工作做了宏观上的安排，以使得此项工作能成功地在新时代

---

1 魏颖：《巾帼建新功　共筑中国梦　团结带领广大妇女为杭州实现高起点上的新发展而奋斗——在市妇联十五届三次执委（扩大）会议上的报告》，2014年1月9日。

发力。此外，干部培训在 2015 年也得以继续开展，这一年举办了市妇联执委、专兼职妇联干部、基层"妇女之家"负责人培训班 3 期，一年的时间内全市共举办各级妇联干部培训班 53 期，培训妇联干部 7241 人。[1]

按照习近平总书记提出的"社会治理社会化、法治化、智能化、专业化"要求，[2] 针对时任省委书记夏宝龙指出的"五个不适应"和针对时任市委书记赵一德指出的"五个不够"问题，2015 年，杭州市妇联认真梳理了妇联组织和妇联干部存在的"不严不实"问题，自觉把中央和省市委会议精神的宣传同基层调研、基层走亲等活动相结合，推动妇联组织从单点作战向引领全社会共同关注和参与妇女工作的"互联网+"资源整合的方式转变，从以教育引领和维权服务为主载体向促进妇女全面发展的规划化、机制化、项目化的方式转变，从单纯就妇女工作抓妇女工作向推动妇女事业与杭州经济社会同步发展的方式转变。

2016 年，杭州市妇联按照中央和省市委群团改革工作会议精神、《全国妇联改革方案》及市委群团组织改革工作领导小组部署，紧扣"去四化、增三性"总体要求，对新形势下妇联改革工作开展调研、听取意见建议。结合市委巡视组对市妇联反馈意见整改落实要求，多次召开党组会议，确定了把改革组织设置、干部管理、工作方法、管理方式作为妇联改革的主攻方向，梳理形成市妇联问题清单、职责清单、改革清单和改革方案、三定方案。在改革方案形成过程中，多次与市编办等部门沟通协调，专门向省妇联主要领导汇报并听取指导意见，不断充实完善方案，切实推动妇联改革工作。

2018 年是改革开放 40 周年。杭州市妇联坚持创新，一方面以纪念改革开放 40 周年为抓手，深入开展"争当新时代党的好女儿 争创高水平巾帼新业绩"主题活动，引导广大妇女坚定不移听党话、跟党走。全市各级妇联深入开展党的十九大精神"百千万巾帼大宣讲"等活动 8478 场（次），覆盖 48.71 万人次。召开纪念三八国际妇女节大会，邀请在改革开放各领域作出突出贡献的女性代表讲述奋斗故事。表彰市三八红旗手 90 个、三八红旗手标兵 10 个、三八红旗集体

1　魏颖：《固本强基重基础　改革创新促发展　努力开创妇联工作新局面——在市妇联十五届六次执委（扩大）会议上的报告》，2016 年 1 月 19 日。

2　陈有勇：《社会治理创新的"四化"意识》，《学习时报》2017 年 1 月 23 日。

50 个。联合市文广集团开展"寻找杭城'她'力量"活动，深入社会各阶层广泛寻找"最美女性""最美家庭""最美事业"的代表，各命名 20 强并开展线下巡回宣传活动，社会反响热烈。联合《每日商报》开展"改革开放 40 周年"寻找魅力女杭商等活动，挖掘、宣传优秀的女性创业创新团队。市妇联通过西子女性大讲堂、西子艺术社团等平台，开设 70 余个培训班，为近 2 万名女性提供文化艺术引领课程。建德市妇联"千鹤妇女红色阵地"、市级机关妇工委"巾帼周五学堂"、经济技术开发区妇工委"基层妇女群众直联群"等，都成为凝心聚力的重要载体。另一方面，杭州市妇联抓紧重大节点重要精神的贯彻落实。2018年 10 月 30 日—11 月 2 日，中国妇女第十二次全国代表大会在北京召开，习近平总书记同全国妇联新一届领导班子成员集体谈话并发表重要讲话。11 月 5 日，市妇联在全省率先举行中国妇女十二大精神宣讲会，楼倗捷、屠红燕、张筱凤、俞红等 4 位代表第一时间传达中央精神、分享参会感悟；在杭州网支持下全省率先采用互联网视频直播方式把会议开到了最基层，主会场有妇女干部、女企业家和女知识分子代表等 230 多人聆听，各区、县（市）妇联在各地分会场组织妇女干部、妇女群众收听收看，集中收看、在线收看达 10 万人次。[1] 11 月 6 日，杭州市委副书记张仲灿专题听取市妇联关于妇女十二大精神及宣传贯彻情况的汇报；11 月 21 日，市委常委会专门听取市妇联关于习近平总书记同全国妇联新一届领导班子成员集体谈话时的重要精神、中国妇女十二大精神及杭州市学习贯彻情况的汇报，对新时代市妇联工作提出了要求。

2019 年是新中国成立 70 周年、市妇联建会 70 周年，也是高水平建成小康社会的关键之年。市妇联认真学习贯彻习近平总书记关于党的妇女工作的重要指示，在市委和省妇联的坚强领导下，围绕增强政治性、先进性、群众性，积极构建妇女思想政治引领体系、女性创业创新体系、家风文明提升体系、巾帼建功成才体系、妇儿民生关爱体系，巩固深化基层组织建设。全国人大常委会副委员长、全国妇联主席沈跃跃，浙江省委书记车俊，省委常委、组织部部长黄建发等领导都对弘扬千鹤精神作出了重要批示；全国妇联副主席、书记处书记夏杰、吴海鹰、

---

1 楼倗捷：《学习贯彻习近平总书记重要讲话精神 为"干好一一六、当好排头兵"贡献巾帼力量——在杭州市妇联十六届二次执委（扩大）会议上的工作报告》，2019 年 2 月 28 日。

章冬梅等领导专程来杭调研妇女思想政治引领等工作；省妇联党组书记、主席王文娟 11 次来杭调研。一年来获得全国妇联、省妇联、市委、市政府等各级领导批示 30 次，杭州市在全省妇联工作评价体系中名列第一，并荣获 2019 年度全国"七五"普法中期先进集体、中国妇女报社 2019 年度全国妇女宣传舆论阵地建设突出贡献奖。《中国妇女报》对我市妇女工作报道 33 次，占全省的 40%。[1]在党建带妇建方面，完成以下两方面重点工作：

一是围绕弘扬千鹤精神、广泛开展群众性宣传教育活动。为贯彻落实全国妇联、省委、市委主要领导批示精神，市妇联多次会同建德市委专题商议、专题协调，全力推进千鹤妇女教育基地建设。市妇联邀请省市党史专家和妇女工作专家、《中国妇女报》等新闻媒体多次深入建德市梅城镇千鹤村挖掘史料、座谈研讨，将千鹤妇女精神概括为"自强奋斗撑起半边天，创新创业敢为天下先，忠诚奉献共圆家国梦"。《中国妇女报》开辟"共和国精神地标"专栏首日，在头版头条报道了《"妇女能顶半边天"思想重要发源地浙江千鹤村"千鹤妇女精神"续写新时代故事》。成立 46 位各界优秀妇女代表组成的千鹤巾帼宣讲团，围绕千鹤精神开展"巾帼大宣讲"。结合新中国成立 70 周年及"不忘初心、牢记使命"主题教育，举办"芳华七十载、奋斗新时代"建会 70 周年纪念暨杭州妇女运动百年成就展，向社会各界强化宣传杭州是"妇女能顶半边天"思想的重要萌发地、重要实践地、重要创新地，推动女性精神成为时代发展、城市发展的精神地标。采取线上直播、线下发动等形式，举办浙江省暨杭州市庆祝三八国际妇女节活动、女性关爱展、"万人共舞 礼赞祖国"杭州市健身操（舞）展演等 28 场活动，覆盖 25 万人。举办"传承千鹤妇女精神 争当黄文秀式的好干部"宣讲、女杭商 Lady Talk 主题论坛、"巾帼心向党、礼赞新中国"庆祝新中国成立 70 周年暨网络安全宣传周主题活动、争做"巾帼好网民"活动暨杭州女性融媒体联盟年会等群众性宣讲活动，传递巾帼好声音，弘扬网络正能量。

二是高标准、高质量抓好主题教育，深入开展"走亲连心三服务"活动。根据中央和省市委要求，切实抓好"不忘初心、牢记使命"主题教育，贯彻"守初心、

---

1 阮英：《弘扬千鹤精神、传承初心使命：为高水平推进杭州城市治理现代化贡献巾帼力量——在杭州市妇联十六届三次执委会议上的工作报告》，2020 年 4 月 22 日。

担使命，找差距、抓落实"总要求，坚持高标准、高质量抓好主题教育各项工作。第一时间组织召开主题教育动员部署会，党组书记代表班子作出"五个作表率"的集体承诺。班子成员带头讲党课，全体党员干部以"初心专题""廉政专题""党章专题"研讨交流学习体会，并组织开展主题讲座、党课教育、基层调研、现场教学等。其间，市和区、县（市）妇联共组织专题学习153场次，开展专题研讨48场次，完成专题党课64场次。市妇联班子成员召开各界女性参加的征求意见座谈会共24个，分别邀请"两代表一委员"、女企业家、基层干部群众、区县（市）妇联主席、区县（市）挂兼职妇联主席、融媒体联盟成员等不同群体代表为妇联工作把脉施策，了解妇女群众的操心事、烦心事、揪心事。一年来，市妇联领导班子和各部室机关干部深入走访调研企业、群众、基层组织约367次，共计走访农户893户（其中走访老党员、困难群众、弱势群体等农户361户），走访企业72家次、基层组织58个，开展各类宣讲194场次，与群众座谈55场次，覆盖6万余名妇女群众。[1]台风"利奇马"过后，市妇联第一时间发出倡议，发动全市各级妇联组织、巾帼文明岗、广大妇女干部、女企业家积极投身灾后恢复重建工作，班子成员分赴临安、钱塘新区、余杭、富阳、建德等地走访慰问受灾严重的姐妹和家庭，首期募集到的慰问金11万余元用于慰问受灾严重的家庭和临安区岛石、龙岗两镇妇女之家的重建。据统计，全市共有各级妇联干部和巾帼志愿者5.8万人投入抗台救灾；在坚守抗台一线、排查隐患、转移群众、支援灾区等任务中涌现出了许多感人的妇联干部典型。

二、妇建有力量

回顾历史，不论是替父从军的花木兰，或是一代女皇武则天，又或是近代的伟大女性宋庆龄、秋瑾等等，我们会发现女性一直在国家的建设上发挥着重要的作用。现代社会妇女的力量也绝对不能被忽视，我国处于高速发展中的阶段也不忘培养有力量的妇女，建设奋进的妇女组织。自从2004年时任浙江省委书记习

---

1 阮英：《弘扬干鹤精神、传承初心使命：为高水平推进杭州城市治理现代化贡献巾帼力量——在杭州市妇联十六届三次执委会议上的工作报告》，2020年4月22日。

近平谈贯彻男女平等基本国策后，就越来越引起杭州市各级部门对该政策的重视，杭州市妇联也一直坚持男女平等基本国策，并且不断通过开展活动，推动该国策的落地。例如评选三八红旗手（集体、标兵）、巾帼文明岗和巾帼建功标兵，打造女性红色文化，推动网上妇女思想政治引领新探索，培养了一批女性行业代表。

妇建有力量，但是该如何激发、体现妇女的力量呢？自 2003 以来，杭州市妇联就积极筹备了众多的妇建活动，希望通过优秀标杆的宣传能够在社会上形成向榜样学习的氛围，推动各个妇联组织以及妇女自身奋发向上；同时也通过一系列的培育活动和项目的展开，不断为全市的妇女提供学习的平台，从而促进妇女整体综合素质的提高。

第一，"寻找杭城'她'力量"活动。为了激励更多的杭城女性自我觉醒、自我成长、自我成就，为建设独特韵味别样精神的世界名城再建新功、再创佳绩，活出精彩人生；引领杭城更多家庭弘扬好家风、家训，自觉践行社会主义核心价值观，以和谐家庭扬新风正气；同时也为迎接杭州市第十六届妇代会的召开，用榜样的力量引领社会主义核心价值观，为杭州这座有温度的城市添上最靓丽的一笔。2018 年 3 月 29 日，妇联和杭州文广集团在全市范围启动"寻找杭城'她'力量"活动，激励全市女性一起拥抱"她梦想"，激发"她力量"，走进"她时

杭州国际博览中心高级礼仪接待组，2017 年荣获"浙江省巾帼文明岗"荣誉称号

杭州市第十六次妇女代表大会

代"。现场，"最美妈妈"吴菊萍还发出倡议：让我们展巾帼之美，在新时代新征程展现自尊、自信、自立、自强的女性风貌；让我们传巾帼之爱，家庭和睦勤俭持家，家教有方言传身教，家风传承美好生活；让我们聚巾帼之力，不忘初心勇于担当，创业创新热心公益。拥抱"她时代"，寻找"她力量"，希望全市朋友参与此次"最美女性""最美家庭"和"最美事业"寻找活动。

此活动要寻找的这些"最美"，采用了社会海选的方式，与以往不同的是，选拔范围铺设到更广泛的领域和阶层。比如在行业方面，除了传统的教育、医院、机关、法律、窗口服务等行业之外，海选的触角也伸向各新兴行业，如信息科技、互联网传播、自由职业者等，更多女性都有机会在这个舞台上绽放自己的光彩。整个寻找过程贯穿全年：从2018年3月启动海选，5月产生入围名单，到第十六次妇女代表大会召开期间产生最终结果并向全社会发布。2018年的下半年，这些被命名的"最美女性""最美家庭""最美事业"代表在媒体进行宣传推广，走进基层，分享她们对生活、事业等方面的感悟，以鼓励更多的杭州女性面对困难不要退缩，要以积极乐观的心态创设更美好的未来。

2019年，杭州市妇联整合全市妇联系统及卫健、教育、文旅等部门的资源，推出涵盖"家庭教育、婚姻家庭、家庭健康、诚信家政、家庭金融理财、艺术旅游"等六大服务领域的"一站式"家庭综合服务平台——杭州"伊家通",一键直达24个类目50余项家庭服务。[1]

第二,杰出女性的榜样引领。我们的国家和社会总是因为有一些杰出贡献的人,所以才会强大并且让我们引以为豪。在新世纪,杭州也拥有一些在事业上硕果累累,以及拥有无私奉献精神的杰出女性,正是因为她们,社会才充满了正向的能量,并且不断地激励着众多女性向她们学习。

1. 创业创新标兵潘秋梅

潘秋梅作为一名成功的建德农民女企业家,曾经荣获"全国十大农民女状元"称号、"全国城乡妇女岗位建功十大标兵"称号。做事细心、善于观察的习惯让早年间还在经营饭店的她抓住了机会,一跃成为一名成功的创业者。

早年经营饭店时,潘秋梅就发现很多人爱吃倒笃菜,在她的饭店里,每年都要消耗掉5000多公斤,这让她看到了商机。于是她将传统的"土特产"变为老百姓喜爱的"抢手货",现在的她已经是浙江省建德市秋梅食品有限公司董事长、总经理。她不仅是山村"土特产"的挖掘者,也是浙江省旅游休闲"土特产"超市的开拓者。

2001年8月,潘秋梅用自己的名字注册了"秋梅牌"商标及秋梅食品有限公司,聘请了浙江大学生物工程食品营养系和浙江省农科院的教授作为技术指导顾问,产品的加工、检测、研发、配送、管理等,都按照QS生产标准操作。凭借现代科学技术及公司+农户的经营模式,使企业很快步入了产、供、销一条龙的农业产业经营之路,公司也迅速发展壮大起来。近两年,先后在杭州、金华、上海等地开设了连锁经营店,"秋梅食品"发展到野菜食品、鱼肉制品、酱腌制品、豆制品、炒货、饮料等八大系列1700多个品种,连接带动了浙西、浙东周边县市50余家农产品加工企业加入"秋梅食品"的销售网络,成功打进全国1536家超市,年销售额从当初的50万元增长到现在的5000多万元。她还带领周边农户种植无公害蔬菜,培育种植大户,发展绿色农产品种植基地,带

---

1 阮英:《弘扬千鹤精神、传承初心使命:为高水平推进杭州城市治理现代化贡献巾帼力量——在杭州市妇联十六届三次执委会议上的工作报告》,2020年4月22日。

动了数万名农村妇女姐妹勤劳致富。[1]

潘秋梅成功了，她的生意像滚雪球一样越做越大，各种荣誉也纷至沓来。而她心里装的东西也越来越多，除了企业之外，潘秋梅更是时刻关注着各种社会热点，始终不忘回报社会。随着 20 世纪末高校的扩招，每年有越来越多的大学毕业生走上社会，原本的天之骄子也在就业和创业的道路上遇到了越来越多的障碍，潘秋梅看在眼里，急在心里，于是她开始尽她最大的能力招收应届大学毕业生。就这样，200 多名大学毕业生陆续走进潘秋梅的企业，并且已经在企业职工中占到 20% 的比例。2008 年"5·12"汶川特大地震发生后，她当即安排大卡车送了 15 万袋的倒笃菜到红十字会。建德的农民群众对她赞不绝口，称她为新时期的女性代表，是妇女创业创新的先进典型。[2]

2. "最美妈妈" 吴菊萍

2011 年 7 月 2 日，滨江区的一住宅小区，一个 2 岁女童突然从 10 楼坠落，在楼下的吴菊萍奋不顾身地冲过去用双手接住了孩子。女孩稚嫩的生命得救了，但吴菊萍的手臂瞬间被巨大的冲击力撞成粉碎性骨折。这一感人事迹在网络上热传，无数网民为之动容，称其为"最美妈妈"。有一位物理老师得知"最美妈妈"的故事后做了计算，楼高 26.4 米，体重 15 千克的孩子从楼上掉下来做的功为 3660 焦（一颗机枪子弹出枪口的能量为 3300 焦），相当于吴菊萍瞬间接住了287 千克的物体，而一般人的手臂力量只有 45 千克。[3]2011 年 9 月 12 日，吴菊萍和坠楼女孩姐姐相约，回家共度中秋。2011 年 9 月 20 日，在第三届全国道德模范评选中荣获"全国见义勇为模范"称号。

这位伟大的母亲不仅展示了社会道德风范具有的无私奉献、乐于助人、见义勇为等行为，还彰显了普通人民伟大、崇高、真、善、美的精神境界和感人力量，使道德再次经受住考验。当年，在经历了"范跑跑""小悦悦"等事件后，人们厌倦了造假和丑陋，内心强烈期待着人性光明、美好、善良的一面。看多了现

1　《为数万姐妹谱写致富之歌——农民女状元潘秋梅》，《中国妇运》2006 年第 9 期。

2　来俊君，闻静：《腌菜行里出状元——访全国城乡妇女岗位建功标兵、民进会员潘秋梅》，《民主》2010 年第 6 期。

3　张姝：《我爱新闻事业就像爱生命——从"最美妈妈"吴菊萍的故事说起》，《中国记者》2019 年第 11 期。

实生活中种种不尽如人意的事，"最美妈妈"让大家发现，美就在大家身边。

因此，加强向道德模范人物的学习，树立新道德风、弘扬人间大爱和社会正气是构建和谐社会需解决的首要问题。像吴菊萍这样的道德模范人物不仅是全国人民的榜样，还是新时代道德的标

2011 年"最美妈妈"吴菊萍

杆。在公民道德建设发展基础上，道德模范人物起着引领作用。拿杭州道德模范"最美妈妈"吴菊萍事迹来说，在那危险的刹那间，吴菊萍的"人性本善"使她站出来避免了悲剧的发生，她的伸手一托，不仅延续了姐姐的生命，也延续了"爱"和"感动"，在公民道德建设发展中产生了感染、教育、引领的影响。[1]

3. 全国"巾帼建功"标兵陈励君

陈励君现任浙江华日实业投资有限公司董事长、高级经济师，还身兼全国政协第十一届委员、中国侨联八届常委、浙江省侨联副主席、浙江省侨商会监事长、浙江省慈善总会副会长、浙江省企业管理协会副会长、浙江省企业家协会副会长、杭州市人大代表、杭州市关爱孤儿基金会会长数职。她曾被评为"全国劳动模范"、第五届全国优秀企业家、首届全国"侨界十杰"、全国"三八"红旗手、中国商界十大风云人物、全国"巾帼建功"标兵、中国杰出创业女性、中国企业改革突出贡献企业家、浙江省突出贡献企业经营者等。

1978 年，随着改革开放的大幕正式开启，中国私有经济的合法性得到承认，民营企业开始获得"合法身份"，这为民营企业的生根发芽提供了土壤。但是政策最初总有惯性和调整期，20 世纪 80 年代初的民营企业依然在夹缝中寻找机会。在考虑进入哪一行时，陈励君敏锐地注意到，改革开放后，人们对生活品质有了

---

1 吴新平，蔡海波：《道德模范人物在公民道德建设中的影响——以杭州最美妈妈吴菊萍为例》，《人民论坛》2015 年第 2 期。

更高的追求，而冰箱不仅是改善生活，更是关乎健康的产品。"治疗糖尿病用的胰岛素存放条件是低于15℃，因此必须放在冷藏箱中，而在物资紧缺的年代，糖尿病人为了弄到一张购买冰箱的票，可以说是费尽心力。当时我就感觉冰箱早晚会成为家庭生活中的必需品，因此下定决心，以此为自己的创业方向。"[1]

在家电行业里摸爬滚打的陈励君，见证了许多企业"起高楼，宴宾客"，也看过太多"楼塌了"。30多年来，同行企业各领风骚三五年。在一个太多同行被市场淘汰的行业里，她甚至被人笑着问："陈总你怎么还没有被淘汰出局啊？"此时，她便笑着回应："我不仅没有被淘汰，还要发展得更好。"而这一切或许源于不盲目多元化发展、不无节制扩张、不搞"热门"行业投资，陈励君领导下的华日始终坚持"只做冰箱"。这些年来有人炒黄金，有人投资房地产，她偏偏固守着她的"一亩三分地"。"不要说跨产业，就是别的家电品类，华日也不涉足，就是死死盯住冰箱这个制冷行业。因为冰箱是所有家电中唯一需要全年不间断运转的，因此要把产品做得更具人性化、更环保、更节能，并符合未来的消费者需求，为家庭提供更有生活品质且有综合运行能力的智能系列产品。制冷产品还需向纵深发展，目前在特种冰箱上就还存在着空白。也正是这种匠人精神，对产品的执着，才让华日在三十几年的大浪淘沙中历久弥新。"陈励君说。[2]

4."全国巾帼建功标兵十佳"屠红燕

万事利集团党委书记、董事长屠红燕是一个土生土长浙江杭州人。她曾获全国三八红旗手、全国纺织工业系统劳动模范、中国十大杰出民营企业家、中国民营企业新一代20大领军人物、浙江省经营管理大师、浙商风云人物、全球浙商金奖等荣誉称号，此外她还是"全国巾帼建功标兵十佳"称号获得者。2004年8月，万事利真丝绸被中国名牌推进委员会认定为"中国名牌"，并在随后召开的中国名牌产品表彰大会上蝉联"中国名牌"。2011年，万事利集团获"浙江省企业研究院"和国家级企业技术中心认证，这是丝绸行业唯一一家获省级和国家级认证的企业技术中心，其下属的两家控股子公司还被评为省级高新技术企业。[3]

1　秦丽：《做有情怀的中国家电人——访浙江华日实业投资有限公司董事长陈励君》，《电器》2019年第1期。

2　于兆涛、陈励君：《一类产品，一份事业，一种精神》，《电器》2016年第11期。

3　万世莉、屠红燕：《新一代丝绸人》，《今日浙江》2012年第9期。

在男性企业家扎堆的浙江商圈，屠红燕的女性身份无疑是特殊的。而更特殊的，或许还是她"商二代"的身份。身为二代浙商，守住父辈们的基业或许仅仅只是他们二度创业的开始。和许多小女生一样，屠红燕也是自小怀揣着各种各样的梦想，虽然梦想随时在变，不过却是逐渐清晰、逐渐成熟。"最小的时候我想当老师，觉得它是一份崇高的职业；后来想当医生，觉得可以救死扶伤。"但是屠红燕却是坚毅刚烈的，而且很大程度都是受她母亲的影响，她坦言接管企业这几年，自己是忐忑的，好在有母亲的鼓励。"直到现在，当我遇到困难的时候，母亲也总是跟我说，有困难不要紧，任何事情只要想着自己能

全国"三八"红旗手，万事利集团党委书记、董事长屠红燕（前一中）当选"十佳全国巾帼建功标兵"

够做到，并敢于去做，坚持去做，就一定能够达成。"第一代企业家的刚毅与坚持，成了第二代接班者的标尺，更成为其做事的信条。[1]

正是有像潘秋梅、吴菊萍、陈励君、屠红燕这些独立、自强的女性存在，让我们的社会逐渐看到了女性的力量，她们的奋斗故事不仅提升了女性在整个社会上的地位，而且她们的精神和事迹也不断地激励着广大的普通女性群众，要向她们学习，争做社会的道德标杆，要保持终身学习不断提升自己的能力磨练自己的意志，为社会及国家的未来作出自己的一份贡献。

---

[1] 冯洁：《传承母业，续写女性传奇——记万事利集团董事局执行主席屠红燕》，《浙江经济》2009年第17期。

第五章 扬帆：杭州妇联领导巾帼建功新时代（2003—2019）

235

～ 第二节　实施组织提升工程 ～

健全高效的组织是计划实施的保障，但是如何铺好一张网，以宏观的布局指导和系统地组织也是妇女运动应该重视的。十几年来，杭州市妇联实施群团改革，优化组织设置，村妇代会全部改设为村妇联、设置执委会；提高基层一线人员在各级妇联常委、执委、妇代大会代表中的比例；市、区两级妇联领导班子实行专、挂、兼配备制度，有序吸纳各行业、各领域的骨干、能人加入妇联工作队伍。经过不懈的努力，"小机关、大网络、强基层、全覆盖"的组织体系基本形成。线上线下"妇女之家"、西子女性"一网两微"全面开通，架起与妇女群众之间的"连心桥"。

一、继续推进基层组织建设提升完善工作

妇女运动的展开和发挥很大程度依靠有纪律有规划的科学组织引导，所以在新时期，杭州市妇联的建设一直跟随着党建设的脚步，非常重视杭州各级妇联基层组织的建设。只有基层组织建设稳了，整个妇联系统才能在新时代站稳脚跟，继而才能不断地推动妇女活动以及广大地区妇女群众在新时代发光发热，为祖国、为社会效力。

2009 年，在深入开展学习实践科学发展观活动期间，杭州市妇联决定要切实加强妇联基层组织建设，按照"党建带妇建"的原则，不断巩固深化乡镇（街道）、社区（村）妇女组织网络，加强机关事业单位妇女组织建设，拓展民营、非公企业、中介组织的妇女组织覆盖面。仅 2009 年一年，在"两新"经济组织中新建立的妇女组织达 103 个。同时又全面开展了"好班子、好队伍、好阵地、好活动、好制度"的"五好"基层组织创建活动，命名了 32 个"五好"妇代会，表彰了 35 个市妇女工作先进集体、60 个先进基层妇女组织，希望能通过对优秀组织的表彰和宣传，发挥其在各地区的引领作用，使得各级妇女基层组织都能向

标杆看齐。[1]

　　这一年，还积极地召开妇联基层组织建设工作会议，力图通过集合组织的意见，在宏观的指导下使得基层组织更进一层。制定了《关于进一步加强妇联基层组织建设的意见》，在该意见的指导之下，收效甚佳。其中，江干区在市场建妇女组织达到100%，西湖区也全面推动楼宇建妇女组织，余杭区被评为全国妇联基层组织建设示范县（市、区）。除此之外，余杭区还积极探索外来妇女教育、管理、服务的新途径，在外来妇女集中居住的运河镇五杭社区建立了全市首个新居民妇代会。[2]通过此次会议后的基本部署，杭州市的基层妇女组织覆盖面扩大，增强了妇联组织的凝聚力和影响力，夯实了党的群众基础。

　　除了在组织层面的指导和建设，杭州市妇联还将视野集中于组织中各干部的培养之上，2009年，市妇联积极实施了"女性素质提升三年行动计划"，重点培养提升杭州各级妇联组织干部的综合素质与能力，也取得了很好的成效。其中的工作包括两个方面：一方面是通过指导上城、余杭、临安、萧山、桐庐、富阳等区（县、市）妇联的换届和届中调整工作，协助上述区（县、市）成功地配齐配强妇联领导班子；并且面向全市公开选拔市妇联办公室主任，从而在选拔活动中又加大干部选拔交流力度。另一方面，为了使更多的妇女干部能得到就业再培养、从知识理论的层面提高她们对工作的认识与能力，通过整合培训资源，分别在北大、上海妇干校、市委党校举办妇联干部和妇女干部培训班，其中170余名妇女干部参加培训，并且评比表彰了50名优秀妇女干部和40名优秀基层妇女干部，有效地促进了妇女干部综合素质的提高。[3]

　　为了夯实妇女工作的基石，杭州市各级妇联组织在2010年以创先争优活动为动力的基础之上，通过开展各种实践活动，不断地加强妇联的组织建设、队伍建设。希望能够全面地提高组织妇女、引导妇女、服务妇女并维护妇女合法权益的能力和水平。

　　第一是加强组织建设，增强凝聚力层面。重点在加强杭州市各级组织的制度

1　《杭州市妇联2009年工作总结》，杭州市档案馆馆藏，档案号：J127-2010-55。

2　《杭州市妇联2009年工作总结》，杭州市档案馆馆藏，档案号：J127-2010-55。

3　《杭州市妇联2009年工作总结》，杭州市档案馆馆藏，档案号：J127-2010-55。

建设以提高其规范化水平。为此，杭州市妇联出台了《关于进一步加强妇联基层组织建设的意见》，明确提出了今后三年妇联基层组织建设的指导思想；其次为加强载体的建设，以激发基层组织的活力，出台了《关于开展基层组织建设"示范"创建活动的实施意见》，以深入开展基层组织建设示范乡镇（街道）、村（社区）创建活动为载体，充分发挥示范创建活动在推动妇联基层组织建设中的引导作用。除此之外，各级妇联还把示范创建活动同"巾帼示范村""五好妇代会""先进基层妇女组织""巾帼文明岗"等活动有机结合、相互推进，一年中，共创建先进基层妇女组织建设示范村（社区）134 个，成绩斐然。[1]

第二是在加强阵地建设、增强影响力方面。这一年全面开展了基层妇女之家建设工作，妇女之家集妇女学校、妇女就业帮扶站、妇女维权站、妇女心灵驿站等多种功能为一体，成为基层妇联组织服务中心、服务妇女的舞台。通过深入调研、抓示范点、出台意见、召开现场会等方式，快速推进阵地工作，率先实现"妇女之家"全覆盖，体现了很好的示范引领作用。[2]

第三是加强队伍建设和加强载体建设，增强基层组织活力。2010 年来，不仅提高了基层妇联干部服务大局、服务妇女、促进和谐、创新发展的能力，而且各级妇女协会组织、代表小组等妇女群体，通过不断的努力，在服务妇女、维护妇女的合法权益方面做了大量卓有成效的工作。

基层建设工作在两年后又取得了很大的发展。2011 年，在加强对妇联干部、处级女干部、女企业家的培训，不断提高妇女干部的素质和能力的同时，杭州女性发展研究中心在 2011 年完成了杭州市女性专业技术人才发展研究、杭州市女性党政人才发展研究、杭州市女性农村实用人才发展研究等专题研究课题 6 篇，为政府和有关职能部门在制定女性发展的相关政策上提供了理论上的参考与指导。[3]

2011 年还通过开展"巾帼示范村""妇联示范基层组织"等活动，命名了100 个市级巾帼示范村和 158 个妇联示范基层组织，出现了越来越多的优秀妇联

1 《杭州市妇联 2010 年工作总结》，杭州市档案馆馆藏，档案号：J127-2011-13。
2 《杭州市妇联 2010 年工作总结》，杭州市档案馆馆藏，档案号：J127-2011-13。
3 陈建华：《坚持科学发展 参与社会管理 努力开创杭州市妇女事业新局面——在市妇联十四届五次执委（扩大）会议上的讲话》，2012 年 1 月 17 日。

基层组织，也证明多年来的基层建设工作是成功的，真正地实现了以点带面地推动基层组织建设。考虑到杭州市外来人口占比较高，因此外来妇女的工作也不能被落下，所以市妇联还加快了在流动妇女集中居住地建立妇女组织，通过不断地引导，成功地提高了外来妇女自我管理的能力。例如，在江干区全市首个大型商业综合体——万象城和赛博大学生创业工场地建立妇女组织，就是对党建带妇建工作进行的新探索。[1]

市妇联为继续加强从宏观上指导基层组织建设，2012年研究制定了《关于进一步推进两新组织中妇女组织建设工作的实施意见》以更好地指导两新妇女组织的更新与发展。[2] 2013年召开了市第十五次妇女代表大会，大会选举产生了新一届妇联领导班子，组团参加省妇女十三大和中国妇女十一大。建立了妇女代表大会代表任期制，确定每年有一定比例的妇女代表列席执委会、参与调研和听取对妇联工作的意见建议等，因此，在2013年积极倡导扩大基层妇女参选参政，市妇联通过部署指导全市妇女进村"两委"工作，努力地做好农村妇女参与基层民主管理工作的调研、指导和服务工作，以不断地培养农村妇女参政议政的意识，一定程度上也能促进基层妇女组织的工作能力。

2016年，"进万家门、访万家情、结万家亲"活动成效显著。妇联干部基层大走访大调研活动在9月开始实施，开展进村入户访"三情"，即调查了解妇情、户情和基层妇联组织运转情况；又实施固本强基定"三策"，即提出激活基层组织末梢、规范基层组织运转、增强基层组织活力的对策；指导帮扶结"三对"，即推动各级妇联干部与基层组织结对、优秀妇女骨干与基层组织结对、先进示范性组织与相对薄弱组织结对活动，做实党政所需、妇女所急、妇联所能领域中的实事。走访调研活动覆盖13个区（县、市）的132个乡镇（街道）、1006个村（社区）、12.9万户家庭。[3] 系统、深入地调查了全市的基层组织，使得全市的基层组织全部整合于一体，更加有助于将来市妇联的工作，并且也更加有利于为全市

---

1 陈建华：《坚持科学发展　参与社会管理　努力开创杭州市妇女事业新局面——在市妇联十四届五次执委（扩大）会议上的讲话》，2012年1月17日。

2 魏颖：《全面学习贯彻党的十八大精神　再创杭州妇女事业新辉煌——在市妇联十四届七次执委（扩大）会议上的报告》，2012年12月28日。

3 魏颖：《固本强基重基础　改革创新促发展　努力开创妇联工作新局面——在市妇联十五届六次执委（扩大）会议上的报告》，2016年1月19日。

妇女服务。

2018 年，妇联干部专兼挂相结合，队伍结构由专职单一向多元化转变；有序吸纳各行业、各领域的骨干、能人加入妇联工作队伍，有效解决基层工作力量薄弱问题，"小机关、大网络、强基层、全覆盖"组织体系基本形成。市妇联机关更加精简高效；区、县（市）妇联工作力量明显增强；190 个乡镇（街道）妇联换届扩面，执委人数扩增至 2900 余人；2040 个行政村、1029 个社区全面完成村"会改联"、社区妇联换届及村（社区）扩员增力工作，新增执委 2.4 万人，新建功能型妇女小组 1 万余个。转方式，运行机制进一步转变。如以社会化购买方式，将文艺健身进基层等 44 个服务妇女群众的项目交由专业的社会组织承办，服务 52 万多人（次）。[1] 成立"伊家园"女性社会组织联谊会，把女性社会组织从工作对象转变为工作力量。深入开展群众路线教育实践活动、"三严三实"专题教育、"两学一做"学习教育，健全落实基层联系点、"百千万"蹲点调研活动，进村（社区）入家门，听妇情访民意，增强妇联组织与妇女群众的黏合度。开展妇联系统"一下移两下沉"专项工作，全市 293 名市、区（县、市）妇联机关干部和乡镇（街道）妇联主席与 291 个基层基础较为薄弱的村开展强基层基础结对工作。

2018 年开始进一步实施妇联组织提升工程，着力于以下三项工作。第一，构建立体化、多层次、广覆盖的基层组织网络体系。发挥江干凯旋街道、余杭梦想小镇省群团改革试点和上城小营街道省妇联区域化妇建试点的示范引领效应，加强对上城区小营街道、西湖区云栖小镇、富阳区新登镇等基层群团改革试点的指导。总结余杭"圆桌畅聊会"、江干"姐妹聊吧"、桐庐"文·聚合力"等做法，形成可复制、可推广的经验，在全市落地开花。主动融入城市管理网格，往村民小组、社区网格、居民楼栋、功能型妇女小组等妇女生活的最小单元扎根，建立"网格化"妇女服务管理模式。打破行政壁垒、身份限制、行业分割，将基层组织向行业系统、企事业单位、在杭高校、商务楼宇、两新组织、功能园区、专业市场、自组织等领域拓展，使组织设置与社会发展、产业布局、行业分工和

1　魏颖：《不忘初心跟党走、牢记使命建新功，团结带领全市妇女为加快建设独特韵味别样精彩世界名城而奋斗——在杭州市第十六次妇女代表大会上的报告》，2018 年 7 月 3 日。

妇女流向相适应。第二，创新"社会化、项目化、专业化"妇女工作运行模式。建立以妇女知晓度、参与度、满意度为核心的工作成效评价机制，推进妇女工作群众做、群众议、群众评的社会化体系建设。印发杭州市妇联服务妇女儿童家庭项目管理流程、终期评估办法、经费管理办法，指导各区（县、市）通过借助社会资源延伸工作手臂、提供精准服务，推进妇女工作的成就感与妇女儿童家庭的获得感相一致的项目化体系建设。提升"伊家园"孵化培育引领女性社会组织的能力，加强对女性社会组织的政治引领、示范带动和联系服务，最大限度地整合社会力量，做实做细做好妇女所急所盼的事，推进妇女工作专业化建设进程。第三，打造"实体化、网络化、智慧化"服务阵地。发挥杭州市妇女活动中心牵引作用，带动各区（县、市）妇女儿童活动中心，共同推进实体"妇女之家"建设工作，充分发挥公益服务、窗口服务两大功能。发挥"西子女性"新媒体平台引领作用，完善"西子女性"新媒体管理运行机制，健全"西子女性"微信公众号矩阵影响力排序工作机制，推进传统媒体和新媒体的有机结合，做强网上舆论引导。运用互联网思维推进智慧妇联建设，把妇联主业主责"嫁接"到"西子女性"新媒体平台，逐步实现组织形式网络化、活动方式信息化、联系渠道便捷化、工作影响社会化，让妇女群众在网上能找到自己的娘家、能参与妇联组织的活动。

妇联组织提升工程成效显著。2018年底，"广代表、优机关、强基层、活末梢"的组织体系基本形成。出台《杭州市妇联关于加强新时代基层妇女工作的意见》，形成《杭州市基层妇联改革专项督查报告》。因地制宜，指导各领域以单建、联建、组建、统建等模式灵活建立妇联、妇女小组等组织，在两新组织已建妇女组织17082个，在行业系统已建6596个，在楼宇商圈已建36个，在产业园区已建54个，在特色小镇已建23个；各类网格型、功能型妇女小组已有3.4万余个，增长了6.3倍。[1] 探索全市区域化妇建工作，发挥江干凯旋街道、余杭梦想小镇、上城小营街道3个省级试点的示范引领效应，指导富阳新登镇、桐庐分水镇开展市级试点建设工作。同时，广泛整合资源、创新载体，涌现了上城区"她TA共同体"城市妇建体系、下城区"夏小美"电竞小镇妇联、拱墅区詹氏骨科民营医

1 楼郦捷：《学习贯彻习近平总书记重要讲话精神 为"干好一一六、当好排头兵"贡献巾帼力量——在杭州市妇联十六届二次执委（扩大）会议上的工作报告》，2019年2月28日。

241

院妇联、西湖区蒋村街道商圈妇联、萧山区"e 港丽人"信息港小镇妇联等富有区域特色的妇建品牌。

2019 年，杭州市妇联组织建设进一步加强。一是在四新领域实现"两个覆盖"。及时出台《杭州市妇联基层组织建设"两个覆盖"工作的实施意见》，聚焦区域化妇建、组织覆盖盲点，2019 年底实现"在已建立党组织的两新组织 100% 建立妇女组织，在楼宇商圈、产业园区、特色小镇、专业市场 100% 实现妇女组织覆盖"的目标。全市已建妇女组织的新经济组织 15083 个、新社会组织 1641 个；楼宇商圈 46 个、产业园区 57 个、特色小镇 31 个、专业市场 44 个。全市"四新"领域已建妇女之家 1838 个、妇女微家 1279 个，村（社）已建妇女之家 2724 个、妇女微家 1609 个。选树了一批示范性"妇女之家"、示范性"妇女微家"。[1]首次举办两新组织妇联干部培训班，帮助两新组织妇女干部提高履职能力。二是推进高校和新兴领域妇联组织建设。联合市教育局下发《关于加强新时代高校妇联组织建设的意见》，指导杭州师范大学、杭州职业技术学院 2 所市属高校率先成立妇联，实现零的突破。市妇联精准发力、有效推进高校妇联组织建设的做法在省妇联执委会上作了交流发言。成立杭州市民宿女主人联盟妇联，助力乡村旅游发展。成立杭州市女性社会组织联盟，举办杭州市妇女儿童家庭公益服务创意大赛。各地特色化推进基层组织建设，打造了一批"四新"领域基层组织建设"样板房"：上城建立全市首个健康产业联盟妇女组织——小营街道智慧健康产业园妇联、会计行业首个妇联——浙经天策会计师事务所妇联，成立上城区科创行业女性联盟和望江金融科技城妇联，引领服务高知女性群体；下城成立我市美容行业首个妇联——浙江蕾蕾美颜妇联、律师行业首个妇联——下城区律师行业妇联；拱墅创建全市首个"女民工之家"——浓情丽意小屋，并在杭丝联 166 文创园妇联、杭州詹氏中医骨伤医院妇联、大兜路历史街区妇女微家等处试点区域化妇建。

1　阮英：《弘扬千鹤精神、传承初心使命：为高水平推进杭州城市治理现代化贡献巾帼力量——在杭州市妇联十六届三次执委会议上的工作报告》，2020 年 4 月 22 日。

二、成立杭州市妇女活动中心，打造妇女之家

杭州市妇女活动中心的建立是为了通过加强妇联硬件建设，提高妇联组织参与社会协同的能力，打造一流的"妇女之家"。该项目于 2006 年 10 月 20 日正式破土动工，该项目位于钱江新城的婺江路与钱江路交会处，规划占地面积 16429 平方米，建筑面积 60302 平方米。是杭州市的重点工程之一。[1]经过几年的时间在美丽的钱塘江畔屹立起一幢具有多项服务功能的妇女活动中心，它成为全市妇女的活动基地。

建成后的杭州市妇女活动中心拥有教育培训、图书阅览、健身娱乐、会议会展等设施，并开设妇女教育培训中心、妇女健身娱乐中心、妇女心理咨询中心、妇女就业服务中心、妇女法律援助中心等服务机构和女企业家协会、女知识分子联谊会、家庭教育学会、妇女问题研究会等活动场所。中心还以自身具备的教育、研究、健身、娱乐等多种功能，为全市广大妇女提供职业技能培训、心理咨询、就业服务、法律援助、儿童早教、健身娱乐等多项服务，力争成为杭州市妇女人才的培训基地、妇女理论的研究基地、妇女宣传的教育基地，成为全市各界妇女的"妇女之家"。

作为提升杭州城市品位的形象工程。2013 年 11 月 28 日，市政府"十一五"重点计划项目"杭州市妇女活动中心"正式启用。"中心"正式启动之后，为了最大程度发挥其作用，不使资源遭到浪费，围绕将市妇女活动中心创建成为"女性创业就业实训基地、女性素质提升培训基地"和打造"女性文化交流联谊中心、女性形象美化指导中心、女性健身运动休闲中心、家教婚恋指导服务中心"的定位目标，加强资源整合，提升服务能力。开通了集宣传、维权、服务为一体的"一半天"妇女专业服务信息化平台，努力以多样、便捷的服务形式满足广大女性朋友和家庭的需求，打造网上"妇女之家"。[2]

2014 年，"中心"首先借助妇联组织的凝聚力和影响力，共承接全市妇联

1　魏颖：《巾帼建新功 共筑中国梦 团结带领广大妇女为杭州实现高起点上的新发展而奋斗——在市妇联十五届三次执委（扩大）会议上的报告》，2014 年 1 月 9 日。

2　魏颖：《巾帼建新功 共筑中国梦 团结带领广大妇女为杭州实现高起点上的新发展而奋斗——在市妇联十五届三次执委（扩大）会议上的报告》，2014 年 1 月 9 日。

2013 年 11 月 28 日 "杭州市妇女活动中心"正式启用

系统以及机关妇工委各类培训 45 场，服务女性干部 2100 余人次。顺利迈出了第一步。其次，为确保公益活动的顺利开展，组建了"中心"专家讲师团，在市妇联志愿维权团的基础上，初步确定了 84 名法律、心理、婚姻、家庭等方面的专家为讲师团成员。借助社会优质资源，为"中心"各类培训、服务活动提供了坚强后盾。为了创新品牌与加大宣传效果，打造"中心"的品牌，以提升全市女性素质和生活品质，还建立了公益培训和大讲堂，并且面向全市的女性开展了公益健身活动，为了提升"中心"的人气还相继开展了"出彩人生，幸福生活"等网上活动。[1]

随着各方面的运行和改善，2015 年杭州市妇女活动中心被党支部评定为四星级基层服务型党支部，这一年还举办了众多的活动以丰富杭州市妇女的生活，例如 1 月 16—17 日在市活动中心 "米豆"亲子屋举办"新年欢乐送"活动，与参与家庭共同迎接新年的到来，一起分享家庭的喜悦和欢乐。2016 年市妇女活动中心也积极地筹备了众多的活动，鼓励广大的杭州市妇女群众广泛参与，例如在 2016 年母亲节当天举办的"感恩有你，爱在心里"主题活动，动员了许多的

1　魏颖：《凝心聚力　服务发展　在全面推进幸福和谐杭州建设中彰显巾帼风采——在市妇联十五届四次执委（扩大）会议上的报告》，2015 年 1 月 8 日。

2016 年杭州市妇女活动中心举办喜迎 G20 "文艺健身进基层" 健身公益培训

家庭参加，不仅可以呼吁人们不能忘恩母亲，还能促进家庭融合。

市妇女活动中心的建设积极地与时代发展相靠拢，面对网络时代的来临，网红成为社会宣传上的重要角色，因此 2018 年市活动中心主办的 "健身达人汇 精彩秀出来" 杭州市健身嘉年华活动就邀请了网红健身达人何宁宁一起参与，以扩大此活动宣传面，动员更多的人加入其中，最后一共 298 人参与此次健身活动。

建设杭州市妇女活动中心，既是落实杭州市 "十五" 妇女发展规划的具体体现，也是杭州市委、市政府培养妇女人才、提高妇女素质、丰富妇女文化生活、提升妇女生活品质的有效途径，在杭州妇女事业发展史上写下了浓重的一笔。

三、构建 "一网两微" "西子女性" 新媒体平台

21 世纪以来，网络成为重要的生活工具，人们工作、生活、交友都离不开网络，网络已经成为人们无法离开的工具，网络也是现今党和国家工作开展的重要阵地。所以新世纪的妇女工作也必须紧密联系时代，利用好时代的新兴工具更好地开展工作。

2006年"三八"节期间，杭州妇女网正式开通，为社会公众提供有关杭州妇女、儿童的信息服务，接受群众监督，实现网上宣传、网上办事、网上咨询，从而提高了市妇联信息化水平和办事效率，畅通了妇联倾听民意和妇女了解妇联的信息双向交流渠道。下设维权驿站、家教时空、调研与思考、女性学堂等栏目，还开辟了妇联BBS，供大家上网交流。并且还联合市慈善总会健康分会开展"关爱女性、关爱家庭、拒绝二手烟"活动。

妇女网是一个非常好的宣传平台。2010年，杭州妇联通过杭州妇女网以及《中国妇女报》、杭州电台的《女性世界》专题栏目等宣传平台，制作"女劳模风采""婆媳关系点滴""创业就业妇女榜样""平凡也美丽""妇联动态""人物写真"等节目52期，宣传报道166次，教育引导广大妇女树立正确的世界观、人生观、价值观，同时也提升了妇女的素质。[1] 2012年12月28日，杭州市妇联主席魏颖在市妇联十四届七次执委（扩大）会议上的报告中提出要完善妇女网络服务平台，建好"一半天"妇女专业服务信息化平台，改版"杭州妇女网"并开通市妇联官方微博，使之成为网上宣传展示、网上交流互动的妇女发展宣传阵地。[2]

2013年，为了加强妇女组织的阵地建设，市妇联开通了集宣传、维权、服务为一体的"一半天"妇女专业服务信息化平台，努力以多样、便捷的服务形式满足广大女性朋友和家庭的需求，打造网上"妇女之家"，同时，"杭州妇女网"的改版工作及官方微博开通筹备工作也在这一年逐渐展开。[3]

2014年又一再地强调要切实发挥杭州"一半天"和"杭州妇女网"的引领示范作用，指导区（县、市）妇联根据妇女需求灵活拓展"妇女之家"，推进网上"妇女之家"建设，通过线上线下互动，让各行业、各层面妇女在身边就能找到"妇女之家"，实现妇联工作落地"妇女之家"，"妇女之家"功能彰显妇联组织活力。[4]

1　《杭州市妇联2010年工作总结》，杭州市档案馆馆藏，档案号：J127-2011-13。

2　魏颖：《全面学习贯彻党的十八大精神、再创杭州妇女事业新辉煌——在市妇联十四届七次执委（扩大）会议上的报告》，2012年12月28日。

3　魏颖：《巾帼建新功　共筑中国梦　团结带领广大妇女为杭州实现高起点上的新发展而奋斗——在市妇联十五届三次执委（扩大）会议上的报告》，2014年1月9日。

4　魏颖：《凝心聚力　服务发展　在全面推进幸福和谐杭州建设中彰显巾帼风采——在市妇联十五届四次执委（扩大）会议上的报告》，2015年1月8日。

2015 年，杭州市妇联精心打造以弘扬社会主义核心价值观为主旋律、增强妇联组织的保障力为核心、提高妇联组织的凝聚力为目标的妇联网络阵地。创建为全市妇女儿童家庭提供集时事信息、政策宣传、维权解惑、创业创新、素养提升、文化时尚为一体的全方位、专业性的"西子女性"公益服

杭州市妇联打造的"一网两微"为主的"西子女性"新媒体平台，打通服务妇女群众"最后一公里"

务网站，努力打造杭州网上"妇女之家"。全年依托网站平台资源提供了法律维权、心理咨询、"一缘一会"等专业服务，开展网上预约面对面咨询服务 44 场，帮助 900 多名女性解决实际问题；还通过制作直播专题访谈节目 8 期，化解针对女性的社会热难点问题困惑，帮助妇女解决生活工作中所遇到的困难。又利用微博、微信等新媒体可以互设链接优势，拓展线上线下"双线互动"服务空间，全年共发布原创信息 2800 条，网络总受众量达到了 85 万人次。针对女性在婚恋指导、职场心理减压、儿童应急、老人护理、健康养生、幼儿教养等多方面需求，自主开发新颖、直观、可互动的视频 53 部、flash 动画 2 部，实现了网上视频直播、文字延时转播，观众互动单次活动达上万人次。运用"O2O"模式创办"伊创客 CLUB"网上展示展销中心，仅 2015 年"三八"期间的 15 天内，实现成交 10733 单 175 万余元，较好地发挥了网络在引领妇女、团结妇女、联系妇女、服务妇女方面传递正能量的作用，提升了妇联组织的凝聚力和影响力。[1]

抓实"西子女性""一网两微"信息发布和舆论引领工作。在 2016 年"西子女性"网站全年发布信息 4200 篇、视频 65 部，更新数字书库 3 万册，浏览量超过 14 万人次；更新"西子女性"微博微信 2100 篇，阅读近 130 万人次，初步实现妇女群众和家庭成员在网上也能参加妇联活动、得到妇联服务和帮助的目标。

---

[1] 魏颖：《固本强基重基础 改革创新促发展 努力开创妇联工作新局面——在市妇联十五届六次执委（扩大）会议上的报告》，2016 年 1 月 19 日。

全市各级妇联系统 14 个微信公众号、8 个官微和 8 个官网组成"西子女性"网络矩阵，"网上妇女之家"感召力切实得到增强。做实杭报《西子女性》专栏等传统媒体新闻宣传工作，全年宣传妇女工作频次达到 322 次。[1]

2018 年，为了大力推进"网上妇女之家"建设，杭州"西子女性"一网两微全面开通，组建了新媒体智库，14 个新媒体矩阵直接联系覆盖妇女群众 290 万，新媒体传播力居全国妇联系统地市级排行榜前十位。为了进一步发挥杭州市妇女活动中心牵引作用，带动各区（县、市）妇女儿童活动中心，充分地发挥"西子女性"新媒体平台引领作用，完善了"西子女性"新媒体管理运行机制，健全了"西子女性"微信公众号矩阵影响力排序工作机制，推进了传统媒体和新媒体的有机结合，不断地做强网上舆论引导。同时还运用互联网思维推进智慧妇联建设，把妇联主业主责"嫁接"到"西子女性"新媒体平台，逐步地实现了组织形式网络化、活动方式信息化、联系渠道便捷化、工作影响社会化，让妇女群众在网上也能找到自己的娘家，参与妇联组织的活动。后又开通"西子女性"抖音政务号，联合杭州网开展"西子姐姐"卡通形象及表情包设计大赛、助力"西子姐姐"上热搜、"抖音秀"等，创作全国首个讴歌杭州女性时代精神的歌曲，并拍摄 MV《巾帼赞歌》、微电影《厉害了，我的姐妹》。[2]

2019 年，杭州市妇联创新网上思想政治引领工作，成立了全国首个互联网作家领域妇联组织——中国网络作家村妇联，首次采用远程网络投票选举产生第一届妇联执委班子。在探索用互联网手段凝聚和服务女作家的同时，发动女作家到建德梅城采风、用"网言网语"记录"千鹤妇女"精神、创作红色妇运故事。成立"杭州女性融媒体联盟"，覆盖用户 8000 万 +，联盟成员签署《杭州女性融媒体联盟公约》、发表《杭州女性融媒体联盟宣言》，致力于传播网络正能量，共建、共治、共享清朗网络空间，支持妇女儿童事业发展，全国妇联副主席吴海鹰专程来杭调研并表示肯定。各地妇联思想政治引领工作亮点频出：下城推出"武林·粉"城市妇联工作品牌，线上线下多维度提升妇联组织辨识度；拱墅创建杭

1　魏颖：《固本强基重基础　改革创新促发展　努力开创妇联工作新局面——在市妇联十五届六次执委（扩大）会议上的报告》，2016 年 1 月 19 日。

2　楼倩捷：《学习贯彻习近平总书记重要讲话精神　为"干好一一六、当好排头兵"贡献巾帼力量——在杭州市妇联十六届二次执委（扩大）会议上的工作报告》，2019 年 2 月 28 日。

州市首批 6 家新时代巾帼文明实践中心示范点；萧山开展"回家吃饭""幸福生活抖出来"等线上活动；余杭成立我市首个区级女性自媒体融联盟；淳安举办最美庭院女主人电视大赛，省、市、县三级媒体同步在线直播。

第三节 实施"巾帼建功"工程

"巾帼建功"这个名词是在1991年，全国妇联推动人事部、劳动部、卫生部等12部委在全国城镇妇女中开展的"发扬四有四自精神，为八五计划建功立业"（简称"巾帼建功"）活动中提出来的。后来国家不断地号召全国的妇女群众积极学习向上，投身于社会建功的事业中来，并且为此投入了很多的指导和宣传力量。因此这个称谓也就一直延续至今，它见证了几十年来中国妇女奋斗的伟大功绩。

一、妇联组织精准发力

改革开放后，我国的经济进入高速发展的阶段，人民的受教育水平不断得到提高，生活质量也逐渐提高。进入21世纪后，中国的发展更是突飞猛进，21世纪的中国不再是一个新兴的刚起步的国家，这时的中国已经在世界发展大潮中站稳了脚跟。但社会上还是有因为受教育程度不高，导致生活贫苦，或是因为跟不上时代潮流而被淘汰的处于生活困境的女性。因此，杭州市妇联响应党和国家的号召，精准发力，旨在帮助还在生活边缘挣扎的妇女，使她们能够在新时期获得组织的帮扶，走出困境，面对新的未来。

1. "姐妹帮扶工程"

2003年，杭州市妇联针对当时杭州市内下岗失业妇女再就业难、生活负担重的现状，经过认真的调查研究，决定在全市实施"姐妹帮扶工程"。根据"姐妹帮扶工程"提出的宣传教育培训的目标，加大宣传教育培训的力度，着力帮助下岗失业妇女转变再就业观念，提高再就业技能。由此组建了由下岗失业妇女创业先进、"巾帼再就业基地"先进、妇女干部帮扶先进组成的杭州市巾帼创业再就业巡回报告团，于三八节期间赴各地巡回演讲，用典型引路，进一步推动"姐妹帮扶工程"扎实开展。同时，又积极依靠社会各类职业培训机构、妇女培训基地、妇女活动中心等，多形式地开展经纪人培训、创业培训、实用技能培训等，帮助下岗失业妇女转变观念，提高综合素质和竞争能力。几年来，共为下岗失业妇女免费举办创业培训班、经纪人培训班、家政服务、母婴护理、编织技能等近200期，培训人数超过1.15万，已树立、宣传各类创业和再就业的先进典型200多个。[1]

广大干部响应市妇联的号召，积极参与结对帮扶活动，纷纷在百忙的工作中抽出时间，看望慰问结对妇女，从思想上、精神上、物质上、就业上全面关心帮助结对姐妹，加大了对困难弱势妇女的帮扶力度。各级妇联多渠道、多形式地动员各行各业的姐妹们加入帮扶的行列。其中市直机关、市经济技术开发区、市个私企业妇联等各类妇女群体参与帮扶结对活动；社区妇女组织广泛利用宣传栏、黑板报等途径进行宣传发动，使"姐妹帮扶工程"深入人心。更为难能可贵的是，许多单位党组织高度重视帮扶工作，积极参与，从而加大了对困难弱势妇女的帮扶力度。

盛夏高温，市妇联领导班子亲自走访（失土）妇女投身来料加工业。精心组织妇女参加全市手工编织大赛、编织产品展示会和西博会展览项目等，引来多家国内外客户洽谈业务，把姐妹编织苑的成果推向更广阔的天地。市总工会女职工委员会依托浙江中、西部地区的优势，开展多层次、多领域的合作，联合金华市妇联在义乌举行两地家庭来料加工业务洽谈会，茅临生市长亲率20余位经纪人与金华、义乌企业界人士进行面对面的业务洽谈，江干、拱墅、淳安等地妇联也带领妇女干部、女经纪人赴金华、义乌考察市场，与当地经纪人进行业务对接。[2]据统计，在2003年间，全市有市属80个单位、13个区（县、市）的2643名女干部和2643名下岗失业妇女实现了一对一结对，有7877户"五好文明家庭"与困难家庭结成了帮扶对子，走访困难妇女7606人；广大女干部为帮扶对象提供岗位共1686个；春节和高温期间，各级妇女组织和女干部共为下岗失业妇女送去慰问款、慰问物资达100余万元。"姐妹帮扶工程"这项民心工程已经切切实

1　陈建华：《做好"服务、联合、能力"三篇文章　把杭州妇女事业不断推向前进——杭州市妇联第十三届三次执委会（扩大）会议上的报告》，2004年1月15日，杭州市档案馆馆藏，档案号：J127-2004-358。

2　陈建华：《做好"服务、联合、能力"三篇文章　把杭州妇女事业不断推向前进——杭州市妇联第十三届三次执委会（扩大）会议上的报告》，2004年1月15日，杭州市档案馆馆藏，档案号：J127-2004-358。

实地使下岗失业的姐妹们受益。[1]

2005 年是第一轮"姐妹帮扶工程"实施的最后一年。在市级机关女干部、女党员结对的 160 名低保困难妇女中，有 46 位困难姐妹脱贫。

积极开辟就业渠道。市妇联联动五城区举办"破七难、作贡献，妇女就业大型广场咨询服务活动"，组织 36 家企业提供了 700 余个岗位，有 1123 名失业（失土）妇女报名应聘，其中有 700 余人与企业达成就业意向。

广泛开展就业培训。依托市妇女活动中心等阵地，免费开设适合"40 多岁"女性就业的超市收银员、营业员、家政服务员、保洁绿化员、电脑操作等培训班 401 期，培训妇女 12165 人。

创建"巾帼再就业基地"。鼓励和引导"巾帼再就业基地"挖掘企业内部的潜力，创造岗位、腾出岗位、多形式、多渠道地为下岗失业妇女提供就业机会。[2] 2005 年底，杭州市各级妇联共新建"巾帼再就业基地"132 个，安置下岗失业女性 13493 余名；80 余个市级机关部门和事业单位、13 个区（县、市）的 2643 名女干部、女党员和 3123 名下岗失业妇女结成帮扶对象；帮助 39889 名下岗失业妇女实现再就业或非正规就业，为下岗失业、失土妇女举办创业培训、再就业技能培训 1925 期，培训人数 84285 人次，走访困难姐妹家庭 42289 人次。"姐妹帮扶工程"三年目标顺利实现。[3]

第一轮顺利守关，之后的十几年杭州市妇联仍然继续开展帮扶计划，让更多的妇女受惠于此计划，不断地提高她们的生活水平。

以姐妹帮扶带动妇女发展。2006 年，启动第二轮"姐妹帮扶工程"，以"送培训、送岗位、送政策、送信息、送法律、送医疗"的"六送"活动和"机关女干部、女党员与困难妇女结对帮扶活动"为载体，协同社会各方力量，帮扶失业（失土）妇女、低保特困家庭、单亲家庭的妇女及就业困难或需要创业扶持的妇女。通过开展结对帮扶，全市 13 个区（县、市）和市级机关女干部又与 1266 个下岗

1　陈建华：《做好"服务、联合、能力"三篇文章　把杭州妇女事业不断推向前进——杭州市妇联第十三届三次执委会（扩大）会议上的报告》，2004 年 1 月 15 日，杭州市档案馆馆藏，档案号：J127-2004-358。

2　许小富主编，杭州市地方志编纂委员会编：《杭州年鉴 2005》，北京：方志出版社，2005 年。

3　许小富主编，杭州市地方志编纂委员会编：《杭州年鉴 2005》，北京：方志出版社，2005 年。

失业妇女结对，共走访困难妇女 4601 人次，送上慰问金、慰问物品 140.2 万元。其中，市本级的 80 家机关妇委会与 160 位低保、特困家庭妇女结对，并帮助 39 个家庭实现脱贫；市妇联联合杭州广仁医院举办"关爱困难妇女医疗救助活动"，为 3000 名城市困难低保女性和外来务工妇女免费提供价值 119.4 万元的医疗救助卡和健康体检卡；通过扶持女性创业工作的开展，全市共举办各类失业（失土）妇女培训班 354 期，培训人数达 15854 人。命名市级"巾帼再就业基地"23 个，为失业（失土）妇女腾岗、献岗。举办各种就业招聘、咨询活动，共帮助 5781 名失业（失土）妇女实现就业和再就业。[1]

　　"姐妹帮扶工程"一直是杭州市妇联工作的重心之一，直到 2012 又开启了新一轮姐妹帮扶活动，加大对 2000 名农村困难妇女、低收入家庭妇女实现就业增收的帮扶力度。各级帮扶主体走访结对家庭 1137 次，送上慰问金（品）49.59 万元，帮助解决农副产品销售、来料加工业务 701 万元。同时也实施第二轮"妇女健康促进工程"，健全常见妇科疾病检查管理服务体系；启动"卫生健康与流动留守妇女儿童发展"关爱行动，全年服务流动留守妇女儿童 246955 人次，送讲座 614 场次，办实事好事 71 件；开展妇女"两癌"专题调研，力争从政策层面寻求解决途径；推进儿童安全教育工程、儿童友好家园、社区儿童保护、母亲邮包等公益实事项目。与市委组织部共同举办援藏、援疆、援川"三援"干部家属联谊会；与丽江妇联共同帮助"最美司机"吴斌圆其亲人"丽江行"之梦。建德市妇联开展留守儿童关爱"八个一"活动，拱墅区妇联开展送健康大型义诊活动，为近千名流动育龄妇女提供免费乳腺癌筛查，江干区妇联实施"蒲公英家园"——流动儿童关爱服务体系全国试点工作。[2]

　　2015 年，依然持续推进全市参保适龄妇女"两癌"免费筛查政策落地工作，有 109.63 万名参保适龄妇女参加了"两癌"免费筛查；全年开展送医下乡活动 7 次，为千名农村留守妇女与流动妇女开展免费检查。钱江经济开发区主动走访区

　　1　陈建华：《围绕中心　开拓创新　团结动员全市妇女在构建社会主义和谐社会中再立新功——在杭州市妇联第十三届七次执委会（扩大）会议上的工作报告》，2007 年 1 月 25 日，杭州市档案馆馆藏，档案号：J127-2007-152。
　　2　魏颖：《全面学习贯彻党的十八大精神　再创杭州妇女事业新辉煌——在市妇联十四届七次执委（扩大）会议上的报告》，2012 年 12 月 28 日。

杭州市妇联领导关爱慰问困难妇女群众

域内企业，为全体女员工落实了"两癌"免费检查的健康福利。经济技术开发区开展"经济发展与流动留守妇女发展关爱行动"，组织8家大型企业推出适合女性就业的工作岗位，现场招聘。[1]

2017年，"姐妹帮扶工程"已经进入了第五轮，这一年为结对的2003名农村低收入家庭妇女和困难妇女提供就业、培训、医疗、技能和资金帮扶。另一方面持续推进市政府适龄妇女"两癌"免费筛查政策在各区（县、市）的落地工作，促使妇女"两癌"免费检查制度化、常规化。依托政府妇儿工委平台，牵头召开全市"两癌"免费筛查工作推进会，梳理分析近两年来各地实施"两癌"免费筛查情况和存在问题，与市卫计委等单位共同制定《关于进一步做好杭州市适龄妇女免费"两癌"检查项目工作的通知》，使关系全体妇女健康的民生项目更好地

1 魏颖：《固本强基重基础 改革创新促发展 努力开创妇联工作新局面——在市妇联十五届六次执委（扩大）会议上的报告》，2016年1月19日。

惠及全市适龄妇女。两年来，全市共有 138.5 万余名女性参加了筛查，占应检女性总人数的 47.8%。联合市妇产科医院为 7 个区（县、市）近千名流动留守妇女提供免费筛查服务。全年帮助 151 名患病妇女每人得到一次性"春风行动"医疗援助 3000 元；帮助 21 人成功申报全国"两癌"援助，每人可获 1 万元资助。[1]

2. 妇女维权问题

保证妇女群众能依法享受作为公民的合法权利，是推动我国男女平等基本国策落实的重要举措之一，同时，权利得到合法保障后才能保证广大的妇女群众更好地立足于社会、为社会建功，从而促进妇女发展。妇女事业的发展也就是国家的发展。

广大妇女群众在社会中总是遭受许多的不公平待遇，为了能保障妇女群众的基本权利，维护好其基本利益，为妇女维权一直是杭州市妇联大力加强的一项工作。

2003 年，在维护困难弱势群体上有了新的突破。一是落实规划抓维权方面。开展了"十五"《杭州市妇女发展规划》《杭州市儿童发展规划》的中期监测评估工作，建立了 2 个规划监测统计和专家评估组织机构，举办了 2 期"十五"妇儿规划中期监测评估工作培训班。市、区（县、市）两级均完成了 2 个规划的中期监测评估报告，其中市本级两规的中期报告均获省三等奖，各区（县、市）两规的中期报告经评审也分别产生了一、二、三等奖。二是合力抓维权方面。建立了妇女权益保障联席会议制度，促进了妇女权益保护的协调议事制度化、规范化、法制化。三是治理源头抓维权方面。开展了"农嫁女"合法权益受损问题的深入调查研究，形成了调研报告，抓住西湖区留下镇石马村解决"农嫁女"权益问题中用人民调解协议解决问题的有效方法，探索比较科学、合理地解决这一突出问题的有效途径，使长期反映比较强烈的"农嫁女"权益问题的解决有了突破性的进展，为全面解决这一矛盾提供了经验。四是调处信访抓维权方面。这一年的"三八"期间市妇联同市司法局举办了"148"妇女维权周，并开通两条"12348"法律咨询服务热线，为妇女群众提供热情周到的法律援助。全年共接待来信来访

1　魏颖：《全面推进妇联工作创新发展　团结带领广大妇女坚定跟党走建功新时代——在杭州市妇联十五届九次执委（扩大）会议上的工作报告》，2018 年 1 月 17 日。

来电 869 件，结办率达到 100%。[1]

2008 年，妇女源头维权实现新突破。这一年《杭州市预防和制止家庭暴力条例》列入市人大常委会立法调研项目。市妇联会同市人大内司工委、杭州师范大学法学院组织专题调研组，对全市家庭暴力的现状以及预防和制止家庭暴力工作开展了全面的调查研究，召开了多次立法调研座谈会，向市民发放 3000 余份调查表，开展问卷调查，形成了有观点、有对策、有建议的立法调研报告，并且向市人大常委会报送了《杭州市预防和制止家庭暴力条例》（草案）、《杭州市预防和制止家庭暴力条例（草案）的立项论证报告》、《杭州市预防和制止家庭暴力地方立法调研报告》，为下一步立法打下了基础，使妇联参与源头维权迈出了坚实的步伐。[2]

2008 年，杭州市妇联还为妇女利益与诉求拓宽新渠道举行"三八"维权周活动，针对外来务工妇女开展了"劳动合同法"宣传和预防艾滋病的宣传教育。认真开展了约访下访工作，将妇女维权工作延伸到基层第一线，直面妇女群众最关心、最直接的利益问题，开展矛盾调处。2 次组织专家、律师深入萧山区、下城区的街道社区，面对面听取妇女群众的诉求和呼声。2 次下访共为 9 人解决了实际问题。此外还积极做好敏感时期矛盾排查化解工作，把问题控制在基层、化解在萌芽，确保不发生进京等非正常上访事件。仅奥运会期间，市妇联就协同相关部门处理复杂矛盾纠纷 20 余起。充分发挥村（社区）妇女维权站和 110 家庭暴力救助中心调解纠纷、化解矛盾、促进稳定的作用。2008 年，家暴救助中心出警 2638 次，调处化解矛盾 2000 余起。[3]

妇女维权服务在 2010 年也继续得以创新，为此杭州市妇联做了四方面的努力。一是举办"与爱同行——法律心理咨询服务活动"。组织由 100 余名法律、心理、家教等专家组成的志愿者小分队，分赴淳安、临安、富阳、建德、萧山、余杭、江干、西湖等地的社区、农村，开展普法宣传咨询服务活动，为农村妇女提供服

1　陈建华：《做好"服务、联合、能力"三篇文章　把杭州妇女事业不断推向前进——在市妇联第十三届三次执委（扩大）会议上的工作报告》，2004 年 1 月 15 日，杭州市档案馆馆藏，档案号：J127-2004-358。

2　《杭州市妇联 2008 年工作总结》，杭州市档案馆馆藏，档案号：J127-2009-108。

3　《杭州市妇联 2008 年工作总结》，杭州市档案馆馆藏，档案号：J127-2009-108。

妇联组织下访接待活动

务。二是实施"女人如何爱自己——公安行帮教服务活动"。组织维权志愿者走进市公安局收容教育所、看守所和戒毒所，对 250 余名在押女犯和强制戒毒的女学员进行了融法律知识宣讲与团队心理辅导为一体的帮教活动。三是举办"幸福人生——婚姻家庭系列讲座"。紧贴妇女关注的社会热点和家庭婚姻问题，与市图书馆联合举办"女性在婚姻中的安全感""婚姻家庭风险防范"等普法宣传讲座 12 期，使千余名听众受益。四是建设"妇女心灵驿站"。启动"妇女心灵驿站"进社区工作，将妇女维权志愿者等社会资源向基层延伸，将心理疏导、心理健康教育和矛盾纠纷调解相结合，调解矛盾，舒缓情绪，促进和谐。[1]

此外，为了增强信访调处力度，编印了《杭州市妇女维权工作手册》，加大对基层妇联信访工作的指导，提高基层妇联干部维护妇女合法权益的能力。完善志愿者参与信访接待、专家约访接待和网上答疑等制度。加强法律（心理）专家约访和"妇女维权""妇女心理"服务邮箱专业回复机制建设。一年来，全市各

1　《杭州市妇联 2010 年工作总结》，杭州市档案馆馆藏，档案号：J127-2011-13。

级妇联共接处来信、来电、来访 1700 余件（次），其中市本级共接处信、电、访 589 次。[1]

新时期杭州市妇联将维权与社会维稳结合起来，积极参与社会管理创新。一方面是启动"六五"普法工作。包括制定"六五"普法教育工作计划，开展普法教育"六进"活动，组织妇女维权志愿服务流动宣讲队，深入 13 个区（县、市）开展宣传活动，并制作普法课件，用形象生动的案例对基层妇女开展教育，提高妇女的法律素质。另一方面努力畅通诉求渠道。加强四级信访网络建设，健全两级妇女维权热线联动机制，建设市和区（县、市）两级妇女维权志愿服务队伍，拓展妇女群众的诉求渠道。加大信访调处的力度，健全完善数字化登记、交办反馈、领导下访、志愿者参与接访、专家约访和网上答疑等制度，加强对信访信息的分析研究，提高应对处理复杂信访问题的能力。

2013 年，杭州首次举行"三八"维权周活动，并启动市维权志愿团的百名志愿者与百个社区"双百"结对。在市妇联信访室设立了"三八"妇女维权咨询点，安排妇女维权和法律专家、婚姻家庭指导师、心理咨询师等每天坐堂接待来访妇女，提供婚姻家庭咨询服务。除此之外，还开设"妇女普法"网络视频大讲堂，在杭报、杭州网开办"美丽女性·幸福家庭"公益微讲堂 7 期。推进机制维权，实施妇女信访代理促进重点信访化解，市、区（县、市）两级妇联已代理案件 87 起；完善领导接访制度，建立全市"110"反家暴联动调处平台，启动百名妇女维权志愿者与百个社区妇女心灵驿站"双百"结对；联合检察院开展特殊女性"人文司法"一帮一结对活动。全市共接处信、电、访 2539 件。[2]

2014 年，市妇联积极推动源头维权。通过召开全市妇儿工委全委（扩大）会议通报妇女、儿童规划实施中存在问题及对策建议，对各区（县、市）妇女活动阵地和妇儿工委办自身建设进行督查，促进相关问题解决。并且联合市法制办、市人大法工委建立杭州市政策法规性别平等咨询评估机制，将社会性别意识纳入政策法规制定和实施过程中；开展对《杭州市老年人权益保障规定（草案）》性

1　《杭州市妇联 2010 年工作总结》，杭州市档案馆馆藏，档案号：J127-2011-13。
2　魏颖：《巾帼建新功　共筑中国梦　团结带领广大妇女为杭州实现高起点上的新发展而奋斗——在市妇联十五届三次执委（扩大）会议上的报告》，2014 年 1 月 9 日。

别平等专项评估并形成性别评估报告，提供性别视角的参考依据；制定《关于在农村产权制度改革中进一步保障妇女合法权益的指导意见》，推动各地依法落实农村妇女土地承包权、宅基地用益物权、集体资产股权等财产权益，切实维护农村妇女合法利益。[1]

其次，市妇联重视促进合理维权。积极推动市人大内司工委开展对《杭州市预防和制止家庭暴力条例》实施情况的专项视察，并联合市民政局出台《杭州市反家暴庇护救助工作实施办法》，推进反家暴庇护救助工作；推动市法院出台《全市法院推进人身安全保护裁定工作的实施意见》，以更好地保护家暴受害人的人身权益；联合市司法局成立婚姻家庭纠纷人民调解委员会，引导妇女依法有序表达诉求，及时化解家庭纠纷；做好"110"社会应急联动中有关家庭暴力案件的调处和跟踪回访工作。[2]

同时，积极探索项目维权。成立杭州市婚姻家庭指导服务中心；实施"女性婚姻幸福感提升项目"，为女性和家庭成员提供专业婚恋指导服务；编印《在婚姻中成长》等婚恋指导系列丛书3册，开展"美丽女性·幸福家庭"普法大讲堂等宣传服务22场，受益人数达1万余人。一年来，全市妇联系统共受理信电访1879件，跟踪调处110社会联动交办婚姻家庭纠纷815件。[3]

2015年，以情景剧、圆桌会等形式宣传《妇女权益保障法》《婚姻法》《老年人权益保护法》《继承法》等法律法规，全年组织送法下基层活动10场，并为高墙内特殊妇女群体提供法律帮助和心理关怀。完善婚姻家庭指导中心服务功能，制定《杭州市婚姻家庭纠纷调解委员会工作制度》，健全来访接待、法律援助、人民调解等工作机制，全年建立婚姻家庭调解委员会13个，妇联干部担任人民陪审员参与陪审案件539例。全年调处各类矛盾纠纷4229件，其中市本级直接参与3333件，办结率99.6%。西湖区积极整合专业部门和社会资源，健全

1　魏颖：《凝心聚力　服务发展　在全面推进幸福和谐杭州建设中彰显巾帼风采——在市妇联十五届四次执委（扩大）会议上的报告》，2015年1月8日。

2　魏颖：《凝心聚力　服务发展　在全面推进幸福和谐杭州建设中彰显巾帼风采——在市妇联十五届四次执委（扩大）会议上的报告》，2015年1月8日。

3　魏颖：《凝心聚力　服务发展　在全面推进幸福和谐杭州建设中彰显巾帼风采——在市妇联十五届四次执委（扩大）会议上的报告》，2015年1月8日。

婚姻家庭纠纷诉调衔接工作机制。[1]

为贯彻男女平等的基本国策，市妇联又依托性别平等咨询评估机制，2016年开展了"全面二孩政策下女性劳动权益保护状况""杭州市反家暴条例实施中的反家暴救助保护状况" 2 个项目调研，并转化为人大、政协的提案议案，为有关部门提供决策参考。对《浙江省女职工劳动保护办法（修订稿）》《杭州市法律援助条例》等法规文件提出评估建议 17 项。赴各地对市政府《关于深化农村土地承包经营权确权登记颁证工作的指导意见》落实情况开展调研督导，推广临安市农村妇女土地权益确权登记办证工作经验，将维护农村妇女土地权益落到实处。并且还联合省妇联拍摄全国首部反家暴微电影《门背后的眼睛》，将《反家暴法》纳入杭州市干部学习新干线内容。开展"助力法治杭州·巾帼在行动"送法下基层活动 8 场，向近万名妇女群众普及《反家暴法》《妇女权益保障法》《婚姻法》等法律知识，提高妇女法治意识和维权能力。与联合国妇女署共同举行"消除对妇女的暴力"主题活动暨橙色亮灯仪式，将维护女性权益、促进性别平等融入杭州城市国际化建设的步伐之中，成为中国第一个响应联合国号召的城市。[2]

2018 年，市妇联开展八项重要探索，包括：首个《杭州主城区家庭暴力特点和居民对家庭暴力认知调查报告》发布，通过数据分析、个案访谈和专家座谈等形式，剖析家暴特点，针对性地提升杭州反家暴工作；首创互联网在线维权服务平台——"e 家和"反家暴平台，将互联网思维和高科技手段与反家暴工作紧密结合，让受害者得到更加专业、实用、有效的帮助；首度与市中级人民法院合作开展全市家事审判、家事调解经典案例评选，提升了杭州市家事审判、家事调解的专业化水平；首倡成立由市直机关工委、市妇联联合牵头的"西子嘉禾"市直机关党员干部公益服务队，为市直机关干部给群众服务提供了公益化平台；首推婚姻家庭矛盾妇联与媒体联调模式，扩大妇联参与社会治理的影响力；首启"11·25"杭州纪念国际反家暴日"橙色旋风"活动；首开"e 起学"妇女维权微学院，提升了妇联工作者的专业素养和服务水平；首建杭州市婚姻家事矛盾纠

1　魏颖：《固本强基重基础　改革创新促发展　努力开创妇联工作新局面——在市妇联十五届六次执委（扩大）会议上的报告》，2016 年 1 月 19 日。

2　魏颖：《全面推进杭州妇女工作　以优异成绩迎接党的十九大胜利召开——在市妇联十五届七次执委（扩大）会议上的报告》，2017 年 1 月 13 日。

纷调处工作网络，建立了覆盖市、区（县、市）两级的专业化、社会化、智能化、法治化家事纠纷多元化解体系，通过人民调解、律师调解、专家调解及媒体调解等协同开展家事纠纷调解工作。[1]

2019 年 4 月，市妇联出台了《关于以"平安家庭"助力"平安杭州"助推市域社会治理现代化的三年行动计划》，构建"一中心三网五平台"，开发"e 起学"家事调解培训微学院、"e 家和"反家暴服务平台、家庭智慧治理网。一是积极推进家事诉源治理，会同市中院、司法局联合下发《关于杭州市推进家事纠纷诉源治理的实施意见》，首创组建包括家事辅导员、家事调解员、家事调查员、家事观察员、危机干预员、案件回访员在内的"六大员"队伍，建立 1513 名妇女干部和维权志愿者组成的专业调解队伍。在临安召开全市家事纠纷诉源治理现场推进会，全过程全方位参与家事纠纷调解，使家事纠纷引起的立案数和家暴警情大幅下降。全年市妇联系统排查化解婚姻家庭纠纷案件 6843 件，与"110"联动调处家暴投诉案件 6432 件，48 小时内 100% 回访。[2] 二是因地制宜探索参与社会治理有效模式。各地妇联探索基层妇女参与基层社会治理的有效模式。上城打造"区级统筹主导、街道组织协调、社区网格精准服务、社会力量联动深入"的"尚家和"妇女维权综合服务体系；江干组建"钱塘阿姐"维权帮扶团，参与婚姻家庭矛盾纠纷化解服务；西湖总结提炼出标准化"家事调解七步法"和"家暴案件处置七步法"；滨江成立"滨和驿站"，建立完善集矛盾排查、纠纷调解、法律帮助、关爱帮扶于一体的综合维权服务模式；富阳建立"反家暴联动处置联盟"，组建"富春娘家人"维权工作室、"和胥嫂"家事调解室、"万事好商量"婚调工作室，组织近千名文艺骨干参与"富春平安花"文艺宣传志愿团队；桐庐打造"美家美户"志愿服务平台，组织巾帼志愿服务队参与环境整治、垃圾分类、矛盾纠纷调解等。

---

1 楼俐捷：《学习贯彻习近平总书记重要讲话精神 为"干好一一六、当好排头兵"贡献巾帼力量——在杭州市妇联十六届二次执委（扩大）会议上的工作报告》，2019 年 2 月 28 日。
2 阮英：《弘扬千鹤精神、传承初心使命：为高水平推进杭州城市治理现代化贡献巾帼力量——在杭州市妇联十六届三次执委会议上的工作报告》，2020 年 4 月 22 日。

3.西子女性大讲堂

信息时代对于人才的需求，越来越趋偏向于知识型人才，靠劳力的工作日益被机器所取代，因此拥有的智慧和技能越多，就更容易在社会立足。所以，新时期下能否在社会站得更高、看得更远，与个人是否具备知识与能力有很大的关系，人们应该保持学习，成为全面发展的终身学习者。

杭州市妇联为了提高全市妇女群众的知识和技能水平，使得广大已经离开校园的在职妇女能够再次得以学习提高，向全市各行各业女性提供拓展视野、提升素质、提高品位的服务。从 2014 年起，开设了"西子女性大讲堂"，到 2019 年，已开展讲座百余场，服务杭城女性近 12000 人次。

为了能形成新的宣传格局，2014 年首次在《杭州日报》开办"西子女性专栏"，全年刊登《西子女性·风采展示》《西子女性·婚恋微讲堂》专栏专版共 23 期。成立由陈辽敏等行业精英女性组成的西子女性宣讲团，开设"西子女性大讲堂"，全年在基层开展巡讲、驻讲 16 场。并且，还联合大学学生会和女企业家开展"优秀成功女性进高校"励志教育活动，为 300 多名高校女生提供"缩短大学与职场路径"的务实指导。全年宣传妇女工作和先进典型 60 篇，报道 264 次。[1]

为了发挥"西子女性大讲堂"面向全市妇女和家庭成员传播社会主义核心价值观的阵地作用，2016 年全年开课 59 次，服务妇女 3654 人次。其中，开设的《喜逢 G20：靓出你的美丽磁场》《Hello G20：东道主学英语》等特色课程深受欢迎。同时，打造精品社团，西子艺术社团下设西子女性合唱团、西子女性学堂、西子舞蹈社、西子诗社、西子旗袍社等特色社团 9 个，全年授课 507 期，受益人数 10516 人次。围绕"一个人成长、两个人幸福、三个人和谐"的成长计划，推出情感课堂 12 场，举办婚恋联谊活动 12 场，直接服务人群 1617 人次。[2]

2019 年，"西子女性大讲堂"推出升级版，内容不断与时俱进，更加符合百姓需求。引进了来自妇联系统、科研院校、美学行业、各大医院、金融机构、法学界、新闻媒体等不同领域的优秀师资力量，倾情打造更为丰富精彩的课程内

1　魏颖：《凝心聚力　服务发展　在全面推进幸福和谐杭州建设中彰显巾帼风采——在市妇联十五届四次执委（扩大）会议上的报告》，2015 年 1 月 8 日。

2　魏颖：《全面推进杭州妇女工作　以优异成绩迎接党的十九大胜利召开——在市妇联十五届七次执委（扩大）会议上的报告》，2017 年 1 月 13 日。

容。课程模块也从以往的"素质提升""健康生活""家庭教育""幸福婚姻"四大类变为"女性健康""法律维权""幸福家庭""素质提升""品质生活"五个类别，使大讲堂更加系统、分类更为科学。除了保留广受欢迎的《女性常见疾病防治》《户外瑜伽》《自媒体时代手机摄影》《法院大数据揭秘婚姻那些事儿》等课程外，还新增了《重视信仰建设 筑建精神家园》《留住美丽——女性各期保健知识讲座》《呵护美丽心灵 关注心理健康》《家庭纠纷的调解技巧》《动听悦耳的朗朗语音——沟通艺术》《女性口才艺术》《"以案释法"之财产的保值与增值》《茶与花的圆融，创设你独属的心灵圣坛》《关注孩子的生命成长》等10余堂讲座，助力女性更有魅力、更有智慧、更有活力。

4. 女大学生专场招聘会

就业难成为新时代下许多高校毕业生面临的头等大事，社会竞争日益加大，每年都有很多的大学生难以顺利就业。于是，为了在杭的女大学生们能够更好地就业，缓解大学生就业难的问题，杭州市妇联从2015年开始，每年定期举行一场女大学生招聘会，大力地推进了杭州市内的女大学生在社会上的就业。女大学生就业专场招聘会在2015年第一次召开，成功帮助1280余人达成就业意向。并且还实施了《杭州市促进女大学生就业创业三年行动计划》，通过成立女大学生创业训练营和为她们量身定制职前就业指导培训，推进女大学生就业创业工作。推广妇女创业小额贷款，对创业妇女实行贷款贴息政策，桐庐县为78名妇女争取"巾帼创业贷款"资金1552万元。[1]

2019年招聘会当天，杭州市妇联、浙江省教育厅高教处、浙江省高校毕业生就业指导服务中心、杭州市就业管理服务局、杭州师范大学等相关领导莅临招聘会。市妇联兼职副主席周明娟参加了招聘会，与部分企业招聘单位负责人及应聘学生进行亲切的交流。此外，为了提升学校女学生的就业率，在招聘会现场设置了导师面对面的咨询会，现场有6名资深的导师，随时为对就业有疑问的同学答疑解惑。

本次活动中，杭州市女企业家协会组织中的45家会员企业为在场的女大学

---

1 魏颖：《凝心聚力 服务发展 在全面推进幸福和谐杭州建设中彰显巾帼风采——在市妇联十五届四次执委（扩大）会议上的报告》，2015年1月8日。

杭州市妇联、杭州师范大学等联合主办的"2019年杭州市大学生春季校园招聘会女大学生专场"活动

生提供了 300 多个岗位。整场招聘会共有 412 家企事业单位提供了涉及中小学、幼儿园各科教师及室内设计师、开发工程师、新媒体运营、文案策划等行业领域的 7100 余个工作岗位。还有 13 家举办了专场宣讲会，进行了笔试、面试等招考流程，最后共有 1600 余人达成初步就业意向。

5. "美丽基金"工程

杭州市"美丽基金"于 2013 年正式成立，该基金对贫困女大学生、患"两癌"贫困妇女、贫困老年妇女干部开展助学、救助和关爱行动。[1] 以专款专用形式帮助杭州市贫困家庭中的妇女儿童，优化妇女儿童生存、生活和发展环境。多年来，成功地帮助了许多深陷生活困境的贫困女大学生及老年妇女、患癌妇女。

从 2013 年正式启动到 2014 年，杭州市"美丽基金"共开展了贫困女大学生助学、"两癌"妇女救助、老年妇女关爱等 3 项关爱行动，共帮扶女大学生、困

1　魏颖：《巾帼建新功　共筑中国梦　团结带领广大妇女为杭州实现高起点上的新发展而奋斗——在市妇联十五届三次执委（扩大）会议上的报告》，2014 年 1 月 9 日。

难妇女 228 名,资助金额 44.5 万元。实施 2014"环境优化与流动留守妇女儿童发展"关爱行动,圆满完成流动留守妇女儿童发展关爱行动五年计划,五年来共服务流动留守妇女儿童 106 万人次,办实事 217 件,命名 22 个关爱行动先进集体和优秀流动留守妇女儿童;开展"同在蓝天下·我们共成长"农村留守儿童"六一"特别活动和暑期关爱活动,优化留守儿童关爱方式;捐赠市福利院儿童和在杭流动儿童 100 张总价值 2.6 万元的《印象西湖》演出票,实现孩子"看新剧"愿望;做好"六一"系列慰问和留守流动儿童安全教育及关爱服务活动,首批命名 40 个市"示范儿童之家";开展"社区助福行"巾帼志愿服务活动,解决空巢老人精神慰藉问题;余杭区"梅花巾帼志愿服务团"的 6 个公益项目为全区妇女和家庭提供政策宣传、法律维权、庭院美化、家庭教育、健康运动、心理疏导等志愿服务活动。[1]

为了继续发挥"美丽基金"帮扶作用,2016 年,杭州市妇联联合了浙商财智女人会新援助 53 名女生圆大学梦想,已持续援助 154 名在校女大学生,解决其学费困难的问题。"美丽基金——扬帆起航,女大学生助学行动"获得第五届浙江慈善项目奖。慰问 95 名老年贫困妇女干部,鼓励其生活的信心和勇气。争取市总工会支持,将"两癌"贫困妇女援助纳入市"春风行动",使 163 名贫困患病妇女得到一次性医疗援助 3000 元;同时争取全国妇联贫困母亲"两癌"救助专项基金,为 10 名患病贫困母亲提供援助 10 万元;带送 7 场妇女健康知识讲座下基层,并为 1500 余名城乡妇女作"两癌"免费筛查;全年新援助人群 311 名,援助金额为 130.3 万元;启动新一轮"姐妹帮扶工程",动员全市各级巾帼文明岗、女企业家、女经纪人与农村困难妇女结成 2003 个对子;牵头开展以心理关爱为主要内容的留守儿童"六一"特别慰问活动和暑期关爱活动。[2]

2017 年,杭州市妇联继续努力为妇女儿童办实事、解难事,服务贫困家庭。依托"美丽基金",整合多方资源,继续实施贫困女大学生"扬帆起航"助学行动、贫困"两癌"妇女"珍爱生命"救助行动、贫困老年妇女干部"温暖晚秋"

---

1 魏颖:《凝心聚力 服务发展 在全面推进幸福和谐杭州建设中彰显巾帼风采——在市妇联十五届四次执委(扩大)会议上的报告》,2015 年 1 月 8 日。

2 魏颖:《全面推进杭州妇女工作 以优异成绩迎接党的十九大胜利召开——在市妇联十五届七次执委(扩大)会议上的报告》,2017 年 1 月 13 日。

助困行动，解决特殊群体的特殊困难。为了凝聚合力精准帮扶，强化"美丽基金"引领作用，2018 年杭州市妇联继续开展贫困女大学生结对帮扶等三项行动，持续推动全市适龄妇女"两癌"免费筛查做到应检尽检，同时为 1000 名流动留守妇女提供免费筛查服务；强化扶持带动，为女性社会组织提供培训、考察、现场教学机会，指导承接妇联、社区和政府公益项目的技能，助力女性社会组织成长；强化就业技能培训，继续实施养老护理员护理技能培训、特殊女性群体就业技能培训项目，增强各类女性自我发展能力；强化"儿童之家"阵地作用，在 6 个社区试点开展儿童之家安全教育项目，届时召开全市"儿童之家"建设推进会。[1]

二、实施"巾帼建功"

妇女能顶半边天，21 世纪是中国发展的新世纪，也是"巾帼建功"工程发展的新时期。杭州市妇联通过模范示范作用，建立了一系列"巾帼文明示范岗"，并且加强宣传优秀的新时期"巾帼"女性代表的事迹，激励杭州市各地区妇女组织的建设，激发广大的杭州市妇女努力奋斗的精神，不断地加强自身的修养，为社会、国家作出贡献。

1. 创建"巾帼文明岗"

杭州市"巾帼文明示范岗"创建于 2005 年，在这一年命名了 114 个市级"巾帼文明示范岗"。2006 年，杭州市妇联通过"内强素质、外树形象"，加强对创岗工作规范化和社会化的建设，提升"巾帼建功"活动的引领示范作用。

加强创岗指导。通过对部分省、市级"巾帼文明岗"上门授牌、组织外出学习等形式，加强对重点行业、重点岗位创岗工作的指导，推动创建工作逐步向新经济组织、新社会组织和工业企业拓展。又通过启动岗村结对工作，发动"巾帼文明岗"和农村"五好"妇代会分批开展牵手接对活动，以"送信息、送科技、送培训、送法律、送医疗、送温暖"的形式，帮助农村妇女解决发展中的问题，实现城乡妇女在资源、信息、工作上的有效对接。

1　楼婼捷：《学习贯彻习近平总书记重要讲话精神　为"干好一一六、当好排头兵"贡献巾帼力量——在杭州市妇联十六届二次执委（扩大）会议上的工作报告》，2019 年 2 月 28 日。

展示创建成果。举行全市"巾帼文明岗"演讲大赛，展示近年来创建活动的成果。一年来，涌现全国"巾帼文明岗"7 个、省级"巾帼文明岗"22 个、市级"巾帼文明岗"150 个，全国级"巾帼建功"标兵 3 名、省级"巾帼建功"标兵 7 名、市级"巾帼建功"标兵 10 名。[1]

2007 年，各级妇联组织了城镇女职工开展以提高妇女素质、提供优质服务、树立行业新风、创业建功成才为内容的"巾帼文明岗"创建活动，发挥"建一岗、带一片、挂一牌、树面旗"的良好作用。接受省"巾帼建功"协调小组对市创建工作的复查验收，被抽查的 20 个全国级"巾帼文明岗"优秀率达 90% 以上，得到了充分的肯定。下发《关于开展杭州市"巾帼文明岗"与示范村妇代会对接共建活动的实施意见》，在试点基础上，全面铺开"巾帼文明岗"与示范村妇代会结对共建活动，全市已有 213 对"巾帼文明岗"和示范村妇代会实现了有效对接，在为农村妇女群众办实事上发挥了特殊作用。[2]

2008 年，杭州市城镇妇女"巾帼建功"实现新发展。一是姐妹帮扶带动妇女发展。围绕"扶持一个人创业，带动一批人上岗"的思路，积极为创业妇女提供政策上的、资金上的帮助，尤其是在企业发展困难时，积极为企业排忧解难。在 2008 年一次性争取到"爱娟妇女创业基金"25 万元，帮助 5 家企业解决了发展的燃眉之急。"三八"期间，举办了"庆'三八'，促进妇女创业就业"大型就业招聘会，杭州联华商业华商集团有限公司等 67 家企业在广场设摊招聘，为下岗失业妇女提供就业岗位。一年来，培训失业（失土）妇女 1151 名，帮助了1106 名下岗失业妇女实现了再就业，新建"巾帼再就业基地"26 个，帮助 4457名妇女实现了再就业。二是"巾帼建功"促进妇女发展。继续深入地在商贸系统、教育卫生系统、交通体改系统、机关事业单位开展"巾帼文明岗"的创建活动，并将创建活动向社区、新经济组织延伸。全年创全国"巾帼文明岗"11 个、省级"巾

1 陈建华：《围绕中心开拓创新 团结动员全市妇女在构建社会主义和谐社会中再立新功——在杭州市妇联第十三届七次执委（扩大）会议上的工作报告》，2007 年 1 月 25 日，杭州市档案馆馆藏，档案号：J127-2007-152。

2 陈建华：《坚持科学发展 促进社会和谐 为全面提高妇女生活品质再立新功——在杭州市妇联第十三届八次执委（扩大）会议上的工作报告》，2008 年 1 月 11 日，杭州市档案馆馆藏，档案号：J127-2008-318。

帼文明岗"25 个、市级"巾帼文明岗"100 个。[1]

为了进一步加强对"巾帼文明岗"的科学管理,2009 年修订完善了《杭州市"巾帼文明岗"管理办法》,建立市"巾帼文明岗"监督员队伍,首次对申报的市级岗进行明察暗访,提高了创岗质量。并且对 2001 年以来命名的 39 个全国"巾帼文明岗"进行全面复核验收,认定省级"巾帼文明岗"39 个、表彰市级"巾帼文明岗"100 个,有效提高了"巾帼文明岗"的示范效应和社会影响力。3 年后杭州市妇联为了深化"巾帼建功"活动,在全市"巾帼文明岗"中开展"服务创一流、巾帼展风采"主题实践活动,命名了优质服务窗口、岗位建功标兵各 20 个。推动文明岗创建信息化工作,使一大批"岗""星""标兵"走向更广阔的发展空间。[2]

2014 年,组织了近 200 名"巾帼文明岗"负责人参加培训,通过组织动员行业妇女参与岗位练兵、技术比武等活动,激发妇女创业热情。建立行业、系统"巾帼文明岗"优胜劣汰机制,加强"巾帼文明岗"规范管理和社会监督,探索推进商品交易市场建"巾帼文明岗"工作。[3] 加强对各级"巾帼文明岗"的指导督导,加大在旅游、地铁、公交等窗口服务行业中的创岗力度,举办创岗负责人培训班;开展"巾帼文明岗"助力"最多跑一次"活动,提升创建质量,打造品牌岗位,引领职场女性在建设世界名城中建新功创佳绩。全年新认定市级"巾帼文明岗"198个、市级"巾帼建功标兵"82 名;荣获全国"巾帼文明岗"12 个、全国"巾帼建功标兵"9 人、全国"巾帼建功"先进集体 2 个。[4] 2019 年深化"巾帼建功"活动,7 个全国"巾帼文明岗"、3 人全国"巾帼建功"标兵、2 个全国"巾帼建功"先进集体获表彰。举办"巾帼文明岗"创新成果展示活动,命名 197 个杭州市"巾帼文明岗"(其中乡村旅游"巾帼文明岗"27 个)、100 名杭州市"巾帼建功"

1 《杭州市妇联 2008 年工作总结》,杭州市档案馆馆藏,档案号:J127-2009-108。

2 魏颖:《全面学习贯彻党的十八大精神 再创杭州妇女事业新辉煌——在市妇联十四届七次执委(扩大)会议上的报告》,2010 年 12 月 28 日。

3 魏颖:《巾帼建新功 共筑中国梦 团结带领广大妇女为杭州实现高起点上的新发展而奋斗——在市妇联十五届三次执委(扩大)会议上的报告》,2014 年 1 月 9 日。

4 魏颖:《全面推进妇联工作创新发展 团结带领广大妇女坚定跟党走建功新时代——在杭州市妇联十五届九次执委(扩大)会议上的工作报告》,2018 年 1 月 17 日。

标兵。[1]

2. 开展"双学双比"

"双学双比"活动是指在全国各族农村妇女中开展的"学文化、学技术、比成绩、比贡献"竞赛活动。1989 年初，根据我国农业面临的严峻形势，遵照党中央关于全党动手、大办农业的指示，在各地妇联经验创造的基础上，全国妇联联合农业部、林业部、国家教委、国家科委、国务院扶贫开发领导小组等 12 个部委（后增加为 14 个部委），在全国各族农村妇女中开展了"学文化、学技术、比成绩、比贡献"竞赛活动（简称"双学双比"活动）。

杭州市响应国家的号召，2003 年深入开展"双学双比"活动。全市举办面向农村妇女、农业新技术培训 652 期，受训 5.35 万人，有 3029 人参加农业函授大学培训，1699 人参加绿色证书培训，1573 人获绿色证书，新评出女农民技术员 690 人。全年举行送科技下乡 94 次，受益 2.26 万人；全市兴建"三八"水利工程 170 个，营造"三八"绿色工程基地 123 个，面积 792.7 公顷，6.95 万人参加农田水利基本建设；全市有"双学双比"生产示范基地 90 个，女科技示范户 2106 个，妇女专业技术协会 116 个；新培育 10 个"妇字号"龙头企业、10 个"妇字号"生产示范基地和 10 个"妇字号"营销大户；帮助女农业大户拓宽销售渠道，组织考察上海市场，其中 10 余位女大户与上海曹安菜篮子股份有限公司等超市达成合作意向；组织 14 个"妇字号"龙头企业参加省农业博览会，零售额达 20 万元，部分农产品获得农博会金奖；推动大棚养蚕项目在市农发基金中立项。[2]

"双学双比"活动的内涵在 2009 年得以扩展，杭州市妇联引领妇女在参与农村经济建设中实现就业致富。主要可以归纳为三方面：一是发展来料加工业，拓宽致富渠道。以低收入农村妇女脱贫为重点，实施《杭州市推进发展来料加工业促进困难妇女和农村低收入家庭妇女奔小康三年行动计划》，建立 100 人以上的来料加工基地 30 个，扶持表彰培养了 307 名优秀经纪人，发放奖励补助 154 万元。新增 24967 名困难妇女通过从事来料加工实现家门口就业增收，其中

1　阮英：《弘扬千鹤精神、传承初心使命：为高水平推进杭州城市治理现代化贡献巾帼力量——在杭州市妇联十六届三次执委会议上的工作报告》，2020 年 4 月 22 日。
2　许小富编：《杭州年鉴 2004》，北京：方志出版社，2004 年。

4286 名农村低收入家庭妇女增收 1086 万元，人均增收 2500 元。[1] 二是突出扶优扶强，注重示范带动。举办杭州市农村百佳女性创业成果展示暨来料加工推进会。表彰 40 位优秀农村创业女性，编印 2000 余本《农村创业女性四十佳》画册，展示 20 年来农村妇女"双学双比"活动的丰硕成果。[2] 三是加强素质培训，促进转移就业。依托妇女活动中心举办了手工编织、公共区域保洁员、仓库保管员、初级插花员等技能培训班 22 期，培训农村妇女 924 人；举办了 SYB 女性创业培训班和来料加工经纪人培训班各 1 期，受训学员 89 人。全年共培训妇女 16199 人，提高了农村妇女增收致富和转移就业能力。[3]

2011 年，杭州市妇联以加强培训、抓好队伍、搭建平台、优化服务、注重管理、严格考核为手段，推动来料加工的深入发展。培育了 100 个农村来料加工重点基地，发展来料加工企业（站）3544 个；培养了 1000 名优秀经纪人，来料加工经纪人队伍发展到 3467 人；帮助 14003 名农村低收入农户家庭妇女从事来料加工，实现年人均增收 4345 元；累计推动 20 余万名妇女从事来料加工，实现家门口就业，使杭州市农村许多困难家庭实现了增收脱贫，并促进了农村来料加工块状经济的快速发展。如桐庐县妇联加快推进来料加工产业升级，向 117 名来料加工经纪人和创业妇女发放创业贷款 2438.8 万元，为她们解决了资金困难，使之成为妇女创新创业、增收致富、自我发展的有效途径。[4]

2012 年，市政府出台了《关于加快来料加工业发展促进低收入农户增收的实施办法》，联合农办、财政部出台《关于扶持低收入农户集中村来料加工基地（厂房）建设的实施办法》，使来料加工业在基地建设、融资信贷等方面得到更多扶持。成立来料加工经纪人协会，加强对来料加工经纪人的培训，努力打造一支专业成熟的来料加工经纪人队伍。全市现有来料加工经纪人 3492 人，带动了 20.8 万人就业，全年实现加工费收入超 10 亿元。其中，低收入农户从业人员 8892 人，实现年加工费收入 4586 万元，年人均增收 5158 元。淳安县妇联一手抓家庭，一

1　《杭州市妇联 2009 年工作报告》，杭州市档案馆馆藏，档案号：J127-2010-55。

2　《杭州市妇联 2009 年工作报告》，杭州市档案馆馆藏，档案号：J127-2010-55。

3　《杭州市妇联 2009 年工作报告》，杭州市档案馆馆藏，档案号：J127-2010-55。

4　陈建华：《坚持科学发展　参与社会管理　努力开创杭州市妇女事业新局面——在市妇联十四届五次执委（扩大）会议上的讲话》，2012 年 1 月 17 日。

手抓企业，在选优项目、培育特色上下苦功，逐步形成了家纺、雨伞、制笔、针织、珠饰、编织、工艺品等七大优势项目。[1]

2013 年，为了发挥来料加工补助政策在促进低收入农户增收中的杠杆作用，帮助 10874 名低收入农户通过从事来料加工实现加工费收入 5583.98 万元，年人均增收 5135 元；市财政下拨补助资金 646.99 万元。全年为 150 名从事来料加工等创业妇女提供小额贴息贷款 2832 万元，保障和改善妇女儿童民生。[2]

至 2015 年年底，已在全市农村培育、扶持女性为主的来料加工经纪人 4074 人，带动 19.73 万来料加工从业人员实现年加工费收入 10.64 亿元。其中，帮扶低收入农户 13245 人实现年人均增收 7015 元。淳安县突出"扶新、扶优、扶强"政策导向，加大技能培训、市场拓展、转型升级、场地建设的扶持力度，积极推进来料加工转型提质工作。建德市推动市镇两级政府出台来料加工扶持政策，落实用于鼓励来料加工业发展的专项资金，全年市镇两级共兑现来料加工政策补助资金 152.87 万元。来料加工已经成为低收入农户、困难家庭女性就业增收的主要渠道。[3]

为了有效助力乡村振兴产业，2018 年，杭州市妇联持之以恒牵头实施"来料加工进低收入农户"工作，自 2009 年起，已在全市培育 5000 名来料加工经纪人，带动从业人员 25 万人，实现年加工费收入 10 亿元。仅 2016—2018 年，5 万余人（次）低收入农户通过市妇联组织的来料加工实现增收 2.5 亿元，年人均增收 7000 元以上，被群众亲切地称为"无烟的工厂""百姓的产业"，有力地助推了消薄增收、脱贫攻坚。[4]

3. 女性创新创业

妇女的创新创造能力在新世纪也继续得到发挥。在创新创业领域，女性创业者数量正在不断增加，创业领域也逐渐向高精尖的方向发展，女性创业者日益受

1 魏颖：《全面学习贯彻党的十八大精神 再创杭州妇女事业新辉煌——在市妇联十四届七次执委（扩大）会议上的报告》，2010 年 12 月 28 日。
2 魏颖：《巾帼建新功 共筑中国梦 团结带领广大妇女为杭州实现高起点上的新发展而奋斗——在市妇联十五届三次执委（扩大）会议上的报告》，2014 年 1 月 9 日。
3 魏颖：《固本强基重基础 改革创新促发展 努力开创妇联工作新局面——在市妇联十五届六次执委（扩大）会议上的报告》，2016 年 1 月 19 日。
4 楼俐捷：《学习贯彻习近平总书记重要讲话精神 为"干好一一六、当好排头兵"贡献巾帼力量——在杭州市妇联十六届二次执委（扩大）会议上的工作报告》，2019 年 2 月 28 日。

到关注。

首先，搭建创业平台引领妇女发展。2006 年 12 月举办了长三角地区妇联主席联席会议及长三角、港澳台地区妇女创业论坛，来自江、浙、沪各城市的妇联主席、女企业家代表及来自港澳台地区的女企业家代表共 150 人出席了会议，会上全国妇联主席顾秀莲副委员长和时任浙江省委书记习近平作了重要讲话。会议取得了 3 项成果：一是通过了《杭州宣言》，建立了长三角、港澳台地区妇女工作互动机制；二是建立了精英女性创业沙龙，搭建了长三角、港澳台地区妇女创业平台；三是分享了创业成果，开展了女性创业模式交流研讨。论坛实现了地区间文化资源、环境资源、发展资源、创业资源共享，推动与区间妇女的共同发展、和谐发展，具有深远的意义。[1]

2008 年，杭州市各级妇联组织以党的十七大精神为指导，以科学发展观为统领，在各级妇联组织内认真贯彻"两创"战略，进一步调动和激发妇女群众投入经济建设的积极性和创造性，实现城乡妇女共同进步与发展。通过开展针对妇女特点、符合市场需求的培训，把培训与企业需求相结合，与当地实际相结合，与配套服务相结合，与实现再就业相结合，不断提高妇女再就业的层次和水平，举办了各类技能培训，帮助农村妇女掌握技能，实现增收致富及转移就业。这一年一共培训农村妇女 19194 人，转移农村富余劳动力 14817 人，转移率达 78.86%，农村妇女创业致富有了新成效。[2]

2010 年是上海世博会召开之年，杭州市妇联借上海世博之势，引导妇女创业发展。充分利用世博舞台，承办"和谐社会与女性智慧"世博论坛，组织部分女企业家参加在沪举办的"'相约世博盛会、共话合作发展'2010 长三角女企业家世博群英会"，组织妇女干部赴上海培训考察学习，了解世博文化。积极引导广大妇女树立开放的心态，主动融入以上海为核心的长三角"一核九带"区域发展格局。动员女企业家们充分利用世博平台，"走出去"学习取经，"请进来"共商合作，通过加强宣传、创新营销、强化管理等方式，积极主动接轨世博。杭

1　陈建华：《围绕中心开拓创新　团结动员全市妇女在构建社会主义和谐社会中再立新功——在杭州市妇联第十三届七次执委（扩大）会议上的工作报告》，2007 年 1 月 25 日，杭州市档案馆馆藏，档案号：J127-2007-152。

2　《杭州市妇联 2008 年工作总结》，杭州市档案馆馆藏，档案号：J127-2009-108。

州印象西湖文化发展有限公司、万事利集团、蓝天鹤舞控股有限公司、浙大网新等企业积极参与世博会的招商，主动承接各类世博服务项目，加强与国内外企业的交流与合作，赢得了商机，展示了企业的形象，提升了企业的国际影响力。为进一步调动妇女岗位创业、岗位建功的激情，创新了"巾帼文明岗"创评机制，提升了杭州市"巾帼文明岗"创岗质量，创建了全国"巾帼文明岗"8个、省级"巾帼文明岗"40个、市级"巾帼文明岗"108个。[1]

2011年是纪念"巾帼建功"活动20周年，杭州市妇联以此为契机宣传女性在改革开放和现代化建设中作出的突出贡献，激励妇女创先争优、建功立业。以窗口单位、服务行业为重点，启动争创"双十佳优质服务窗口、双十名岗位建功标兵"竞赛活动，拓宽创建领域，提高创建质量。在农村，积极实施农民素质培训工程，以科技培训为重点，培训农村妇女达1.3万余人，实现转移就业1万余人。以培育示范基地为重点，扶持发展农村女能人经济，发展了妇女领办的经济合作组织110个，创办"妇字号"龙头企业117个，创建巾帼科技示范基地130个，扶持农家乐女经营户3000多户，吸纳30余万农村妇女参加当地农业综合开发和多种经营。余杭区实施农村妇女创业就业"121"计划，根据市场需求和本地特色，采取专家授课、实地观摩、实训操作等多种形式加强培训，提升妇女创业就业能力。同时，大力扶持5个"梅花创业行动"巾帼示范基地，引导农村妇女实现转移致富、科技致富、项目致富、共同致富。至2011年，全区共有"妇字号"农业龙头企业118家、女性负责的农业合作社14家、星级"农家乐"39家。建德市实施女大学生村干部"互帮互学·创业带动"行动，为女大学生创业就业搭建服务平台。目前，有8名女大学生村干部走上创业之路，设立创业项目9个，总投资249.1万元，近千名群众直接受益，实现了女大学生村干部成才与推进农村发展的"双赢"。[2]到2012年，继续推广巾帼创业贷款的成功经验，畅通资金渠道，使更多"妇字号"农产品企业和基地受益。富阳、桐庐两地妇联分别与当地农村合作银行联手推出巾帼创业小额贷款业务，为157名创业妇女申领贷款3983万元。一年后又举办了女企业家创新能力高级研修班和各类培训，加大与韩国及中

1　《杭州市妇联2010年工作总结》，杭州市档案馆馆藏，档案号：J127-2011-13。

2　陈建华：《坚持科学发展　参与社会管理　努力开创杭州市妇女事业新局面——在市妇联十四届五次执委（扩大）会议上的讲话》，2012年1月17日。

伊创荟·众创空间

国香港等地女企业家的交流合作，表彰市优秀创业创新女企业家 10 名。联合市工商局举办就业招聘会，组织女企业家单位推出 40 余个工种共 268 个就业岗位，为妇女就业搭建服务平台。

2015 年，为了顺应"互联网+"和妇女就业创业新形势，建立长三角地区首个集创业工位、创业辅导、科技服务、投资服务等软硬件于一体的女性众创空间"伊创荟"，降低女性创业成本，提高创业成功率。根据女性创业项目的特点，联合专业投资机构和女企业家成立女性创投基金"伊创基金"，首期投入不低于 3000 万元的额度，重点支持女性创业创新培育类项目，并投资快速成长有挂牌上市意向、优秀的女性企业及相关并购重组、产业整合类项目，为创业女性融资提供支持。建立集线上、线下于一体的杭州女性创业成果精品展示区、跨境电子商务体验区"伊创客 CLUB"，建设"一站式"网上产品展示展销和项目洽谈展馆，使之成为信息交流、产品展销、洽谈和产业合作的重要窗口。同时与跨境电商合作，打造女大学生自主创业孵化基地，提供跨境电子商务实训体验。[1]

1　魏颖：《固本强基重基础　改革创新促发展　努力开创妇联工作新局面——在市妇联十五届六次执委（扩大）会议上的报告》，2016 年 1 月 19 日。

推进女大学生"就业助行""创业助飞"两助行动，首期培训的 37 名学员 40% 实现自主创业；举办女大学生就业专场招聘会，推出 3000 余个岗位，帮助 800 余名女大学生达成就业意向。上城区搭建"伊＋梦享汇"女性创业创意服务平台，发掘女性才艺，助其创业创新。临安市建立电商行业妇委会、电商发展妇女小组，创树"十佳电商创业女性"典型，其中昌化镇白牛村妇代会主任邵洁的事迹，被全国妇联推荐参加 2015 亚太经合组织的妇女与经济论坛"APEC 女性典型人物图片展"，得到国际社会妇女组织的高度关注。萧山区实施女电商创业"伊＋E"扶持计划，支持女性在电商领域实现自我价值、成就巾帼事业。拱墅区引进互联网家庭服务网络平台"洁家优"，与杭州市区 28 家家政公司签订合作协议，至 2015 年，在线家政人员达到 5500 余人，累积获取订单 2000 余单。到 2015 年，全市有妇联主导、培育和扶持的妇女众创空间 12 个，全年举办电商、微商培训班 36 期。[1]

2017 年又实施以"伊创荟"为圆心的"伊创联盟"携手战略，吸引 48 个女创团队入驻，线上支持孵化女创项目 131 个，成功培育项目 9 个。建立"伊创荟"分基地 7 个、"伊创园" 1 个；与国内外 30 个平台建立合作关系，有创业导师 30 余名；组织培训、交流等活动百余次、路演 10 余次。全市举办女创培训 194 期，扶持 1623 名女性实现创业，女性创业者总数近 2 万人。举办第二届杭州市"伊创节"，成交女创成果 226 万元。召开"她时代·女性创业创新"第五届杭州都市圈妇女联合会联席会议暨杭州市首届女性创业创新大赛，14 位入围决赛的女创客中，90 后占 5 位，年龄最小的仅 17 岁，4 个优胜项目获得入驻梦想小镇金钥匙。在全国女性创业创新大赛上，我市选送的机器人识别定位系统和拓道金服 2 个项目从全国 1242 个参赛项目中脱颖而出进入八强总决赛，分获环保创新组最佳奖和商业价值组单项奖。[2]

2019 年，举办杭州市第三届女性创业创新大赛，327 个海内外女性创业项目角逐 30 强，30 个项目总估值超过 200 亿元人民币，其中 7 个是估值超 10 亿元

1　魏颖：《固本强基重基础　改革创新促发展　努力开创妇联工作新局面——在市妇联十五届六次执委（扩大）会议上的报告》，2016 年 1 月 19 日。
2　魏颖：《全面推进妇联工作创新发展　团结带领广大妇女坚定跟党走建功新时代——在杭州市妇联十五届九次执委（扩大）会议上的工作报告》，2018 年 1 月 17 日。

的独角兽和准独角兽；市妇联还与金融机构联合推出"巾帼贷""民宿贷"等女性创业贷款"绿色通道"；伊创联盟基地在各区（县、市）全覆盖，"伊创荟"与"伊创联盟"工作被央视国际频道报道；举行女性社会组织培训班，开展女性社会组织创意大赛，评选十大女性创业项目、十佳女性社会组织、十佳公益服务创意项目等；举办杭州市第四届"伊创节"活动，线上展示女性创业风采，线下举行"伊创市集"。[1]

---

1 阮英：《弘扬千鹤精神、传承初心使命为高水平推进杭州城市治理现代化贡献巾帼力量——在杭州市妇联十六届三次执委会议上的工作报告》，2020 年 4 月 22 日。

～ 第四节　实施家庭幸福工程 ～

家庭幸福是人生幸福的一种表现，中国千千万万的小家庭是编织起中华民族这个大家庭的重要因素，而妇女又是支撑起家庭的中流砥柱。2016 年 12 月 12 日，习近平发表《在会见第一届全国文明家庭代表时的讲话》，提倡妇联组织要注重"家庭、家教和家风"建设。杭州市妇联积极发挥妇女在社会生活和家庭生活中的两个"独特作用"，在社会生活中提倡低碳生活、绿色生活、垃圾分类，创建最美家庭、最美庭院等活动；在家庭生活中构建和谐婆媳关系、推进家庭教育、形成良好家风等活动。

一、发挥"两个独特"作用

两个"独特作用"是指妇女在社会生活中的独特作用——即好家风对形成好的社会风气的基础性作用，以及妇女在家庭生活中的独特作用——即妇女在家庭文明建设中的独特作用。杭州市各级妇联组织积极整合社会资源，有效借势借力展现了妇女风采，成功地引导了众多妇女创业，推动了妇女工作，为广大的妇女创造了良好的生活和工作环境。妇女在社会发展、家庭建设中的作用与妇女在物质生产中的作用是相辅相成的，和谐有序的家庭对参与社会劳动起到很好的促进作用，但时间精力的冲突也经常导致妇女处于物质生产、人口再生产以及精神生产的矛盾冲突之中，需要政府、社会、家庭以及男性协同，重视妇女在社会与家庭中的独特作用的同时，承认人口再生产的社会价值，保障妇女共享社会发展成果、在社会发展中有更多获得感。[1]

1. 社会层面

妇女建设能推动社会各个方面的进步，杭州市妇联利用好妇女的力量，积极号召杭州市的妇女加入妇联组织的活动，让妇女的力量推动社会的发展与进步。

1　黄桂霞：《新时代发挥妇女在社会与家庭中的独特作用》，《中国妇运》2018 年第 6 期。

为了创建具有特色的家庭，积极发挥妇女运动在社会建设中的作用。2011年，杭州市妇联举行了一系列的活动推动杭州特色家庭的建设。一是启动了"低碳家庭·时尚生活"主题活动，向全市家庭发出"创建低碳家庭、引领时尚生活"倡议书189.8万份，倡导"家庭低碳计划14件事"，培养家庭成员低碳生活理念，引导千家万户为低碳城市的建设作出贡献。全市有100户家庭获杭州市"低碳家庭"（绿色家庭）荣誉称号。各地同步开展了形式多样的主题活动。上城区举办第五届"万户家庭网上学暨低碳家庭科学生活大赛"，组织全区广大家庭参与网上学习、网上答题和网上展示，倡导"低碳生活"理念，普及节能减排知识。西湖风景名胜区以"我的低碳生活"为主题举办征文活动，梳理出低碳景区建设20件事。市级机关妇工委开展了"低碳四个一"活动，发动机关女干部率先成为低碳新政的生力军和先行者。[1] 二是为了倡导"终身学习"理念，在广大家庭中开展学习型家庭创建活动。全市评比表彰学习型家庭200户，营造人人学习、家家学习的良好氛围，推进学习型城市建设。三是创建"助廉家庭"。举办杭州市廉政文化进家庭工作研讨会，开展廉政文化进家庭论文征集，评出27户市"助廉家庭"和22个廉政文化进家庭工作先进单位。四是创建"平安家庭"。开展第四轮"不让毒品进我家"暨"无毒家庭"创建活动，以社区、家庭为重点，开展预防教育，充分发挥家庭在禁毒人民战争中的特殊重要作用，推进禁毒工作社会化进程，为"平安杭州"建设作出了贡献。[2]

2012年的重阳节，市妇联在社会福利中心举办第十一届"老人·家庭·孩子"心连心联欢活动，倡导社会公德。在主城区试点推行"关爱空巢老人，巾帼志愿者在行动"活动，弘扬奉献精神。下城区妇联依托社区巾帼志愿者服务队伍，通过"十个一"服务模式对空巢老人提供亲情服务。全市各级党政领导共看望学校（幼儿园）1388所，赠送慰问金（品）1014余万元，6266名困难学生得到助学结对，助学金额逾258万元。深化城区家庭"垃圾分类从家庭起步"活动，通过制作公益广告和健全宣传教育、监督引导、激励表彰了三大工作机制，一年来，全市

1　陈建华：《坚持科学发展　参与社会管理　努力开创杭州市妇女事业新局面——在市妇联十四届五次执委（扩大）会议上的讲话》，2012年1月17日。

2　陈建华：《坚持科学发展　参与社会管理　努力开创杭州市妇女事业新局面——在市妇联十四届五次执委（扩大）会议上的讲话》，2012年1月17日。

1025 个生活小区的 494084 户家庭参与垃圾分类，垃圾分类的准确率为 81%、投放的准确率为 91%，81% 的家庭达到垃圾分类合格户标准，21% 的家庭达到垃圾分类示范户标准。深化农村家庭"美丽庭院"创建活动，通过巩固长效管理机制、加大典型引领步伐、实施奖惩

杭州市妇联"美丽庭院"活动初结硕果

考核制度，到 2012 年底，在全市 2227 个村（社区）109 余万户农户中，100% 的村（社区）已实行长效管理，95.8% 的农户为"庭院整治"合格家庭，29.5% 的农户达到"美丽庭院"标准，命名杭州市"美丽庭院"创建先进乡镇（街道）、示范村（社区）270 个和美丽庭院示范户 1000 户。[1]

2013 年，杭州市妇联又继续深化农村美丽庭院创建工作。根据中心村、特色村、精品村建设要求，以培育试点村、先进村、示范村等方式，以点带面推进 25 个市级美丽乡村精品村的美丽庭院创建深化工作，积极打造"花园式庭院"。100% 的村（社区）完成了庭院整治长效管理工作，86.7% 的行政村开展美丽庭院创建，97.6% 的家庭成为庭院整治合格家庭，33.2% 的家庭达到美丽庭院标准。已建"巾帼林"30 万平方米。[2]

2015 年市妇联动员企业、个体工商户以自荐方式参与全市"最美家庭"寻找活动。[3]

2. 家庭层面

2003 年，杭州市妇联继续以"家庭敬老、家庭助困、家庭环保、家庭读书"

1　魏颖：《全面学习贯彻党的十八大精神　再创杭州妇女事业新辉煌——在市妇联十四届七次执委（扩大）会议上的报告》，2010 年 12 月 28 日。

2　魏颖：《巾帼建新功　共筑中国梦　团结带领广大妇女为杭州实现高起点上的新发展而奋斗——在市妇联十五届三次执委（扩大）会议上的报告》，2014 年 1 月 9 日。

3　魏颖：《固本强基重基础　改革创新促发展　努力开创妇联工作新局面——在市妇联十五届六次执委（扩大）会议上的报告》，2016 年 1 月 19 日。

活动为抓手，开展了农民才艺大赛、家庭文艺汇演、"爱心献老人——心连心联欢会"、第四届"好妈妈 我爱杭城一日游"、"非典时期、非常母亲"特别活动等，以家庭为单位充分发挥了家庭文明建设在精神文明建设中的独特作用。

市妇联联合天地实验小学举办了"走进新天地，感受新课程"活动，提供家教系列讲座和幼小衔接的游戏活动；与浙江图书馆、杭州日报社共同举办了面向应届中考学生和家长的 2003"阳光六月"牵手行动，开设中考家庭备考子女身心维护策略等 5 场讲座；与北京 101 网校联合举办了以"高中学习生活与家庭支持"为主题的"阳光启程"助学公益活动；完成家庭教育网页建设工作，推动家庭教育迈向信息化。[1]这些活动受到了学生和家长们的一致欢迎，取得了良好的社会反响。

2007 年是深入学习贯彻党的十七大精神以及省、市党代会精神的重要一年。这一年，杭州市各级妇联较好地发挥了妇联组织在构建和谐社会、打造"生活品质之城"中的作用。在家庭教育方面不断加强家庭教育指导工作。研究并出台了《杭州市家庭教育指导工作管理办法（试行）》《杭州市家庭教育学会课题管理办法（试行）》《杭州市家庭教育实验基地管理办法（试行）》等 5 个体系 9 个制度文件，切实加强了对家庭教育指导工作的规范性管理。[2]

2008 年，杭州市妇联以实施"百万家庭素质工程"为载体，探索未成年人家庭教育新途径、新机制，着力构建杭州特色的家庭教育新模式，促进未成年人思想道德建设。一年来，市妇联组织家教志愿者送教下乡 32 场，各级妇联上下联动、共同推动，通过各种形式普及家庭教育知识，接受教育培训人数达到90.16 万人，使家庭教育指导经常化；建立各类家长学校，其中幼儿园家长学校办学率达到 88.19%，小学家长学校办学率达到 88.22%，中学家长学校办学率达到 87.34%，社区家长学校办学率达到 78.36%，创建市级示范性家长学校 100 所，命名 100 所优秀家长学校，家长学校优秀率达到 10.41%，使家庭教育阵地建设

1 陈建华：《做好"服务，联合，能力"三篇文章 把杭州妇女事业不断推向前进——在市妇联第十三届三次执委（扩大）会议上的工作报告》，2004 年 1 月 15 日，杭州市档案馆馆藏，档案号：J127-2004-358。

2 陈建华：《坚持科学发展 促进社会和谐 为全面提高妇女生活品质再立新功——在杭州市妇联第十三届八次执委（扩大）会议上的工作报告》，2008 年 1 月 11 日，杭州市档案馆馆藏，档案号：J127-2008-318。

多元化；建立了 5 个市级、13 个区级家庭教育实验基地，开展了家庭教育立项课题报告和优秀论文征集评选活动，使家庭教育研究课题基地化；首编了《杭州市家长学校负责人、家庭教育讲师培训课程纲要（试行）》，举办了一期家庭教育工作指导者示范培训班，引导各地加大对家庭教育师资队伍的培训，全市家长学校负责人培训率已达 31.12%，组织了由 828 名志愿者参加的家教讲师团，他们活跃在全市家庭教育讲坛上，使家庭教育师资优质化。[1]

2009 年，市妇联举行"巾帼礼赞"——杭州市庆祝三八国际劳动妇女节暨先进表彰大会、第三届婆媳文化节暨"舞动春天"——杭州市妇女文体大展演活动，表彰全国（省、市）三八红旗手（集体）147 名（个）、"好婆媳"20 对，树立了一批女性道德模范和先进女性典型。以家庭文化创建为载体，召开全市"学习型家庭"创建工作研讨会，表彰市级"和谐家庭""学习型家庭""绿色家庭"520 户、省级"文明家庭"72 户、"绿色家庭"30 户。启动"百万家长新素质提升工程"三年行动计划，开展"百万家庭共成长——种植童话放飞希望"亲子阅读活动，组织千场家庭教育知识进家庭和送教下乡等活动。举办指导讲座 1084 场，受益家长达 127 万人次。[2]

2010 年，杭州市家庭教育指导中心正式成立。市妇联通过开展"百万家庭共成长——千场家庭教育知识进家庭"活动，全年举办家庭教育宣传活动 1053 场，10.5 万余名家长受益。还修订完善了《杭州市家庭教育指导工作管理办法》等 7 项制度，建立了首批 15 个家庭教育指导专家服务点，启动了《家庭教育指导者培训》等 5 个改革创新项目招标工作，培训家庭教育指导者 300 余名；推广企业家长学校建设经验，开展 150 所市级示范家长学校评估验收。经过一年的努力，全市农村中小学、幼儿园家长学校办学率达 85% 以上，农村建制村家长学校办学率达 75% 以上，家长接受家庭教育指导率达 85% 以上。[3]还举办了以"理解、尊重、包容"为主题的"婆媳文化节"系列活动，开展杭州市"十佳"好婆媳评选活动；举办杭州婆媳关系论坛，开展共秀才艺等婆媳文化活动 50 余场，通过

1　《杭州市妇联 2008 年工作总结》，杭州市档案馆馆藏，档案号：J127-2009-108。
2　魏颖：《全面学习贯彻党的十八大精神　再创杭州妇女事业新辉煌——在市妇联十四届七次执委（扩大）会议上的报告》，2010 年 12 月 28 日。
3　《杭州市妇联 2010 年工作总结》，杭州市档案馆馆藏，档案号：J127-2011-13。

开展"共游、共创、共话"的婆媳文化活动，培育了新型婆媳文化，促进家庭美德建设，以家庭的和谐促进社会的和谐。[1]

2011年，杭州市评选市级"和谐家庭"100户、市级"学习型家庭"100户。举办第二届"婆媳文化节"，启动"巾帼志愿"服务活动。开展"我为文明城市建设作贡献"活动，以千家万户的积极参与和自觉行动为文明城市的创建添光增彩。[2]

2013年，杭州市妇联开展"最美杭州人"——杭州市第4届"十佳好婆媳"评选活动，以弘扬家庭美德、社会公德，大力构建新型、和谐、温馨的婆媳关系。全市共评出市级以上各类先进家庭370户。举办浙江省暨杭州市"文明家庭文明行"主题宣传教育活动，动员全市家庭参与交通治堵行动，培养低碳出行、文明出行的良好习惯。组织各级"五好文明家庭"开展春运期间关爱农民工家庭志愿服务活动，让农民工感受社会大家庭温暖。走进福利中心举办第12届"老人·孩子·家庭——心连心"重阳节联欢活动；与"三援"干部及人才家属共庆三八节，送上节日祝福。[3]

2014年，下发了《关于进一步深化杭州市家庭文明建设工作的实施意见》，结合以"慈母"为主题的文明家庭创建活动和第五届婆媳文化节，与市文明办共同开展"我心中的好妈妈"等全民大讨论及征文活动，在城乡2961个"妇女之家"中启动寻找最美家庭、最美妈妈、最美婆媳活动。大力弘扬文明家庭新风尚，邀请著名文化学者于丹来杭作"传统文化价值的当代运用"专题讲座，开展晒杭城和谐家庭幸福照、开好家风家训评议会、讲最美故事等活动，并在上万户家庭中评出市级最美家庭、最美妈妈、最美婆媳60户。[4]

此外，市妇联为了能够努力提升家庭教育指导水平，通过许多活动的筹办，在杭州市倡导起了科学教子的家庭教育氛围。2014年一共建立了第二批35个家

1　《杭州市妇联2010年工作总结》，杭州市档案馆馆藏，档案号：J127-2011-13。

2　陈建华：《坚持科学发展　参与社会管理　努力开创杭州市妇女事业新局面——在市妇联十四届五次执委（扩大）会议上的讲话》，2012年1月17日。

3　魏颖：《巾帼建新功　共筑中国梦　团结带领广大妇女为杭州实现高起点上的新发展而奋斗——在市妇联十五届三次执委（扩大）会议上的报告》，2014年1月9日。

4　魏颖：《凝心聚力　服务发展　在全面推进幸福和谐杭州建设中彰显巾帼风采——在市妇联十五届四次执委（扩大）会议上的报告》，2015年1月8日。

庭教育指导专家服务点，完成 149 所市级示范家长学校的申报、验收工作；市妇联通过发挥市级家长学校示范辐射作用，举办了全市示范家长学校经验交流会以及家庭教育工作指导者培训班，并且向社会招募家庭教育优秀人才，充实家庭教育专家队伍，还通过召开家庭教育讲师团集体备课会，为基层家庭教育指导工作提供师资支持和菜单式服务。全年联动区（县、市）共同开展"千场家庭教育知识进家庭"活动，全年举办家庭教育专题讲座 1029 场，历年累计受益人数达 159 万余人。例如在西湖区东山弄社区家长学校的"国学课堂"，主动服务辖区孩子和家庭的经验做法得到了社会的积极肯定；滨江区深入实施"七彩阳光"家庭素质工程，每月组织开展大型家庭文化活动，促进家庭和谐美满；拱墅区承接全国"伴随成长"项目，通过每周一信方式传播家教知识，一年来已有 3000 余户家庭受益，越来越多的家长掌握了科学的教育方法，有效地提高了杭州市家庭教育的整体水平。[1]

2015 年，市妇联举办"最美家庭""最美婆媳"等"最美"系列寻找和"我心中的好女儿"大讨论活动 2497 场，征集"好家规家训、好家风故事、好家教案例" 6403 条，评出各级最美家庭 9502 户，其中获全国"最美家庭"提名奖 1 户、省级"最美家庭"15 户、市级"最美家庭"和"最美家庭"提名奖 20 户。开展家庭教育公益指导服务。建立了家庭教育指导平台 26 个，家庭教育讲师团 25 个；全年举办"千场家庭教育知识进家庭"讲座、报告会 1030 场，为 10.4 万名家长提供服务；开展青春期家庭教育指导与实证研究，举办家庭教育工作者培训班 37 期，命名 149 所市级示范家长学校。其中高新区（滨江）利用网络资源开辟"掌上家长学校"微信公众号和"智慧家庭教育"网上家长学校，实现优质资源家庭共享。[2]

2016 年，杭州市妇联在市区 96 万余户家庭中持续推进"清净在源头"家庭生活垃圾分类行动，家庭参与率为 88.5%；在开展垃圾分类小区中，有 183 个实行实名制，243 个实行实户制。结合"五水共治"在全市 2046 个村 109 万户农

1　魏颖：《凝心聚力　服务发展　在全面推进幸福和谐杭州建设中彰显巾帼风采——在市妇联十五届四次执委（扩大）会议上的报告》，2015 年 1 月 8 日。
2　魏颖：《固本强基重基础　改革创新促发展　努力开创妇联工作新局面——在市妇联十五届六次执委（扩大）会议上的报告》，2016 年 1 月 19 日。

村家庭中持续开展"美丽庭院"创建活动，组建巾帼治水志愿队 1163 个，开展活动 894 次，参加人数 54977 人；全市 86.7% 的村开展美丽庭院创建，33.2% 的家庭达到美丽庭院标准，创建出市级美丽庭院样板户 200 个、美丽庭院 500 个、美丽庭院示范村 160 个、美丽庭院先进乡镇 30 个。[1]

二、注重"家庭、家教、家风"

2016 年，习近平总书记提出："中华民族历来重视家庭。正所谓'天下之本在家'。尊老爱幼、妻贤夫安、母慈子孝、兄友弟恭、耕读传家、勤俭持家、知书达礼、遵纪守法、家和万事兴等中华民族传统家庭美德，铭记在中国人的心灵中，融入中国人的血脉中，是支撑中华民族生生不息、薪火相传的重要精神力量，是家庭文明建设的宝贵精神财富。""……注重家庭。家庭是社会的细胞。家庭和睦则社会安定，家庭幸福则社会祥和，家庭文明则社会文明。""……注重家教。家庭是人生的第一个课堂，父母是孩子的第一任老师。孩子们从牙牙学语起就开始接受家教，有什么样的家教，就有什么样的人。……广大家庭都要重言传、重身教，教知识、育品德，身体力行、耳濡目染，帮助孩子扣好人生的第一粒扣子，迈好人生的第一个台阶。""……注重家风。家风是社会风气的重要组成部分。家庭不只是人们身体的住处，更是人们心灵的归宿。家风好，就能家道兴盛、和顺美满；家风差，难免殃及子孙、贻害社会，正所谓'积善之家，必有余庆；积不善之家，必有余殃'。"[2] 他要求妇联组织注重家庭、注重家教、注重家风，发挥妇联组织在社会主义家庭文明新风尚中的重要作用。杭州市妇联从 2017 年起，将妇联组织的"两个独特作用"统筹到注重"家庭、家教和家风"建设中，进一步推动"最美庭院""最美家庭"等"最美"系列创建。

为了共同提炼、展示杭州家庭教育核心价值观和优秀家规家训，2017 年，市妇联开展"家庭教育价值观"及家规家训征集活动。在家庭教育"十三五"课题研究申报工作中，申报国家级 2 个、省级 9 个、市级 66 个。完善"凡人家教"

1　魏颖：《全面推进杭州妇女工作　以优异成绩迎接党的十九大胜利召开——在市妇联十五届七次执委（扩大）会议上的报告》，2017 年 1 月 13 日。

2　习近平：《在会见第一届全国文明家庭代表时的讲话》，《人民日报》2016 年 12 月 16 日，第 2 版。

家长网校在线平台建设，为 498 所学校 35 万名家长提供 70 余万字的学习材料和 1200 余个学习视频，回答近 1350 个提问。全年举办指导讲座、智慧家庭教育大讲堂 1081 场，累计受益家长 11.5 万人。建立亲子阅读指导点 53 个，成立全国首个家庭心理健康体验中心。同年，

2017 年，全国首个建在社区的"家庭心理健康体验中心"在杭州成立

市妇联向全市家庭发出"树优秀家风、创最美家庭"倡议，通过在城乡 4026 个"妇女之家"中开展寻找"最美家庭""十佳好邻居"系列活动，以及在杭报刊登致全市党员干部家庭"树清廉家风、创最美家庭"的公开信，积极打造富有杭州特色、更加生动、更接地气的好家风家训建设品牌。全市 50 万户党员干部家庭积极响应，1600 余户党员干部家庭率先在国际家庭日走上 300 个主要路口开展文明劝导"公益一小时"志愿服务，身体力行传递社会正能量。全年选树全国"最美家庭"3 户、省级"最美家庭"30 户、市级"最美家庭"40 户、市级好邻居 10 位、市级"廉洁好家庭"35 户。[1]

2018 年，把"美丽庭院"创建活动作为农村家庭工作的重要载体，结合"三改一拆"、"五水共治"、垃圾分类等内容大力推动庭院建设，在全省率先实现 100% 行政村全覆盖。各地妇联因地施策，富阳持续推进"最美庭院"大比武，临安通过"五个一"考核打造精品庭院，余杭将"美丽庭院"创建工作纳入"美丽余杭"十大专项之一，桐庐创设"美家美户"工作载体，获得《中国妇女》英文月刊的专题报道。2018 年共推荐产生全国"最美家庭"4 户、全国"五好文明家庭"4 户、命名浙江省"最美家庭"20 户、浙江省"绿色家庭"30 户、杭州市"最

1　魏颖：《全面推进妇联工作创新发展　团结带领广大妇女坚定跟党走建功新时代——在杭州市妇联十五届九次执委（扩大）会议上的工作报告》，2018 年 1 月 17 日。

美家庭"100 户、杭州市"绿色家庭"200 户。以实施家庭教育"十三五"规划为抓手,开展"凡人家教"线上指导、"千场家庭教育知识进家庭"、关爱留守儿童特别行动等一系列活动。[1]

2019 年,打造"美丽庭院"升级版("美丽庭院 + 好家风""美丽庭院 + 美丽经济""美丽庭院 + 社会治理"),推进家庭建设的"内外兼修"。[2] 深化家庭家教家风实践,促进《浙江省家庭教育促进条例》有效落实。例如西湖区编撰《保护自己 爱惜生命》系列丛书进入 35 所小学校园,惠及近 1.5 万人次小学生,荣获全国"百部家庭教育指导读物"称号;滨江区成立企业家长学校联盟,为高新企业员工提供亲子互动游戏、科学育儿讲座等家庭教育指导服务,都是为了能从不同方面促进社会良好家风的形成。[3]

2003 年到 2019 年,在中国共产党的领导下,杭州市妇联组织妇女听党话、跟党走,"巾帼建功新时代",取得了不俗的成绩。在决胜全面建成小康社会之际,妇女工作的建设也必须紧随中国发展的脚步,不仅要重视发挥妇女在新时代的背景下如何才能实现她们自身的价值,更为重要的是如何引领中国广大的妇女群众在日常的生活和工作紧跟时代的潮流和中国共产党的步伐,不断为国家、社会作出她们的贡献,实现她们的人身价值,推动我们的国家和社会朝着实现中华民族伟大复兴的伟大目标顺利地前进。

1　楼倡捷:《学习贯彻习近平总书记重要讲话精神　为"干好一一六、当好排头兵"贡献巾帼力量——在杭州市妇联十六届二次执委(扩大)会议上的工作报告》,2019 年 2 月 28 日。
2　阮英:《弘扬千鹤精神、传承初心使命为高水平推进杭州城市治理现代化贡献巾帼力量——在杭州市妇联十六届三次执委会议上的工作报告》,2020 年 4 月 22 日。
3　阮英:《弘扬千鹤精神、传承初心使命为高水平推进杭州城市治理现代化贡献巾帼力量——在杭州市妇联十六届三次执委会议上的工作报告》,2020 年 4 月 22 日。

结　语

　　杭州妇女觉醒于清末女子教育的兴起，"杭州女学进西湖，堂堂文明母"。1912 年辛亥革命胜利后，兴女学、反缠足，杭州女性的个体意识日益觉醒。她们走出家门，进学校、学文化、做生意、争女权，成为当时中国妇女觉醒的一个缩影。

　　经历新文化运动和五四运动的双重洗礼，杭州女性在参加"五四运动"、声援"五卅运动"、发展妇女事业、抵制日军侵略等方面，取得了一定成绩。在新民主主义革命时期，杭州妇女运动呈现两大特点：一方面，在当时的妇女解放思想鼓舞下，杭州女性独立意识不断增加，个性日益解放；另一方面，受到大革命失败的影响，以及全面抗日战争时期杭州沦陷将近 8 年，杭州女性的政治觉醒整体上发展缓慢，迫切需要当时最先进力量的领导和组织。

　　新民主主义革命初期，在党的领导下，杭州的妇女运动发展迅速。1922 年仅有 1 位女共青团员。1924 年有 3 位从事妇女工作的共青团员，其中 2 位是女性。1926 年中共杭州地委提出"男女工资平""妇女应即起参加国民革命"等口号。在中国共产党的领导下，开展妇女识字运动、加强妇女政治教育、组织生产冲锋队等，有力推动了杭州妇女解放事业。抗日战争时期，中国共产党先后建立中央、省妇女工作委员会，培养妇女干部，坚持抗战。这一时期，杭州妇女运动的一大亮点是为中国妇女运动培养和输送了一大批杰出的女干部、女战士和女英雄。例如，新中国成立后历任全国妇联党组成员、国际部部长、副主席等职的杨之华；全面抗战时期以救济难民名义，为新四军添制军衣、筹集经费，于 1939 年被汪伪 76 号特务暗杀身亡的茅丽瑛烈士；1938 年参加新四军、1940 年加入中国共产党，1942 年护送谭震林等渡江，1943 年 5 月不幸被日军宪兵队逮捕，英勇就义的孙晓梅烈士；1928 年加入中国共产党，1932 年到苏联学习，1941 年初因抗战需要回国却在新疆被捕入狱，1946 年 6 月经党中央营救回到延安，受到毛泽东主席接见，1949 年 2 月因病去世的楼曼文。

1949 年 5 月 3 日，杭州解放。在党的领导下，杭州妇女运动和妇女发展迎来新纪元。9 月，贺子珍受组织委派，到杭州工作。10 月 1 日，杭州市各界妇女代表会召开，庆祝中华人民共和国成立。贺子珍在当天成立的杭州市民主妇女联合会筹委会上当选为主任，主持杭州市妇联的筹建工作。此后数月内，贺子珍积极参与市妇联筹委会各项工作，在杭州市妇联发展史上留下浓墨重彩的一笔。

毛泽东在新民主主义革命时期就十分重视妇女工作。1939 年他提出"全国妇女起来之日，就是中国革命胜利之时"的论断。中华人民共和国成立后，毛泽东为《新中国妇女》创刊号题词："团结起来，参加生产和政治活动，改善妇女的经济地位和政治地位。" 1953 年底至 1954 年 3 月，毛泽东在杭州市北山路 84 号 30 号楼办公，主持起草宪法草案，将"中华人民共和国妇女在政治的、经济的、文化的、社会的和家庭的生活各方面享有同男子平等的权利"明确写入草案。1954 年 9 月 20 日第一届全国人民代表大会第一次会议通过宪法草案，"男女平等"正式写入新中国第一部宪法，受到全国人民欢迎。毛泽东说："这个宪法草案，看样子是得人心的。"

1955 年，在农业合作化运动中，建德千鹤自然村妇女投身集体生产劳动。毛泽东将千鹤经验的调研文章收入《中国农村的社会主义高潮》一书，把文章标题改为《发动妇女投入生产，解决了劳动力不足的困难》，并作出长达 512 字的按语，提出"中国的妇女是一种伟大的人力资源""必须实行男女同工同酬"等论断。杭州妇女深受毛泽东批示精神鼓舞，掀起了社会主义建设新高潮，杭州成为妇女"半边天"思想的重要发源地。

1953 年，杭州市民主妇女联合会正式成立。在市妇联领导下，杭州妇女学习贯彻《婚姻法》，参与抗美援朝捐献运动，参加土地改革，投身农业生产，争当建设能手，在社会主义建设的各条战线上发挥了积极作用。此外，从 1949 年 10 月贺子珍主任接待苏联访杭代表团开始，杭州市妇联一直比较重视中外妇女友好交流合作。1949—1977 年间，杭州市妇联根据上级安排，接待了来自苏联、保加利亚、日本、印度等国家和地区的妇女代表团，在西湖周边留下诸多友谊的见证。

1978 年，党的十一届三中全会召开，中国进入改革开放新阶段。杭州市妇联于 1979 年召开第八次妇女代表大会，将市妇联的工作重心转移到为实现四个现代化服务上来。"学先进、干四化""为振兴繁荣杭州而奋斗""紧扣改革旋律，激励巾帼建功"等工作口号的变迁，折射出杭州市妇联工作的转型发展。

杭州市妇联在中共杭州市委的领导下，将妇联工作与社会经济发展紧密联系在一起。其中，在农村妇女中，继续广泛深入开展"双学双比"活动；在城镇广大女干部、女知识分子和女职工中，开展"争当能手、争做巧手、创优质产品、优良服务"的"巾帼建功"活动。这一时期，涌现了一大批优秀女企业家代表和农村致富能手，她们是杭州妇女在经济建设中建功立业的代表。

1978年后，杭州市妇联开展"五好"家庭建设工作，成立市妇联法律顾问组，成立儿童少年活动基金会，筹建杭州市家庭教育促进会，有力地推动了妇女儿童事业发展。1978—2002年间，杭州市妇联积极推进妇女友好合作，服务外省来杭务工妇女，接待海外妇女来杭交流经验，参加喜迎香港、澳门回归等重要活动。

2003年，时任浙江省委书记习近平提出"八八战略"，杭州迎来发展的新时代。杭州市委高度重视妇女工作，相继出台《关于加强和改善党对新时期工会、共青团、妇联工作领导的意见》（市委〔2005〕6号文件）、《关于批转市委组织部、市妇联〈关于进一步加强和改进党建带妇建工作的意见〉的通知》（市委发〔2010〕69号）、《关于进一步加强新形势下工会、共青团、妇联工作的意见》（市委〔2012〕2号）等文件，不断加强和改善党对妇女工作的领导。在市委领导下，市妇联自觉担负起团结引导广大妇女听党话、跟党走的政治任务。进入新时代后，在中央和省、市党的群团工作会议精神指引下，市妇联积极推进群团改革工作，通过"争当新时代党的好女儿，争创高水平巾帼新业绩"等主题教育，扎实做好组织、宣传、教育、引导妇女群众工作。杭州市妇联坚持男女平等基本国策，评选"三八"红旗手（集体、标兵）、"巾帼文明岗"和"巾帼建功"标兵，打造女性红色文化，推动网上妇女思想政治引领新探索，培养了一批女性行业代表。

杭州市妇联实施群团改革，优化组织设置，村妇代会全部改设为村妇联，设置执委会；提高基层一线人员在各级妇联常委、执委、妇代大会代表中的比例；市区两级妇联领导班子实行专挂兼配备制度，有序吸纳各行业、各领域的骨干、能人加入妇联工作队伍。"小机关、大网络、强基层、全覆盖"的组织体系基本形成。至本书截稿，基层组织建设两个100%的目标，新经济组织已完成 95.26%、新社会组织已完成 95.84% 妇女组织覆盖。全市"四新"领域已建妇女之家 1842 个、妇女微家 1037 个，村（社）已建妇女之家 2720 个、妇女微家 1391 个。线上线下"妇女之家"、西子女性"一网两微"全面开通，架起与妇女群众之间的"连心桥"。杭州市妇联立足于"党政所急、妇女所需、妇联所能"，针对女性成长成才、就业创业、权益维护等问题，深入开展姐妹帮扶工程、"美丽基金"结对助学、反家暴等工作，带领妇女群众深度参与基层社会治理，使妇联组织的号召力、亲和力和凝聚力日益增加。杭州市妇联组织动员城镇女性争创"巾帼文明岗"，助力 G20 杭州峰会服务保障等重点工作，实现了"设一个岗、挂一个牌、树一面旗、带一片人"的创岗宗旨；持续推动农村女性参与"双学双比"活动，培育农村妇女实用人才；推进来料加工进低收入农户，帮助农村困难人群实现家门口就业、脱贫增收。杭州市妇联积极推进女性创业创新，在长三角地区首创女性众创空间"伊创荟"，为女性提供全要素、多元化、低成本的创业服务；与杭州联合银行合作，为优秀妇女、基层妇女工作者、有创业意愿的女性开通"巾帼贷""民宿贷"等贷款绿色通道，服务"大众创业、万众创新""乡村振兴"国家战略。

杭州市妇联全面贯彻落实习近平"注重家庭、注重家教、注重家风"重要指示精神，开展"最美家庭"寻找活动，搭建智慧教育大讲堂、家庭心理健康体验中心等家庭教育平台，面向全市家庭开发以"妇字号""一站式""服务型""智慧化"为特色的杭州家庭综合服务平台，为广大家庭提供清单化、一键式服务，打通服务家庭的"最后一公里"，全力构建具有杭州特色的家庭工作体系，服务杭城广大家庭。杭州市妇联带领全市妇女充分发挥在社会生活和家庭生活中的"两个独特"作用，推动妇女踊跃参与社会治理创新。通过开展家庭志愿者行动、家庭生活垃圾分类、五水共治宣传、"武林大妈"等志愿者行动，实践社会文明；发动"美丽庭院"、"阳光妈妈"、家庭公益一小时等家庭公益活动，滋养社风民风党风政风。

一言以蔽之，一部百年杭州妇女运动史，联结了 1919、1949 和 2019 三个时间节点，贯通了革命年代、社会主义建设时期和新时代三个重要时段，彰显了杭州作为中国妇女"半边天"思想的重要发源地、重要实践地和重要创新地的独特魅力。

图书在版编目（CIP）数据

杭州市妇联史话 / 杭州市妇女联合会编 ; 周东华主编. -- 杭州 : 杭州出版社, 2024. 12. -- ISBN 978-7-5565-2768-7

Ⅰ. D442.855.1

中国国家版本馆 CIP 数据核字第 2024T0B426 号

Hangzhoushi Fulian Shihua

杭州市妇联史话

杭州市妇女联合会　编　周东华　主编

责任编辑	王　凯
美术编辑	祁睿一
出版发行	杭州出版社（杭州市西湖文化广场32号6楼）
	电话：0571-87997719　邮编：310014
	网址：www.hzcbs.com
排　　版	浙江大千时代文化传媒有限公司
印　　刷	杭州柏盛印刷有限公司
经　　销	新华书店
开　　本	710mm×1000 mm　1/16
印　　张	18.5
字　　数	300千
版 印 次	2024年12月第1版　2024年12月第1次印刷
书　　号	ISBN 978-7-5565-2768-7
定　　价	66.00元